做自己的 CEO

一个职场发展心理顾问的工作手记

张静 —— 著

人民东方出版传媒

东方出版社

图书在版编目（CIP）数据

做自己的 CEO：一个职场发展心理顾问的工作手记 / 张静　著 . —北京：东方出版社，2021.6
ISBN 978–7–5207–2192–9

Ⅰ．①做… Ⅱ．①张… Ⅲ．①职业选择－通俗读物 Ⅳ．① C913.2-49

中国版本图书馆 CIP 数据核字（ 2021 ）第 082276 号

做自己的 CEO：一个职场发展心理顾问的工作手记

（ ZUO ZIJI DE CEO：YI GE ZHICHANG FAZHAN XINLI GUWEN DE GONGZUO SHOUJI ）

作　　者：张　静
责任编辑：陈丽娜　张凌云
出　　版：东方出版社
发　　行：人民东方出版传媒有限公司
地　　址：北京市西城区北三环中路 6 号
邮政编码：100120
印　　刷：北京市大兴县新魏印刷厂
版　　次：2021 年 6 月第 1 版
印　　次：2021 年 6 月第 1 次印刷
开　　本：710 毫米 × 1000 毫米　1/16
印　　张：18.25
字　　数：200 千字
书　　号：ISBN 978–7–5207–2192–9
定　　价：59.80 元
发行电话：（ 010 ）85924663　85924644　85924641

谨以此书献给我的母亲陈桂英女士和我的父亲张洪儒先生，他们不但给予了我生命，更给予耐心，等待我慢慢成长！

前言
职业转换与时代的发展

　　提起顾问，可能很多人会首先想到电视剧《我的前半生》中顾问的影视形象，其实作为一个顾问，特别是人才和职业发展顾问，工作是既简单又复杂的。从简单的角度来讲，其实专业顾问的整个工作行程就是做项目交付或是去做项目交付的路上。在《舌尖上的中国》这档纪录片最热时，我曾经心血来潮写过一篇顾问生活片段的小文，就是想记录一下一名顾问的普通生活。

奔走于大江南北的顾问生涯中，时不时便可与各地美食相遇，在一个擦肩的瞬间，忙碌到麻木的情绪，往往会被面前碗中的五味激起小小的波澜。来自台北的顾问 Willson 伴随着午夜的钟声敲完 proposal 的最后一个单词，饥肠辘辘的他仍不失从容地冲上一碗泡面。在激情的沸水中，寡淡的面条与浓烈的调料油包热情地相遇，呈现出廉价泡面所能表达的最完美的平衡和搭配，让 Willson 从中捕捉到一丝家乡的古早味，带起淡淡的乡愁和回味。随着最后一口面汤的一饮而尽，他最终毅然打开电脑，开始回复邮箱中积存的数量众多的未读邮件。

身在北京的 Jenny，一大早从地铁站的人群中挤出来，手中的笔记本电脑显得越发沉重。匆匆忙忙走进公司旁的金鼎轩，买了一份几乎每日都相同的早餐。滑爽的豆浆带着一丝香甜，恰到好处地衬托出油条的厚重和丰腴。店家免费提供的咸菜丝在被她重新加入了浓烈的陈醋和香劲的油泼辣椒后，也变得令人欲罢不能。一个重要项目的交付，让缺乏睡眠的她显得有些憔悴。为了在进入办公室的前一分钟，能让自己尽快清醒起来，她选择饭后步入星巴克，用一杯咖啡来刺激味蕾，进而为自己提神。中式和西式的饮食就这样在她这里奇妙地相遇融合，勾勒出现代都市人结合东西方节奏的生活情态。

"家常美味也是人生百味"，这就是舌尖上的顾问生活。就着眼前普通却扎实的饭菜，顾问们聊着当天的发现和项目计划，又开始为明天的人才测评中心 AC 做着准备。

说工作是复杂的，是因为在面对不同的组织、不同的个人时，需要具有更多的灵活性和洞察力去提供客制化的解决方案，这其实对一个专业顾问来说，是最大的挑战。

对我个人而言，我的顾问咨询工作主要聚焦在三个大的领域：第一个领域是人才管理、人才测评和组织人才战略咨询；第二个领域是领导力发展；而第三个领域就是职业发展。

说到职业发展，有一句话非常重要，那就是："Everything is about context。"（任何事情都与背景相关。）人类历史的发展要经历好几个阶段，其中包括石器时代、青铜器时代、铁器时代、工业时代、信息时代，以及未来的人工智能时代。其中，石器时代、青铜器时代和铁器时代的生产模式，不是单方面的隶属，就是自给自足的独立生产关系。而真正出现"职业"概念的，是工业时代。

在工业时代的初期，其实还谈不上真正意义的职业发展。瓦特发明了蒸汽机，拉开了工业时代的序幕，之后的时代特点就是，一切都围绕着机器这个中心点，工人是一种附属品。就像卓别林著名的默片《摩登时代》中描述的那样，人只是机器的零件，一切都是标准化的，所有的动作都需要与机器运行节奏高度统一，并且高效。那个时代，机器的正常运转才是最重要的。而围绕着机器高速运转的人并没有那么重要，人可以伤，可以死，死了拖出去，门外有成百上千由于圈地运动而失去土地的农民等着这个空出来的位置。

随着工业化进程的加快，尤其是进入信息时代，人的个性和创造性开始得到尊重，因为此时，产能大大提升，甚至已大于需求，交通效率的大幅度提升和信息化革命使地球变得扁平，技术壁垒变得薄弱甚至消失，像杜邦公司那样发明尼龙的专利能吃 30 年的情况已经变得凤毛麟角。一项新的产品被创造出来，也许不到一个月，就可能在义乌或迪拜找到山寨产品。这个时候，不断创新成为企业生存的必要，而创新的原动力来自个体的创造力和想象力，所以，我们其实进入到一个最尊重个体个性的时代，即人本时代。而个人在职业发展中也有着更多的选择和话语权，这些都给个人的职业发展带来更大的契机，使个人有机会成为自己职业发展的主人和推动者。在这时，职业生涯发展规划才变得有意义起来。

当然，随着人工智能（AI）的发展，我们的职业生涯会再次遇到挑战，需要更加积极地去应对未来的不确定性，打造出能够顺应时代需求的胜任力。2014 年被称为 AI 的元年，短短几年，其发展异常迅猛。谷歌声称，20 年内会有具有普通智力水平的人工智能机器人面世，可以承担轻智力工作，例如餐馆服务员。对个人而言，如果去准备应对这样的冲击，其实时间并不是很多了。

从 2015 年开始，我发现我接的大部分项目，突然从领导力发展和人才盘点，变成了企业裁员和职业转换，即为企业裁掉的员工提供寻找工作和职业发展的专业辅导，使他们在这个人生节点能有更好的接纳、准备和再出发的能力和动力。在几年的时间里，我接触到了形形色色的人，从公司高管到工厂基层工人，从外企白领到国家部委的中层干部，他们每个人都具有不同的背景和独特的个性，只是，他们在那个时刻，都面临着自己人生的一个低潮和一个抉择。我的工作是与他们一起去探索，探索他们的能力、动机和需求，帮助他们提升自己的资源感。这种工作方式要求我具有极大的好奇心，去了解我的每一个学员。这是一个非常有趣的过程，对我来说，也是一个非常有收获的过程。

在我的工作中，我会习惯性地记录每个学员的情况，以及每次职业辅导的进展。三年下来，没想到竟然积累了满满的好几大本。在我刚刚结束的一个辅导中，我的一个学员遇到了困惑。来接受辅导之前，他在一家欧洲的电信公司从业，他之前的职业生涯，正好见证了外企从进入中国发展到辉煌的 20 年。但是现在，看到外企在中国的衰落，他模模糊糊地感到有什么正在发生，但他无法说清楚发生了什么。他特地赶过来，跟我讨论他的困惑。在跟他的讨论中，我也在思索这个问题。毫无疑问，我们正在经历时代的巨变，这种巨变对我们的职业生涯会有什么样的影响？它们之间的互动又会是怎样的呢？

他离开后，我准备喝杯茶休息一下的时候，依然在思考这个问题。在那个时刻，我决定把这些笔记整理出来，更系统地写下来。希望这些真实的案例和经验，会给其他职场人带来一些启发。

论一个顾问的基本修养

顾问行业是一个很特殊的行业，大多数人对顾问的认知是专家、权威和问题解决者。每个客户来到顾问的面前，都或多或少地带着各种问题，他们往往希望能在这里尽快把自己的问题解决，然后继续轻装向前。所以他们对顾问往往怀着很高的期待，一旦出现拿不到快速解决方案的情况，又会很快失去耐心。

在一定意义上，顾问确实是某个领域的权威，但更多的是一个研究者和路径提供者。顾问需要大量的研究和实践，不断进行信息的整合和加工，提取具有共性的规律，并形成方法论和最佳实践，从而为客户提供可能的解决方案。

历史学家阿诺德·汤因比说过一句非常著名的话："没有什么事像成功那样失败了。"换句话说，当你面临一个挑战，而你的应对方式能让你战胜挑战，那就叫成功。但一旦你面临新的挑战，过去曾经成功的应对方式将不再有效，而你还是习惯性地重复使用你曾经因此获得成功的方式，这就是"成功"失败了的原因。也就是说，既往的成功再辉煌，但是假如一直试图去套用所谓的成功经验，而不去考虑情境和外部环境的变化，其结果肯定是会"时过境迁，风光不再"。

所以，顾问所提供的方法论和咨询，并不是万能钥匙，而更多的是"钥匙模子"。那些经过验证和实践的方法论会成为这个"钥匙模子"的主体，但是它并不能直接形成解决方案，顾问依然需要对客户进行有针对性的缜密调研，了解客户的实际状况和面临的挑战，以及行业甚至时代背景，用客户实际情况这块砂纸再次打磨"钥匙模子"，使之最终成为一个有效的解决方案。

正如研究历史并不能避免犯错误，其实更多是为了了解是否有另一种可能性。同样，顾问咨询过程中，客户问题的解决，也不是只有唯一的一种解决方案。顾问提供的更多的是一种选择。而客户一旦聚焦了一种选择，专注可能会带来令人惊喜的结果。

作为一个顾问，每天的工作就是与不同的客户沟通，去倾听他们的诉求，了解他们面对的问题，给予合适的解决方案或建议。不过，职业转换顾问咨询的情况比较特殊，在职业转换的辅导过程中，顾问的身份往往会发生转变。

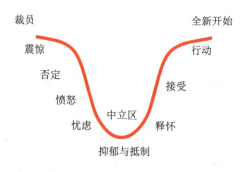

图 1　变化发生时个体的心理行为过程

在遇到组织裁员的时候，员工首先面对的是心理和情绪问题。一开始听到消息的震惊和感到突然，会使员工拒绝接受这个事实，不愿面对。他们会表现出一些不理解，甚至不配合，会寻找机会和可能性去改变这个状态，同时也会对组织的其他决定产生抗拒，对自己的个人能力产生怀疑。在这个时刻，员工会有一些很负面的情感体验：郁闷、焦虑和愤怒，还有对未来不确定性的担忧和恐惧。在这个阶段，顾问很难直接就给出引导和解决方案，而且也不能太急于去做这些事情，因为员工还没有准备好去为下一步展开行动。

这个时候，顾问在很大程度上扮演着心理咨询师的角色，给予员工心理上的支持和帮助，协助员工梳理好自己的情绪，改变因为压力而出现的紧张状态，从而能尽快关注问题的解决和未来的发展，为推进到下一步打下良好的基础。

当员工逐渐接受事实，开始考虑未来时，通常会产生一种资源短缺感，即总是会觉得自己资源不足，觉得自己缺乏能力去开拓未来。这时候顾问又担负起了教练的角色，帮助员工厘清资源、树立信心。其实，每个员工都是有自己的资源的，但遇到裁员事件的时候，员工往往会忽略自己的优势，而只关注自己不足的地方，这是一个普遍的现象。在这个时刻，引导员工去关注自己的既有优势和资源，做出合理的、实际的职业计划，这一点是非常重要的。

在员工接受了事实，并准备开展下一步行动时，真正的顾问角色才会显现出来，为客户的未来职业规划提供相应的顾问咨询和技能培训。这些职业规划包括寻找新的工作，开创自己的事业，进行职业转型，甚至退休计划。

所以，在职业转换咨询过程中，顾问的角色也可以说是在不断地转换。每个人的情况都有所不同，个性也是各不相同。每个人的经历和发展都是独特的，这些独特的经历也构成了每个人自己的故事。职业转换咨询顾问，其实是一项非常具有挑战性的工作，但同时也是非常有意思的工作，因为在为每个个体提供自己专业支持的过程中，也会不断有机会去发现人性，有机会去体验别人的生活，了解别人的故事。每个人的故事都是非常吸引人的，因为所有的故事都是独特的。

目录
contents

02 第二部分
炼筋篇——定位与发展期

　　工作好多年，冷暖自己知，这是职场上最稳定的力量，也是职场上最焦虑的群体，没有年龄的资本，但有养家的重担，前路茫茫，不敢松懈。每天做着财务自由的白日梦，担着不能见白头的职场忧。这一篇分享这个阶段不同人的不同选择，担负责任，也要追求自我。

03 第三部分
炼神篇——自省与实现期

　　攀上高位，能有几人？这些是精英中的精英，也是最寂寞的人。他们往往更需要肯定和鼓励，虽然他们外表一个赛一个地坚强。当他们一路收割脑袋，爬上现在的位子，也同时发现能商量的人越来越少。这一篇讲述的就是高手的寂寞和孤独，以及他们探索自我的故事。

第一部分

炼体篇——成长与探索期

作为职场新人，在职业发展上，迷茫有之，期待有之。因为年轻，工作不愁找不着；因为经验，理想职位难寻觅。这一篇就讲一讲菜鸟们的各种经历和遭遇，需要付出，也有获得。

第 1.1 篇
北京的房子买不起，我妈让我回乡娶媳妇

他看起来是一个典型的软件工程师，衣着简单休闲，头发理得比较短，是最容易打理的样子。跟我对话时，他会有些紧张，坐姿端正，下意识地抱紧双臂，姿势有些防御。

他之前在一家世界 500 强 IT 企业工作，刚刚被裁掉。"我已经快 29 岁了，北京的生活比我刚毕业时想象的要艰难。我没北京户口，也很难在这里买到房子。老师，我很想了解一下现在的就业市场情况，我需要尽快找到工作。"他有些急迫地对我说。

"能简单描述一下你的学历背景和工作经历吗？"我拿出本子准备记录。

"我老家是湖北一个四线小城市，我在小学、中学学习成绩一直名列前茅，高考很顺利地考上了北京的 985 院校，学习软件工程，拿到了学士和硕士学位。毕业后一直在这家公司工作，没想到会遇到这样的事情。"在他叙述的过程中，我在本子上记下"说话较有逻辑性"的字样。"你未来有什么打算吗？"我问他。"我没有想好。我妈希望我能回老家去。我不想回去，老家没什么意思，机会也不多。但我也不太想在北京工作了，压力太大。我在考虑找个长三角或珠三角的二线城市工作，在那里扎根。"说到这里，他抬起一直低着的头，用征询的目光看着我。

"你为什么想找个二线城市工作？北京的工作机会对你来说不理想吗？"我

003

继续问他。

"北京的工作机会当然好一些，但是房价实在太高了。我们家家境普通，买房指望不上父母，光靠我的工资，首付都凑不上。我妈让我回去的原因也是希望我早点买房成家。趁他们身体还好，还可以帮我带带孩子。"

"你自己想好了吗？"我递给他一瓶水，接着问他。

喝了一口水，他想了一会儿："我其实没太想好，对我们学软件工程的来说，北京机会更多，先不说大部分 500 强的 IT 和高科技公司在这里，就是互联网公司的机会也是很多的，而且全国一半的独角兽公司都在这里。只是，想在这里扎根确实不易，我毕业三四年了，在外企工作，按说薪水还可以，但是确实买不起这里的房子。没有房子，生活总是安定不下来。再加上我父母一直催我赶紧结婚，我觉得很有压力。"

"你最近有开始投简历找工作吗？"

"投了几家，但都没有太多的反馈。有一家 ×× 云公司，是国内一家私企，他们倒是给了我 offer，但看起来非常不靠谱，就不想去了。"

"这家公司哪些方面让你觉得不靠谱了？"

"面试流程乱哄哄，技术问的问题都很渣，直线经理说话特别扯，不实在，薪资也一般。"

"你理想的工作环境是什么样的呢？"

"跟我原来的公司差不多吧，流程清晰，沟通透明直接，有培训发展机会，至少有机会跟大牛一起工作吧。"他很快地回答。

"你理想中的工作是什么样的呢？"

他想了想，说："能有学习和提升的机会吧，最好能跟行业最前沿的技术接轨，能有持续的提升，薪资待遇有竞争力，所做的产品有市场优势，工作比较弹性，沟通和晋升公平和透明。"

"那你去一个二线城市，能很容易地找到你理想的工作吗？"

他没有马上回答我的问题，而是陷入了沉思。过了一会儿，他才开口："其实很难，毕竟我们软件行业，最好的机会都在北京。这个我也知道，可是在北京生活确实有现实的困难，房子买不起，生活负担大。我是独子，父母需要我照顾，但如果接他们来北京跟我一起住，生活费用、医疗问题、房租，或者有什么突发事件，不是我一个人的薪水可以负担得了的。为了供我读书，我父母都已经没有什么积蓄了，即使是掏空家人的钱包去买房，估计连首付的一半都凑不上，我只能放弃，去找个生活水平没有那么高的城市工作。"

"你喜欢你的专业吗？"我一边翻看他的测评报告，一边问他。他的测评报告显示，他是一个喜欢进行独立思考的、喜欢从事具有专业性工作的人，但非常缺乏行动力和决断力，做事思前想后，容易被别人影响，决策缓慢。

"嗯，我很喜欢。我当初之所以选择软件专业，虽然有未来就业容易的考虑，但也确实因为我喜欢与数字和信息打交道。"他很肯定地说。

"你觉得，如果你选择了去一个二线城市，你的专业技能能得到充分的发挥吗？你能够一直保持技术上不断提升的优势吗？"我继续问他。

他再一次沉默了，然后抬起头来看着我："老师，您问得太对了，这就是我担心的。我该怎么办？二线城市的工作可能需要我不断地往外倒东西，就是说往外倒我以往积累的知识和专业经验，而没法儿帮助我积累新的知识经验。但我父母态度很坚决，他们要求我赶紧回老家去，或者在老家附近的二线城市找一个稳定的工作，找个女朋友，赶紧结婚生子，把生活安定下来。"

"你父母的想法，我很理解。他们对人生有自己的看法，也愿意基于他们的经验来给你建议。不过，你要非常明白的一点是，你是你职业生涯的主人，只有你才是你自己职业生涯的决策者。他们的经验固然宝贵，但是我们要考虑的是，时过境迁，我们所处的时代背景跟他们工作时所处的时代背景已然不同。所以职业发展的过程和选择，也与他们那时候不一样了，你需要做出自己的选择才可以。你最需要的是什么呢？如果是稳定的生活，那也需要基于你职业的稳定发展，什么才能支持你实现你的职业目标，在哪里你才能最大化地得到机会支持你的职业发展，你都要考虑清楚。"我试图帮他从另一个角度厘清思路。他若有所思："我有些明白了，我会再仔细想一想。"

　　他回去后很快微信联系我，表示他已经决定先留在北京，看看机会。而且他也已经说服了父母，先给他 2～3 年的时间集中精力进行职业发展。

　　接下来的时间里，我集中辅导了他的面试技巧和着装，在整个辅导接近尾声时，他高兴地告诉我，他已经在国内一家互联网公司找到工作，薪金待遇都很理想，他决定好好干，尽力提升自己，做出成绩来，早日实现父母的期待。

BOX：

　　作为一名职业发展顾问，我经常会问我的学员一个问题："你们理想中的工作是什么样的？"很多学员，尤其是很多女学员都会这么回答我："钱多，活儿少，离家近。"其实，总结出来就是两个字——稳定，这也是我们大多数父辈的工作模式。在他们那个年代，毕业后基本一直在一家单位工作，同事是那批人，退休后的朋友是那批人，他们几乎没有换过工作。所以他们其实没有经历过职业选择。"职业"这一概念进入中国，其实是自上个世纪 90 年代，那时候进行经济体制改革，大量引入外资，外企大量进入中国，提供了很多可选择的工作机会，我们突然发现自己有选择了，或者说也被企业选择了，这时候，"职业"这个概念才真正出现在我们的生活中。所以，我们大多数人的父辈几乎没有经历过一个完整的职业生涯，所以他们能给予的只是他们的"工作"经验。所以，说到职业发展，有一句话非常重要，那就是："Everything is about context." （任何事情都与背景相关。）我们首先要明白我们很难从父辈那里直接汲取经验，所以，需要更多借助专业的辅导，以及自我的学习去支持我们规划自己的职业发展。

第 1.2 篇
技术的达人，面试的矮子

他走进我的 office 时，非常拘谨和客气，手几乎都不知道放在哪里，每次开口时都要下意识地先笑一下，是一个取悦行为风格非常明显的"乖孩子"。他刚刚离职，在积极地准备找工作。他毕业于东北一所比较著名的 211 军事院校，获得了计算机工程学士和硕士学位。毕业后一直在电信行业工作，从事基站的技术开发工作。他一直都在读一些新的技术方向，比如 AI 和大数据方面的技术资料。当时 34 岁的他，还没有成家。当我请他介绍一下自己的时候，他似乎很有些压力，个人介绍磕磕巴巴。不过，说到技术方面，他明显就自信了很多。这次职业辅导的机会和费用是他的公司特意给他提供的。因为组织架构调整，他的公司不得不整个裁掉他所在的部门。由于他在技术上是"非常牛"的，是他们部门的核心技术人员，他的老板和 HR 都想留住他，本来想给他提供内部另一个工作岗位，可惜由于一些流程的原因，没能成功。于是，出于补偿的心理，他就被送到了我面前。

我问他："在接下来两个月的一对一职业辅导过程中，你最想讨论的方向是什么？"他挠着头，想了半天，说："薪酬谈判吧？"

我接着问："为什么这个是你最想讨论的？"他不好意思地笑了笑："我觉得这个对我最重要了，我谈薪酬最不行。每次谈的时候，都很不好意开口跟对方要高薪，而每次都会勉强接受一个比我心理价位低很多的薪酬。跟我同样水平的同事、朋友拿的都比我多，甚至技术上明显不如我的人，也比我拿的多。其实我心里挺不平衡的。而且这几乎形成了一个恶性循环，上一份工作不敢多要，直接导致我下一份工作的薪酬也高不了。对这个事情，我特别苦恼！这次有这样的机会，我最想请您教教我，怎么才能更好地谈薪酬，拿到理想水平的合理报酬。"

我想了想，继续问他："一般情况下，你会和谁来谈新工作的薪酬？""一般是 HR，有时候直线经理面试的时候也会问我薪酬期待，但他们一般不会说行还是不行，顶多跟我提一下。"他好像变得自在了一些，回答问题也流利了很多。我觉得还需要了解一些情况："跟 HR 谈薪酬时，对你来说最大的障碍或问题是什么？""我就是觉得紧张，还没谈的时候就开始紧张，谈的时候更紧张，不知该说些什么。不光是谈薪酬的时候，整个面试过程我都会很紧张。越不知道说什么，就越紧张，越紧张，就越不会说话了，结果就是，我的面试都不理想。"他一边说着，一边明显地变得有些沮丧，声音越来越低。

在他回答我的问题的时候，我也在留意观察他。我发现从他坐下到现在，只要是跟我说话，他的右手就一直在颤抖，虽然幅度不大。我把我的观察告诉了他，并问他是否意识到自己的右手一直在发抖。"我以前没有留意过，我确实觉得有些紧张。"这时候，他看着自己依然还在发抖的右手，明显感到非常惊讶。

为了让他放松下来，我请他介绍一下自己的职业经历。他还是很紧张，声音甚至还有些颤抖："我 2005 年到 2013 年在一家 211 大学拿到计算机专业的学士和硕士学位，2007 年加入普天……2010 年被猎头猎到朗讯，之后到了一家世界500 强的美国公司，还是做开发工程师，然后就遇到了公司战略调整，我们整个部门都被裁掉了，现在需要找新的工作，不过现在正好临近春节，机会都不太多。"

我先跟他分享了一些求职市场的信息："确实，春节前后的机会会少一些，因为大家一般不会选择在这时候跳槽，都等着年终双薪和奖金呢，所以空出来的职位也不是很多。"我注意到他在很认真地倾听，同时面部表情也变得有些焦虑，于是赶紧接着说道："不过，虽然春节前的求职机会不像高峰期那么多，但是并不代表工作不好找，对自己的下属谁可能要走，其实直线经理心里多多少少都会有点儿数，只是大家都心照不宣，所以不会把职位马上放给猎头。但是，为了不影响后续的工作，很多直线经理在年底就会开始寻找接替的那个人了，他们一般会请自己的熟人或朋友推荐。这个时候熟人推荐是比较好的求职途径，而且成功率也比较高。"他微皱着眉说："可是其实我比较内向，不擅长人际交往，平时交往的人不多，还都是搞技术的同事，能拜托帮忙的人很少。"

我想了解得更清楚一些，于是问他："你结婚了吗？""我没有结婚，女朋友都没有，我容易紧张，不太知道跟人家说什么。"说这些话时，他显得有些窘迫。"那么，不论谈薪酬也好，拓展人脉也好，我们可能需要首先解决的是，你与人交流时的紧张问题。你愿意来共同探索一下解决方案吗？"我看着他的眼睛，征求他的意见。"当然愿意。"他很痛快地回答。

"首先，如果你可以在面试和与他人交流的过程中，呈现出好的状态，对你来说意味着什么？"我继续引导。"意味着我可以把我的能力不打折地呈现出来，可以更自信地沟通，更好地销售自己，得到好的工作，得到认可，有成就感，并通过工作获得理想的薪资，生活富足，自己会更幸福，可以回馈家人和朋友，自己会有满足感。"出乎我的意料，他的回答是长长的一大串。而且，他说着说着，两眼开始发亮，我能感觉到他的能量得到了提升。

"那么，你回忆一下，你有没有最自然放松的状态，而且沟通顺畅从容，释放最真实的自己的时候？"我把话题聚焦到能保持他这种能量状态的方面上。他想了一会儿："有的。年初我带着家人出去玩，用的是我的带薪假期，我们去了清迈，那时候非常开心。"

"能描述一下那里的环境吗？"我问道。

"满眼都是绿色，蓝天白云，人都很友好，生活节奏很慢，虽然热，但空气很好，风吹在皮肤上很潮湿，让人觉得懒洋洋的。"他的面部表情在这时候松弛了下来。

"能否说说在那里时，你看到了什么？听到了什么？感觉到了什么？"我继续引导他。"满眼的绿色，让我很放松，光线很亮但并不觉得刺眼，我们住的酒店很安静，屋子里很凉爽，出去出了一身汗回来，会觉得在屋子里待着更舒服。我觉得很轻松，有时候都感觉不到时间的流逝。"在说这些的时候，他的嘴角微微翘起，显得很愉悦。而且说到这里时，他的手已经不再发抖了。我提醒他我的观察，他又吃惊了一下。我接着跟他说："那么，请尽量记住这种感觉，请看着你眼前这盆绿植，你试着开始想象你刚才描述的情景：'满眼绿色，光线明亮而不刺眼，潮湿的凉风吹拂着你的皮肤'。现在，你会有什么感觉？"

"我感觉有些放松，空气变清新了，我的注意力更集中了一些，我的手也很放松。"他闭起眼睛体验着。"好的，我请你记住这个感觉，每次去面试之前，试着先按照这种方法去放松，找到从容自信的感觉。"我微笑着说。

"好的，谢谢您！"他由衷地笑了，笑容非常憨厚。

这次结束之后，我又带他继续进行放松练习，并辅导他找工作的其他技巧。他跟我说，感觉真的好了很多，而且竟然创造了一周面试六七家的"面霸"记录。两周后，他成功地拿到了一家国外著名电信公司的 offer，薪酬也涨了 35%。

一年多后，他告诉我，因为他的踏实肯干，经验和专业性都强，颇受老板的器重，已经升职管理一个小的技术团队了。他很高兴这个变化，跟我说："老师，我以前觉得自己被裁员很倒霉，但现在，我觉得这是我职业生涯的一个重要转折点，我很感激这个经历，因为我不但从您那里学习到了如何去解决自己长期以来存在的问题，还发现了自己居然也可以做到很多事情，这在之前我都是不敢想的。

现在，我更深地理解了您当初的那句话：一个人的人生经历其实没有好坏之分，最主要的是它们都是个人的人生体验。"

BOX：

一般而言，全年有两个求职高峰，一个会出现在 3 ~ 5 月份，为全年求职的主高峰，一个会出现在 8 ~ 10 月份，是全年求职的次高峰。一般规模比较大的公司，招聘的周期是一到一个半月左右，所以一般 offer 的高峰会在 4 月中旬到 5 月初或 9 月中旬到 10 月初。经过调查，对于已经具有超过 5 年经验的职场人来说，找工作最有效的途径主要有三个：熟人推荐、社交工具（微信、领英 linkedin）和猎头。其中成功率最高的，就是熟人推荐。所以，在职场发展时，不要光觉得闷头工作就够了，还要在保证好好工作的前提下，去拓展自己的职业人脉，而且是有效的职业人脉，跟自己觉得志同道合的同事和朋友多一些互动和接触。在需要寻找工作的时候，这些人可能会给你意想不到的帮助。最关键的一点，与人交往要真诚，这样，大家才能一起走得更远。

第 1.3 篇
我为祖国献石油，养娃养家会钻井的女汉子

10 月，一个晴朗的下午，她走进了我的办公室。她看起来已经不是特别年轻，但眼睛里闪着一种近乎天真的光芒，让人看了很舒服。她身材高挑，没有化妆，头发也没有烫染过，随便扎了一个低马尾，衣着是很学生气的休闲装，背着一个双肩背电脑包，手里拿着个运动用的饮水瓶，就这么踩着一地细碎的阳光走了进来。

她毕业于国内一所著名的石油大学，学的是石油勘探专业，毕业后就加入了一家世界 500 强的海外石油公司，一干就是 5 年。这是她毕业后的第一份工作，也是到目前为止做过的唯一一份工作。一年前由于项目原因，她被借调到跟公司合作的一家国企，并被外派到海外石油钻井油田，担任现场钻井高级工程师。她的先生也是石油工程师，服务于国内一家著名石油集团的海外中心。他们有一个3 岁的女儿，由于他们夫妻两个都需要长期驻外，进行现场钻探的工作，所以孩子基本上是扔给家里老人带着的。

9 月份刚刚回国，她就被通知，由于公司在华项目结束了，她被公司裁掉了。考虑到她在公司长期服务的工作表现和具体情况，公司给了她三个月的缓冲期，并同时提供了我们顾问公司的职业转换辅导给她，希望能支持她平顺地度过这个阶段。

013

　　她来到我的办公室，坐下来对我说的第一句话就是："我实在想不通！Why me？"

　　然后她告诉我，在这家公司，她兢兢业业地努力工作，连孩子都很少照顾，这次回国孩子甚至都不太认识她了。她的绩效也是最好的，每年都是绩效最高 Level 1 的员工。而且，更为雪上加霜的是，由于行业的不景气，她的先生也刚刚失业了，现在正在努力找工作。她现在不但要努力与孩子培养亲子关系，还要尽快找到工作，同时消化先生找工作过程中产生的焦虑。她觉得自己压力山大，不知还能挺多久。

　　坐在她的对面，我认真地倾听，几乎能感到她的压力在实物化，如一团灰色的雾一样笼罩着她。但矛盾的是，她身上同时还表现出一种坚韧和务实。我希望能引导她看向未来，于是问她："对于下一份工作，你觉得最理想的是什么样子？"她几乎没有怎么想，就脱口而出："我还是觉得自己适合石油行业，但我希望能转型到技术管理方向上去，而且不想再找需要在平台现场工作的职位了，我希望多点时间照顾孩子和家庭。"

　　"嗯，很理解。你觉得自己的工作风格是什么样的呢？"我继续问她。她思考了一下，说道："我觉得自己是很靠谱的，很有责任感，也很结果导向。同时，我对我的直线经理都很尊重，通过向他们学习，努力提升自己的能力。"

　　"那按照你的理想，你觉得如果你成为一个领导者，你的哪些特质能帮助到自己的团队呢？"我继续追问。她想了好一会儿，才回答道："我很善于与人建立信任，我能跟来自不同国家、有不同文化背景的同事很好地相处。我的分析能力很强，同时我做事有始有终，而且对质量要求很高，我觉得自己在这些方面应该可以对我的团队有所助益。"

　　"如果要你带领一个团队，你觉得自己还有哪些方面需要去发展的？"我一边记录一边继续提问。她沉思了片刻，回答说："我一直都是做技术工程师的，没有带过团队，我觉得管理经验还是需要积累的。说句实在话，我觉得解决技术问题，基本难不倒我，但是要是做团队绩效管理，我还是需要有很大的提升的。而且一些基本的管理技能，我也不是很熟悉，比如员工发展、绩效反馈、激励他人、纪律约束等等，我都很欠缺，我希望能有机会学习一下这些技能。"

"既然需要这么多的提升，那是什么原因促使你希望向管理方向转型呢？"我好奇地问。"我觉得是年龄瓶颈吧！我年纪现在看着不算太大，但是我们这个行业即使做技术工作，对体力也有很大要求，这一点从我们行业中女工程师不是很多见就可以看出来了。到了一定年龄，我们就会遇到职业天花板。而且，这次回来，我真切地感到对女儿和父母的亏欠。女儿长期以来都没有父母陪伴，她年龄还那么小，我真的怕会影响她的成长。我父母也上了年纪，一直带着个这么小的孩子，对他们来说也是非常吃力的事情。我这次回来，发现我爸妈头发都开始白了。说实在的，对他们，我心里是很愧疚的。他们本来应该好好享受退休生活的，却还得全天候地帮我带孩子，他们真的很辛苦。工作这些年，我觉得自己也积累了一些行业经验和解决问题的能力，我觉得趁早转型会更好一些。"说到这里，她在刚进来时呈现的那种焦虑感似乎已经消失了，取而代之的，是对未来规划的分析和聚焦。

"为了寻找到这样的理想工作，你现在已经开始行动了吗？"感觉到她情绪的变化，我也开始试图让自己的问题变得更为聚焦一些。"嗯，我其实已经投了一些简历，也请朋友帮我推荐了一些工作。目前看有两个工作机会还是很吸引我的。"她点点头说道。"能详细说说吗？"我问。

"第一个工作机会是一家国有企业，职位是钻井总工，是个管理岗，管理现场工程师，团队规模大概五人。虽然需要长期去山西出差，但由于气候的原因，

015

冬天不作业，所以还是有很多时间能照顾家人的。我觉得这个职位对我有吸引力，主要是能在这个职位上实现我的职业转型，从现场工程师向管理岗的转型。"她详细地向我解释着。

"第二个工作机会是一家外企，跟我现在服务的公司差不多，不过公司刚拿了一个大合同，是跟一家大型国企 30 年的大项目，工作稳定方面还是有保障的。薪水方面有提升，办公环境也不错，朝九晚五。不过还是钻井工程师这个技术岗，而且由于是项目初期，需要大量驻平台的前期开发和勘探工作。这个工作机会的好处是稳定，待遇好，但未来我还是会面临年龄和体力带来的职业瓶颈问题。"看得出来，她说的其实也是她脑子里的决策衡量过程。

我记录下要点，继续问她："那你觉得自己最想要的工作机会是哪个？""可能是前一个吧，公司初创不久，一进去就是元老，而且业务前景也不错，职位有所提升，我有朋友在那里工作，就是他介绍我过去面试的。"这时候，她的手开始不自觉地划着桌面，看起来有些担心。于是我问她："对你要获得这个工作机会来说，如果存在着障碍，那会是什么？"她停止用手指划桌面的动作，陷入了思考："嗯……也许是团队管理能力吧，这是一个管理岗位，我以前没有做过，在面试中，我怕表现得不好。我觉得至少我需要看起来像个管理者，或者有管理者潜力的候选人，我才可能获得这个职位吧！"

"那么未来的几次辅导，我们着重提升管理方面的能力，你觉得这种安排是你想要的吗？"我给出提议。"当然了！我以为这只是职业辅导，没想到还能提升管理能力，我觉得有意外之喜。"她情绪明显高涨了起来。

接下来的几次辅导，我和她进行了领导力的沙盘演练。几次下来，她开始有了一些自信，而且她的面试也在平行地进行着。一个月后，她如愿拿到了那家民企总工的 offer，终于在那年的第一场冬雪来临之前，入职了新公司。

BOX：

说到职业发展，在中国其实还是有中国自己的特色的，因为中国的特殊社会背景，我们在提到职业发展的时候，主要可以分为两类群体，一大群体主要服务于政府机构、相关政府的职能部门、国企和央企、教育学术和研究机构、军队体系，我们称之为体制内群体。这个群体工作稳定，薪金待遇有保证，但发展空间相对较小，选择上的自由度也较低，同时，薪金待遇跟社会其他行业相比，也不太有竞争力。拿我一个学员的话来说，主要是"旱涝保收"。而这也是大部分女性"理想"中的职业选择，但在当今的时代背景下，"理想"两个字上其实要加个引号的。

这个群体相对来说会有政策和资源上的倾斜，但个人的发展严重依靠平台，个人自身的能力对个人发展的影响相对较小。正像我很多在体制内工作或曾经待过的学员说的那样："这些地方适合养老，在这种环境中待久了，人都感觉要废了。"

017

确实，体制内的优势是工作稳定，平台有资源，工作时间有保证，能有机会很好地平衡家庭和工作的关系。适合年龄较大、追求稳定，或者家庭负累较重，需要更多时间照顾家庭的个人，尤其是职场女性。但是，由于平台依赖程度较高，个人能力很难得到快速的提升，也由于过于稳定，与激烈的社会竞争脱节，待久了，个人会逐渐失去竞争优势。所以，一般在体制内待到35岁以上，如果没有特别好的资源，或者由平台给予的特殊技能，已经很难应对体制外职场的竞争了。所以，作为女性来讲，要根据自己的实际情况，做好个人的安排。

第 1.4 篇
从"工科男"向"金融精英"的转型，他成功了

那段时间，给我印象最深刻的，就是"忙"。正赶上春节假期刚结束，各个公司好像互相较着劲儿似的开始裁员。我每天的日程排得满满当当，几乎每天都是七八个学员，连午饭都压缩得只有不到半个小时的时间。

我抓了个空，一边喝口水，一边向我的项目经理金刚芭比求关怀，说起"金刚芭比"这个昵称，是由于我们这位项目经理外形性感迷人，非常有女性魅力，说起话来带有南方女子特有的娇嗔软糯。但是，只有你跟她熟悉以后才会知道，这就是一个腹黑的女汉子，一般情况下我都不是她的对手。

我刚向芭比说了两句"我好累啊"之类的话，结果她神秘地冲我一笑，说："为了调剂你枯燥的顾问生活，我今天给你发个小鲜肉学员哈。"我一口水差点儿喷出来："话说清楚喽！作为顾问，是要很严肃地为客户提供专业咨询服务滴！以后不能随便开客户玩笑，知道吗？顺便问一句，小鲜肉什么时候到？"

年轻的他在一个周一的上午如约而至，因为他这天上午晚些有一个面试，为了配合他后面约的面试时间，我们之前约了早上比较早的时间，而他比约定的时间来得还要早半个小时。那时候，办公室里还没有人来，空荡荡的，只有我和保洁阿姨在各自工作。我把他带到我的办公室，是一个窗外景致很好的房间。第一次来到我的办公室的人，一般会先打量一下房间，然后大多数人会被落地窗外喷

泉和绿树的景致所吸引而放松下来。我留意到，他根本就没有注意窗外，而是一坐下来就马上拿出了电脑。

"Elaine 老师？我刚刚从澳洲回来还不到两周，公司外派我在那里工作了两年。一回来就是一个大霹雳！我被公司裁员了！我现在很着急，因为我老婆刚怀孕，今年秋天就要生了，结果我摊上这事儿。说实在的，我真挺郁闷的！"他非常坦率和开放，一上来就连珠炮似的给我发来了一大堆信息。

我一边慢慢消化他的信息，一边对他进行观察。他很年轻，大约二十六七岁的样子，个子不太高，但长得很阳光，穿着休闲西装，肌肉结实，是那种经常泡健身房的人。他说话语速比较快，眼神很真诚，一看就是那种从小到大一直都挺顺利的孩子。我请他喝点水，先简单地介绍一下自己。

他打开我为他准备的矿泉水，一口气喝了大半瓶，然后开始介绍自己："我毕业于上海交大，工业自动化专业，毕业后经过校招，过五关斩六将，加入了这家著名的海外石油公司，担任现场海上钻井平台工程师。工作第一年，我在欧洲的学习中心受训了 3 个月之后，就被派驻到了马来西亚，同年我的团队就获得了全球优秀项目大奖。之后我被派驻到澳大利亚，带领一个 3 人的专业小团队，工作上一直都受到很正面的肯定。我本来以为这次从澳洲回国是述职的，还预备着要回去的，没想到就接到了裁员的通知。"他说完，一脸的无奈和沮丧，看起来没精打采。

"你是哪里人？你太太在工作吗？你出国这段时间，你们是一直在一起吗？"我想多了解一下他的家庭状况，看看是什么原因，让他年纪轻轻就已经拥有了如此傲人的工作成绩之时，还如此地焦虑。

"我和我太太都是北京人，这一年来她跟我住在澳大利亚，因为我的薪水和补贴都不错，所以她一直没有工作，而是在社区大学学习语言。这次她也跟我一起回国了，本来她怀孕，我们还想着在澳洲生下孩子，让她妈妈过去照顾她，没想到计划全乱了！"他搓着手，焦虑情绪越来越明显。

"先不要急，你们近期内会有经济负担吗？"我继续问。

"那倒不会，我们双方父母都有工作和医保，各自在北京也都有房子和积蓄，不用我们操心。我们毕业两年，虽说没攒下太多钱，但支持个一年半载问题不大。不过，因为我太太短期内肯定不能出去工作的，再加上孩子也要出生了，各方面都需要钱，我必须尽快找到工作。"说到这里，他的眉头紧紧皱了起来。

我一边翻看他发给我的简历，一边说："从简历上看，你的工作绩效几乎完美，虽然工作经历只有三年，但经验的积累和项目经验还是很不错的。再加上你名牌大学的教育背景和年龄优势加持，找到工作其实是没有什么悬念的。"

他又喝了一大口水："看起来是这样的，我毕业刚进这家公司的时候也是这么想的，而且我一进来，薪水几乎就是同龄人的两倍了，又是欧洲培训、海外派驻，很多同学和朋友其实都很羡慕我。但是，只有进来以后，才发现职业道路越走越窄了。""哦？怎么说？"我问道。"我们这个行业有自己的特殊性，属于深海钻井业务，技术上要求很高，同时也很有技术壁垒，所以全球来来去去就是那几家公司。一旦全球经济有什么风吹草动，造成整个行业的不景气，我们就很难找到同样的工作。这次正好遇到了这样的状况，我们公司裁员也是因为行业不景气，业务回缩，需要瘦身。而我如果想找到相似的工作，就变得很艰难。要么就面临转行，但也意味着我之前的经验积累都要废了。不过，转行可能又势在必行。因为，在中国，还没有公司从事深海钻井平台的整体业务，我在国内几乎找不到相似的工作。"他一边给我解释，一边还是下意识地搓着手。

"这个情况是你刚刚发现，还是以前就意识到了？"我试图挖掘更多的信息。

顺着我的问题，他开始平静下来："其实，我以前就有意识，我也一直在想转行的可能性。本来我还想着在澳洲一边工作，一边读个 MBA 呢。"

"那么你开始了吗？"我继续问他。他的声音低了一些，语速也慢了一些，带有一丝沮丧："没有，我一直想着时间没那么紧迫，先安顿安顿再说，没想到会有这样的情况发生。"

"那如果从现在开始，规划你未来十年的职业生涯，你最想成为的那个你是怎么样的呢？"我想帮他从负面情绪中解脱出来，更面向实际一些。

"我一直对商务很感兴趣，其实我不太喜欢做技术。我之所以选择自动化专业，完全是因为我的父亲。他是学核物理的，在中科院工作，他希望我能子承父业，有自己的专业。但我自己其实更喜欢商业管理，喜欢商业运作盈利的感觉。我想有更广阔的未来，一切都能有很好的计划和发展。我还是希望在北京工作，但对国企和私企兴趣不大，我喜欢外企的文化氛围。我希望十年后的我是一个成功的领导者，能够带领团队和组织在市场上赢得成功。"说着说着，他的能量有了明显的提振，情绪也高涨起来。

"那如果从现在开始，为了这个目标而努力，你马上能做的是什么？"在他仔细描述了一下他心目中未来自己的样子之后，我问了这个问题。"我应该马上开始去读 MBA，为转型做准备。"他的眼睛亮了一下，嘴角向上翘了一下。

之后，我为他做了职业方向测评，发现他确实在商业管理方面有兴趣和潜力。于是，我给他留的作业就是回去开始收集目标学校的信息，列出再读另外方向学位可能的收益和支出，并与自己现有的资源进行匹配，找到最符合他需要的学校。

在下一次辅导的时候，他带来了写得密密麻麻的三页纸，"Elaine 老师，学校我已经基本确定了，从目前的情况看，我觉得中欧商学院比较适合我。从名气、师资、同学的人脉层次，以及毕业证书的含金量来看，都是不错的选择。关键是五月份就能入学，不太耽误时间，而清华的 MBA 最快明年才能入学，要足足耽误一年的时间。不过，学费是个很大的投资，至少 60 万人民币，还不算海外学术交流和人际互动的支出。而且，这个学校是在上海，我算了一下，这笔钱加上两年的生活费用几乎是我们这几年工作的全部积蓄了。"他状态明显比第一次来的时候好了很多，不过还能看得出带有一些心事。

"那么按照你说的，资金问题目前还在可控范围内。你真正忧虑的是什么呢？"我从他的资源分析表上抬起头来，看着他问道。"您说得对！投入的资金虽然不小，但我觉得还能控制。我一直没想好，要不要带太太一起去上海。她年底就要生了，在北京好歹有家人照顾，而我一去就是两年，我们两个这两年肯定也都不赚钱，虽然路途不算远，但也不可能常常见面。我其实不想错失孩子的出生和成长，我不想自己的父亲角色在孩子成长的这两年有所缺失。可是吧，要是她跟着我一起去上海，我不知道能不能照顾好她，而且两个人在异地，开销也大。"他一边说一边看着我的眼睛，似乎希望从我这里找到答案。

"你先问一下自己的内心，什么对你来说是最有价值的？或者说，如果有人能解决好这个问题，你认为他是谁？他会怎么做？"我对他微笑了一下，缓缓地问他。他想了一会儿，眼睛一亮，说："应该是我父亲。他是一个核物理学家，在我出生的时候，他放弃了去苏联建核电站的工作学习机会，为了能照顾我。所以，我童年一直都很开心，只是过得总是很清贫。我想我这么喜欢商业活动，喜欢追逐金钱和利润，很大一部分可能是为了弥补童年的物质缺失吧！"说到这里，他不禁笑了笑，然后继续道："不过，我觉得童年快乐还是很重要的，所以我一点也不埋怨我父亲，我只不过希望能尽最大的努力，让孩子的成长和个人的发展能更平衡一些。"

我笑着一直倾听他所说的话，没有插话，也没做评论。而他说着说着，忽然冲我笑了起来，整个脸上像洒满了阳光："我知道了！Elaine 老师！其实我心中已经有了答案，只是我一直因为这样那样的忧虑没有说出来而已！带着怀孕的老婆去上学又如何？生活会变得艰难些又如何？只有我们这代人不断地努力，才能让我们的孩子有机会歌舞青春！"

接下来的辅导变得非常顺利，对他重点辅导了自我展示和面试技巧。他很快就被中欧商学院录取了。5月份，他带着太太搬去上海开始了读书生活。

年底，他发来微信信息，高兴地告诉我，他已经幸福地成为一个白白胖胖的肉嘟嘟的男孩子的父亲了。之后，他在微信朋友圈里不断地分享他读书的有趣经历和儿子的成长点滴，看得出他很快乐。第三年，我在北京再次见到他时，他已经入职一家世界500强的顾问公司，成为一名金融分析经理了。我没有细问他的经济状况，但看得出来，他的西装是定制款。看来，一切都还很好。

BOX：

对职场人来说，从横向上看，其实职业的选择是很多的，我们可以选择很多的工作，比如，一个从事助理工作的职员，也可以选择从事行政工作、HR工作、运营工作，甚至他也可以去选择做销售工作，等等。但从纵向来看，我们的职业选项其实并不是很多，大致只有两条：是走管理路线，一路升级打怪往上爬？还是走专业路线，不断提升技能成大牛？我们需要更明确自己是自己的职业生涯主人的身份，去考虑自己的职业发展。是选择持续成长，成为专才？还是选择不断提升领导力，成为领导人才？抑或在不同的领域把握机会进行积累，成为通才？这些都需要根据自己的实际情况和自我认知，进行把握和抉择。但有一个原则需要大家注意一下，最好在30岁左右就决定自己的职业方向。之后聚焦自己的职业方向进行发展。

如果我们希望进行职业转型，在35岁之前，我们其实有机会进行重转型，即职业发展转向跟之前的技能和资源方向完全不同，也就是说可能会是从会计转行成为一名画家。这需要本人之前已经完成了对新职业技能的学习，甚至部分经验的积累。这种转型需要本人有很强的学习能力，心志也要足够坚定，能够下决心暂时抛开已经积累的资源和资历，去追求自己新的职业发展。而在35岁之后，我们一般不推荐重转型，因为重新积累资源和资历是需要耗费时间和精力的，对 35 岁之后的职场人来说，这种选择的风险很高。相比较而言，轻转型可能是这个年龄段比较好的选择，即不放弃已经有的职业积累，也可以在尽量使用已有资源的方向上进行发展，比如从销售工作转做市场工作，从测试工程师转向架构工程师，等等。

第 1.5 篇
富二代也得自己挣钱

她所服务的公司被业界同行称为行业巨人，同时她们内部也称自己的公司为"常年裁员，常年招人"的超级大咖。在当时的战略调整中，她所在的业务单元整个被波及，于是，她的公司把她和她的同事们送到我们这里，希望能为她们开启下一步职业生涯提供最大的帮助和支持。

她进入我的办公室时，让人觉得眼前一亮。她很年轻，身材瘦削，长得也很漂亮，眼睛很大，鼻梁高挺，带有一点混血感。她的头发看得出来是精心打理过的，脸上画着淡妆，妆容也很精致，丝绸衬衫搭配灰色羊绒大衣，手指上的蓝宝石戒指很是抢眼，她手里提着一只 Loewe 的 Amazona 大号手提袋，可以看出里面放着一台不小的电脑。我瞟了一眼她的胳膊，虽然很细，但一定挺有劲儿的，因为 Loewe 手袋以优质皮料和手工著称，Amazona 这款手袋本身就非常重，再加上电脑等杂物，基本是相当于一个 10 千克的杠铃。我自己基本上是没有勇气和那把子力气，提着它上班走来走去的。

她很有礼貌地跟我打了招呼，坐定后进行了自我介绍，一看就教养良好，但也透着一股疏离和不信任。我问她："在接下来的一个小时里，关于职业发展和下一步的职业计划，你最想讨论的话题是什么呢？"

她侧头想了想，说："Elaine 老师，其实我也不太确定这样的会谈是否能帮到我。很坦率地说，我其实是抱着试一试的心理来到您这里的。我从毕业开始一直做销售，业绩不算太好，也不算太坏，我一直觉得自己挺安全的，就这么过着也挺好。薪水不错，公司名气大，周围的文化氛围也很人性，福利待遇齐全，同事们的教育背景都不错，也算得上精英了。但是，另一方面，我一直不是非常喜欢我的工作，我个人不太想当销售，我希望自己能从事更专业的工作，能让我的个人价值有更好的体现。这次裁员，我虽然有所准备，但是，我还是有些迷茫，突然熟悉的一切要改变了，而我不知道自己会走向哪里，心里还是很忐忑的。"

听了她的想法，我想了一下，先跟她介绍了一下我的专业背景和工作经验，又跟她分享了一下现在职场的求职信息，她开始变得专注起来，眼神也不是那么疏离了。讲完后，我也邀请她先简单介绍一下自己的情况。

"我是独生女，今年 31 岁，我是在单亲家庭中长大的，我 12 岁时父母离婚了，我和妈妈一起生活。妈妈很好强，一直有自己的生意，她的生意也做得很成功，她其实是我的偶像，她很努力地让我的生活过得很好。现在我也有一个不到一岁的女儿，我希望她也能以我为傲。"她的态度变得信任了一些，向我说起了她的家庭情况。"能再介绍一下你的教育背景和工作经历吗？"我继续问她。

"哦，我毕业于北京理工大学，学的是市场营销专业，之后就来到这家公司，先是做了 6 个月的销售部行政助理，之后就一直做销售，直到现在。"她开始介绍自己的工作经历。

"我留意到你刚才提到你的妈妈有自己的生意，你有考虑过去帮她工作吗？"我继续观察她，发现她的手臂虽然纤细但肌肉线条很好，身材也是一样的纤细但有肌肉感，看来是长期坚持健身的结果，她应该是一个很自律的人。

"我和妈妈都是江浙人，她的生意是进出口贸易，但她也说过，现在的形势下，这个生意越来越难做，而且要平衡很多关系。她并不希望我去面对这些事情，而且她也要结束自己的生意了，她觉得这样不是长久之计，也正在计划着提前退休。我自己也不太喜欢这些生意上的应酬，我更喜欢从事一些专业性的工作。其实，我一边工作，一边也在读一个硕士学位。"

"哦？是什么专业？"我问她。

"是文化艺术发展，我从小对文艺就很有兴趣，可惜我妈妈说很难凭此维生，所以还是建议我学市场营销，她希望我能自食其力。如果让我自己选择的话，我其实情愿去学文艺方面的专业。"这时，她抬起头看着我，"其实，我也非常喜欢心理学，我今天之所以决定过来试一试，也是因为知道您有很强的心理学背景。"她变得更加坦诚，把自己的想法和盘托出。

"如果文艺和心理学具有能吸引到你的共同点，那会是什么呢？"我继续激发她去思考。"嗯……"她陷入了长时间的思考，"是人性吧？我对人性有兴趣，也希望能帮助到他人，我其实蛮喜欢与各种人打交道的，但不是作为销售的那种互动。我希望别人能从我这里得到专业意见，同时我也会从中得到成就感。"说完，她轻轻地捋了一下头发。我发现她的指甲剪得很短，应该是为了打字方便，看来她也是一个很看重工作的人。

"如果有一种工作，可以让你与各种人打交道，给他们提供专业意见，而让你也有成就感，那会是什么样的工作呢？"我发出了激发思考三连问的第二击。

她又陷入了长时间的思考，忽然她眼睛一亮："我想到了，其实我很喜欢培训的工作。我在公司里曾经多次被邀请给新人讲销售体系，尤其是这一年来，由于反馈很好，我被邀请了好几次，我非常享受那个过程！"她微笑了起来。

"那如果培训工作是你的下一步工作目标，从现在开始，你需要做些什么去达成这个目标呢？"激发思考三连问的最后一击终于问出，我竟然有了一丝"打完收工"的感觉。

"我其实可以做很多，我有一个机会，是一家培训机构邀请我去上认证课，之后他们会邀请我做他们课程的讲师。我还有一个朋友是开培训公司的，她觉得我在大公司受过完整的销售体系训练，同时也有一定的销售经验，也邀请过我去给她们讲讲销售体系的公开课，我因为以前没有做过，信心不足，就没答应。现在看来，这些都是我的机会，我也可以去尝试一下。"我能感觉到她的情绪有了明显的变化。

"那实现这些机会，你需要的时间是多久？"我继续问她。"培训认证需要12个月的训练，我觉得至少需要一年到一年半吧！"她回答。"在未来的一年到一年半里，你会有经济负担吗？还会有哪些其他的障碍？"我追问。"目前看，不会有太大的经济负担，正好也可以有更多的时间在家里陪陪孩子。"看表情，她已经完全转换到对未来的憧憬上去了。

由于目标已经非常明确，在之后的一系列辅导过程中，我主要是帮助她做新的职业发展计划，以及如何整合现有资源和技能，一步步向成为一个职业培训师进发。她对我也变得越来越信任，甚至还告诉我，她进行过面部微整容的事情。看着她精致的面容，当时我差不多有十秒钟的时间也有要去整容的冲动。后来想了想不菲的费用，以及出国整容后，可能因为照片与真人容貌不符，被扣在海关的风险，还是作罢了。

之后，她的朋友圈颇沉寂了一段时间，但不到一年时间，她就开始逐步在朋友圈晒出了她交付培训的照片和感受，而且频次有增加的趋势。可以看出她很享受这份工作，同时她的着装风格也变得越来越"黑白灰"了。看来，她已经走在自己想要的道路上了。

BOX：

我们需要觉察了解的自我到底是什么？我们的自我其实由两部分组成，第一部分，就是我们自己心目中的自我形象。这个自我形象一般情况下都是正向的、积极的、被我们所接纳的，但由于我们的自我保护和防御，这个自我形象也是被我们美化后的形象，这样才能保证我们可以接纳自我，而避免因为面对自己的阴暗面而产生心理和情绪问题。所以，这个我们自己心目中的自我就像是我们各种凹造型后，最满意的美颜照片，是我们希望自己能展现在别人面前的最佳自我形象。但是，我们可以保证给自己拍照的时候用美颜相机，但我们能要求别人给我们拍照时，都必须用美颜相机吗？不太可能，对吧？

所以这时候我们就需要提到自我的第二个组成部分，那就是他人眼中的你，就是别人如何看待你。我们还是可以想象一下，如果我们一起照合影，有一个人负责拍照，如果人群中有人跟这个摄影师关系不一般，或者干脆就是这个摄影师的亲人，或者是这个人群中的C位大咖，那么你们去看看，所有摄影师拍出来的照片，一定抓的是那个人表情状态最好的时刻，至于别人是否闭眼了，是否打哈欠了，是否挖鼻孔了，摄影师似乎都没有注意。有人会说，这个摄影师也太不专业了。其实，有时候还真不是他故意的。我们每天都被大量的信息数据淹没，我们的关注力是有限的，所以大脑会帮助我们自动检索对我们最重要的信息和数据，于是乎，我们看别人时，就相当于戴上了一副符合自己"度数"的有色眼镜，会自动滤掉我们认为不重要的信息。这样一来，也使得别人看我们的时候，带有他们自己的主观加工，这跟别人对我们的认知方式有很大的关系。

无论是我们自己心目中的自我形象，还是别人眼中的我们，都不全然是一种完全客观真实的自我。所以我们心中要有这么一个概念，把自己弄明白其实是件挺难的事儿。所以，我们要了解自我，不但要经常反思，接受别人的反馈，也要在必要的时候借助专业的心理测评工具，以帮助我们尽量去了解真实的自我，去不断地探索自己内心的需求，为自己的职业发展做出正确的决策。

029

第 1.6 篇
做好情绪管理，进入职业快车道

当项目经理金刚芭比把她的资料提交给我时，我正在忙着为一个客户做一个大型的人才盘点和组织人才战略咨询项目，忙得昏天黑地，已经没有什么时间再接其他的项目了。结果看到芭比一脸小心翼翼、欲语还休的样子，我心里大叫一声"不好"，警铃大作，她肯定是吃定我心软的毛病了，绝对有什么为难的活计要交给我，一定不能让她单独跟我说上话，否则以芭比的语言能力，我绝对不是她的对手。结果，还没等我跑远，就被芭比拽回了办公室，对我晓之以理、动之以情，终于看着我不情不愿地点了头，才算是满意地离开了，临走时还抄走了我午餐的酸奶。

我一边打开芭比交给我的客户资料，一边心里感叹着，想我作为一个能力和经验都算丰富的资深顾问，怎么在这位芭比手里几无胜绩呢？这也太不科学了！耳边似乎又响起芭比刚才对我的秘密嘱托："别看这个学员年纪不大，客户对她可是很重视的，给她安排了几乎是无限期的职业转换咨询服务，也就是说，直到她找到新的工作，这次服务才算是可以终止了。我知道你最近特别忙，本来这个学员我是交给别的顾问的，可是接触了一次后，这个学员就提出要换顾问，说是觉得之前的顾问不能很好地理解她的需求，怀疑是否能真正地帮到她，坚持要我们给她派一个资深的、经验丰富的顾问。我这里可是两边安抚啊！既要安抚学员的情绪，还要不让那位顾问有什么不好的想法，你说我容易吗？我想来想去，也就只有请你出马了！"

在仔细阅读了这个学员的资料后，我开始跟她约第一次见面会谈的时间。在电话中，可以听出她的声音很年轻，甚至会带有一丝没有经历过复杂人生的学生似的单纯。她问了我很多问题，从学历背景到专业背景，从工作经历到从业经验，从成功案例到方法论。最后，待我一一回答完毕后，她可能自己都觉得有些不好意思了，坚持要把第一次见面会谈的地点约在一家非常高档的西餐厅，而且提出一定由她来买单。我表示大可不必，在我办公室即可，但她一再坚持，我也只能妥协了。

会面那天，餐厅里人很少，估计是价格不太亲民的原因。她出现在我面前时，我心里是有些暗暗吃惊的。她跟我想象中不太一样，显得很年轻，也很清纯，还是一个女学生的样子，但并不是那种青涩的学生态，而是一种学生般的单纯，可以看出是从小到大被亲人和朋友保护得很好的那种女孩子。她的发型简单而清爽，衣着也是简约的经典知性风格，不过从品牌和质料上看，肯定不便宜。她的样子看起来很亲和，笑起来右边脸颊上还会露出一个酒窝，是个一看就让人觉得很舒服的女孩。

她坐下后，很体贴地介绍了这里的招牌菜式，看来是这里的常客，我索性也就请她帮我点餐了。在等菜品上来的间隙，她向我简单介绍了自己的情况："我是"80后"，独生女，父母都是外企的高管，我已经结婚了，有一个一岁多的男孩。我大学和研究生都是在英国读的，专业都是市场管理。毕业回国后我直接进了之前那家公司，这是一家全球著名的饮料公司，文化很好，同事们都非常nice。我工作很努力，同事之间的关系也特别融洽。我的老板也是一个海归，她对我也特别认可。没想到的是，整个公司进行组织框架调整，我们部门必须裁掉两个员工，我从来就没想到会裁掉我！我的绩效一直都是最好的！我想不通啊！"说到这里，她的脸上现出一丝不服气。

031

其实，她的资料我提前都看过，她的部门经理在做这个决策时确实是非常为难的。因为她们部门别的人都有或法律不允许、或家庭困难的因素，裁掉他们会带来一系列后续问题。唯有她，家庭负担小，也过了哺乳期，也没有伤病，就只能忍痛把她裁掉了。这也是她的部门经理为她向总公司争取了提供无限期职业转换服务预算的主要原因。

"那你现在的工作状况如何了？现在有什么是我可以支持到你的吗？"我一边安慰她，一边试图舒缓一下她的情绪状态。"其实我已经入职另一家公司一个多月了，我之所以决定接受之前公司提供的这个服务，是因为这一个月来，我实在太难受了。我几乎是一离职，就加入了这家很著名的美国家族食品公司。从外面的名声来看，这是一家非常有文化氛围的公司，但是我进来后才发现，这里人浮于事，处处论资排辈，人际关系复杂，每天上班都是一种煎熬，我真想离开。可是我刚刚加入这家公司，这么快离开，肯定会对我的职业经历有负面的影响，我非常矛盾。所以想起来之前公司给我的这项支持，希望您能给我一些建议和帮助。"说起她刚加入的新公司时，她明显看起来很是焦虑。

"当初是什么原因让你加入这家公司的呢？"我开始提问，试图帮她整理一下思路。

"我觉得部门就我一个人被裁了，很没有面子。为了证明我的能力，在离职期间，我就匆匆参加了很多面试，这家公司是第一个给我offer的，我就去了。"她很直接地告诉我。

"那么你是什么时候开始觉得在这家公司上班是种煎熬的呢？"我继续问她。

"我一入职，就发现很多不如意的地方，我就不由自主地拿新公司和我原来的公司进行对比，越比较，我就越觉得失望和低落。随着入职后对公司的熟悉，我就越来越觉得这里很差劲儿，跟我原来的公司没法儿比。"她一边说一边下意识地抠着指甲，我发现，她指甲前端的指甲油已经让她抠得很斑驳了。

"你能具体说说新公司让你失望的地方吗？是同事和老板对你不够好？是公

司的业务负担重、压力大？是组织文化和价值观与你自己的不匹配？"我继续启发她思考。听了我的问题，她显然愣住了，想了半天，才若有所思地说："其实，虽然公司很讲人际关系，但我们部门的同事对我都挺好的，很宽容，比如我今天出来和你会面，也只是跟老板和同事打个招呼就出来了。公司的工作任务不是很重，相反，我觉得比起上一家公司来说，还是很清闲的。至于说到组织文化和价值观，我觉得公司很讲究社会责任感，也是我很在意的方向，我觉得没有冲突。您这么一问吧，我也突然有些蒙圈了，到底我不喜欢这里什么呢？"

"也许是你太快地进入到了下一个职业平台，而你其实还没有从被裁员的创痛中恢复过来呢！"我试图给她一个思考的选择。

"嗯嗯，Elaine 老师，您说得很有道理！我在这里确实总是带着排斥和防御心理的，刚刚您提醒了我，我才意识到了这一点。"她陷入到思考中，几乎对眼前的食物碰都不碰。

033

"如果你现在开始采取接纳的态度，你现在的工作状况会带来什么改观吗？"我喝了一口水，继续问她。她下意识地玩着手中的叉子，思考了一会儿，摇了摇头说："很难了，我的个性我知道，一旦形成了印象，很难再逆转。我觉得我在这里继续工作，要扭转现在的局面和认知，需要花的力气和付出的代价实在太大了，我不太想去面对。"

"那如果你有其他一些选择，那些选择会是什么？"我问道。"我可能会再去找一个新的工作，可是我不想在我的职业经历上有这么短的一段经历，这样在简历上很不好看。"她一边说着，一边用叉子下意识地戳着盘中的蔬菜沙拉。

"其实你可以选择不把这段经历写在简历上，不过，如果在求职时有人问起的话，我会建议你实话实说，我认为大部分人都会理解的。但是，这是建立在你的这段经历最好不超过 3 个月的前提下。"我看着她，试图从职业顾问的角度给她一些建议。她明显放松了下来："嗯嗯，我也是这么想的。"

"我还是希望给你一个建议，不要因为时间紧迫，或其他一些情绪因素，就让自己非常冲动地进入到下一个工作中去，在入职之前一定要考虑清楚。就算是在被裁员的尖峰时刻，也要冷静处理，不要让自己的决策被情绪所绑架。"我慢慢地对她说。

她非常用力地点头："是的，您说得太对了。我觉得我太幸运了，遇到您我觉得挡在自己眼前的乌云都一下子被拨开了一样。"这时，她终于露出了笑容，让我第一次见到了她右边嘴角的梨涡。

接下来的大部分辅导时间，我都用来帮助她提升情绪的管理能力，以及如何适应新的工作环境，如何一开始与老板和同事建立顺畅的良性沟通，如何尽快在新的岗位上建立自己的工作体系，以及如何尽快融入新的工作团队。她学习得很快。大半个月后。她拿到了一家欧洲著名食品公司的 offer，她的新老板是个法国人，对她的个人发展非常关注。入职后，她使用了所学的技巧，很快就融入了新的公司环境，工作绩效也非常突出。最重要的是，她又重新找回了自己的活力，找到了对工作的热爱。

后续我们的联系不是太多，但她会时不时地介绍朋友过来做我的学员，她说自己因为这个辅导项目而受益匪浅，也希望她的朋友能有机会获得同样的帮助。

BOX：

在职场上，跳槽也许会成为一种提升身价和薪酬水平的有效方法。但是，频繁的跳槽会让自己的发展机会变小，而且，频繁跳槽的人会让招聘单位觉得这个人很不稳定。我经常跟我的学员说：如果你们经过深思熟虑，选择好了一份工作，如果没有价值观和文化的严重冲突，那么你们咬着牙，也要挺过至少两个绩效周期，也就是说至少在这个单位过完两个春节。因为这是招聘者对工作稳定性的认知中，能接受的最低标准。

当你的职业生涯出现问题的时候，你可以按照以下几步来行动：

- 跟你信任的人谈谈，比如咨询师、朋友或精神导师。通过与外人讨论自己的工作，你会了解自己的优缺点，知道什么会让你开心。

- 清楚了你的角色后，与你的老板沟通，确定你的目标、你工作所需要的胜任力、你的绩效衡量方式。清楚的界定可以带来安全感、价值感和工作意义。

- 做出一个小的变动，接受冲突解决和压力管理的培训，或者向专家咨询合适的穿着，这些都可能会带来平衡的再调整。

- 如果你仍感到迷惑，考虑一下接受职业心理咨询专家的评估，专家会给予你指导。如果你要做巨大的改变（换一份工作或申请调职），那么去咨询职场专家或心理咨询专家的意见吧。

所有的改变，即使是期望中的改变，都会带来压力感。但是如果你处理得当，而且在调整和巨变来临之前做好了足够的准备，那么你就能很好地适应新的情境，并找到真实的自我。

035

第 1.7 篇

追逐理想职位，离开天津舒适圈到佛山打天下

这是一个非常认真的"85后"女孩，她服务的雇主是一家很著名的外资银行，当年由于业务回缩，她和另外几个同事被裁员。同时，也由于这家银行一直都是我们全球范围的客户，为她们银行全球受波及的员工统一购买了职业转换的服务。于是，她就成了我的学员。

她是天津人，家和工作地点都在天津，这也意味着她要么来北京与我会谈，要么选择远程的电话辅导。在听了我的介绍，了解了我们的辅导内容后，她毅然选择了每周从天津跑来北京面谈。

我们第一次见面是在一个暖暖的上午，四月天的阳光很好，她探头进来的时候，我正在喝一杯甜甜的奶茶。我看到了一个圆脸的女孩子，眼睛也是圆圆的，笑起来有点腰果眼的感觉，于是我也不禁微笑了起来。

"Elaine 老师，您好！"她笑眯眯地打着招呼，顺便把自己装得鼓鼓囊囊的大包放在旁边的椅子上，看起来这个包不轻，她放下后，脸上露出了如释重负的表情。"你好！路上还顺利吧？累不累？"我一边说一边把一瓶矿泉水递给她。"还好，坐火车挺快的。"她接过水，但没有马上喝，而是冲我甜甜地笑了一下，从包中拿出了自己的杯子，"谢谢您！我比较喜欢喝热点儿的水。"

看到她年轻的面庞，再看她不停地从大大的包里往外掏各种小零碎儿，除了

杯子，还有笔记本、不同颜色的记号笔、白纸、手机、充电宝、干湿纸巾，甚至还有护手霜、口香糖和一个小橘子，一看就是个考虑很周到的细致女孩。我满怀兴趣地看着她把东西在桌子上放好，然后请她简单介绍一下自己的情况。

"我家是天津的，土生土长，上学也没离开过天津。我大学读的是天津师范，国际经济贸易专业，大学期间在家乐福实习了半年，担任天津家乐福的谈判助理。毕业后就来到了这家银行，担任现金管理的职位，属于后端的岗位。"她语速不快，思考的时候会习惯性把头向右边歪一下，眼睛里带着一种天生的好奇，显得有些天真，但又有些隐忍和回避，这使得她的表情有些矛盾，又显得有一丝神秘。看到她的这种表情，我不由得微笑起来。

"能简单介绍下你的个人情况吗？"我继续问。

"我是 88 年的，还没结婚，也没有男朋友，我跟我父母和爷爷奶奶住。他们也都是天津人。"她很简单地说了一下，没有介绍得很具体。

"那你下一步有什么打算呢？暂时会有经济困难吗？"我问她。

"我没有什么经济压力，我父母和爷爷奶奶都有退休金，他们都说可以支持我，叫我不要着急。但是，我还是想尽快找个新的工作，我觉得我都这么大了，自己养活自己才说得过去。而且我也不太想跟他们一起住了，太不自由了，老被管着，几乎天天都要被他们各种唠叨。"说到这里，她的眼底出现了一丝急切。

"对未来的工作你有什么计划吗？对工作地点有要求吗？"我一边做记录一边试图更多地了解她的职业计划。

"我还是希望在金融行业工作，但我希望未来的工作能够转向中前台。如果机会合适，我也会考虑泛金融行业的岗位。至于工作地点嘛，我家里人还是希望我能找到在天津的工作，或者离家不远的雄安地区的职位也行。他们不希望我离家太远，不方便他们照顾我。而我现在看到的是，天津也好，雄安地区也好，本身外资银行就少，好的职位也不如其他城市多，真的要有好的机会的话，也是要等，

037

或者有很强的人脉背景。我家里的背景就是工薪阶层，也没什么特别有资源的亲戚，所以不太容易拿到特别好的机会。我自己其实并不排斥在外地城市的工作机会。像深圳、上海、苏州这些地方，我都可以的。但是我家人怎么都不同意，老是让我尽量在本地找工作，不要先考虑其他地方的工作机会。说实在的，Elaine 老师，对这一点我还是挺郁闷的。"她说完，深深地叹了一口气，一脸无奈的样子。

"先不考虑其他因素，如果有一个职位几乎完全符合你的未来发展计划，但是需要你去很远的城市工作，你会愿意接受吗？"我看着她的眼睛，放慢语速问她。她想了片刻："愿意的。"

我留意到，这时候她的眼睛里浮现出渴望的神色："好，那如果你愿意接受这样的职位，而需要你去说服你的家人，你觉得你能使用的好方法有哪些？"我想看看她有没有思考过行动计划，所以提了这个问题。

她低下头想了好一会儿："我觉得我可以向他们表达我坚定的决心，他们不放心我去的原因，无非是顾虑我的安全，怕我自己不能照顾自己罢了。我可以向他们保证，尽量随时让他们知道我的情况，有事情第一时间跟他们联系。不过，我其实以前也试图这么做过，他们就是不放心，我觉得要说服他们很难。以前我加个班，他们恨不能过来单位给我送晚饭，我要是出个差，几乎1～2个小时一个电话，要确认我的安全。有一次下雪，下班时路况特别不好，我老爸愣是不听我的，坚持开车接我，结果他反而堵在路上动弹不得，我都搭同事的车回来了，他还没到家。"说到这里，她又不禁重重地叹了一口气。看来关心和爱也有可能成为一种负担啊。

为了调整她的情绪状态，我试图先转到另一个对她来说更有资源感的话题上去："你之前说已经面试了几家公司，目前情况如何？"

"哦，前段时间，我面过几家，不过觉得除了一家天津的公司以外，都不太有戏。那几家都是比较大的外资银行或者事务所，要求都很高，我的本科学历对这些职位来说，还是有些低了，我都是做过第一轮笔试后，就一直没有任何消息了。"她摊了摊手，表情有些苦恼。

"那家天津公司是一家金融服务外包公司，主要为汇丰提供外包服务。公司算是内资公司，工资不高，每个月只有大几千的薪水，唯一觉得还行的，是工作地点离我家近，我家里人都让我积极争取这个职位。可是我其实并不是特别想去。首先，工作内容没有什么挑战性，还是我以前做的那些东西，而且因为是做外包业务的公司，也不太会得到很好的培训和发展的机会；其次，薪金的水平确实低于平均水平，我基本是要降薪的，这让我觉得很不舒服；最后，我老是觉得，要是我去了这样的公司，最初几年应该还是稳定的，但随着年龄增长，业务水平又没有什么显著的提升，再过几年，我需要再找工作的时候，竞争力就更低了，最后这点其实是我最担心的。"她还是一脸苦恼地回答着。

"你有把你的想法告诉你的家人吗？"我问她。

"我说过，但他们说先找个地方稳定下来，最好稳定下来后，赶紧结婚生孩子。至于以后，他们说车到山前必有路，大不了以后他们养着我。"女孩说到这里，情绪更加低落了，手指开始下意识地揪着背包的带子。

"如果让你描述一下你理想的生活和工作状态，那是什么样子的呢？"我转移了话题。

"我想一个人住，或跟朋友合住，周末和假期有时间可以去看我爸妈他们，但我希望有更多自己的时间，可以做自己真正喜欢的事情，可以和朋友们一起聚会聊天，甚至出去旅行。我希望有更多的自由。我希望更努力地工作，我其实不怕吃苦，也不怕加班，我希望通过我的努力，让自己更有实力和竞争力。我希望可以自己养活自己，更独立，自己全权决定自己的事情。我希望我可以慢慢等待自己的缘分，不要老有人催我相亲，不要老有人跟我唠叨，不要老有人说我这样是不正常的，只有赶紧结婚生娃才是正确的。"突然，她眼睛一亮："老师，其实我希望有更多的自我，而不是让自己淹没在'你要这样！你要那样！'的声音里！"

"太棒了！我发现你有了一个很棒的觉察。为了更大程度地实现自我，你能做的事情是什么呢？从明天开始，你能开始的一小步会是什么呢？"我微笑地看着她。

"我会去看看别的城市的工作机会，我会坚持来您这里进行职业辅导，我会跟他们说，即使在天津工作，我也要搬出去租房子住。"她的回答变得很是坚定。

对她说的这些行动计划，我及时给予了肯定。然后我大致翻看了一下她的测评报告，发现她的职业个性非常有意思，她所有的压力行为、社会化行为和职业兴趣都压在思考者那个区域。也就是说，总体上讲，她不是一个行动者，而是一个想得多干得少的人。需要不断地鼓励和督促她把想法付诸行动，并确保她一步步地完成自己的行动计划。

之后，我们制定了严格的辅导计划，从个人职业发展战略开始，到求职目标企业的确定，求职途径和工具的选择，简历优化，个人展示技巧的提升，以及面试技巧的辅导，再到薪酬谈判，offer 的分析和选择，最后到入职培训，一步步对她进行了全面系统的辅导。

终于，在一个月后，她拿到了广东佛山一家著名外企的 offer，担任这家企业的反洗钱合规经理，这是她一直梦寐以求的职位，而且薪金也有了很大的涨幅，完全可以覆盖她搬到佛山工作可能产生的额外花费。

在说服她的家人方面，我惊奇地发现，其实阻力并不像她原来想象的那样大，她的决心在这里起了很大的作用。当她摆出一副"你们同不同意都没关系，反正我已经决定了"的样子，并开始打包行李的时候，她的家人也就没有太激烈地反对了。看来，长期以来，限制她去实现更多自我的人，不仅是她的家人，更大的一个力量可能是她自己，是她自己对舒适圈的不舍和对未来不确定性的不安。这些都可能使得她给自己更多的理由不去变化，而她自己更想把不去变化的原因归结于别人，以减少自己的压力。但是，真正能限制她的，其实只有她自己而已。

她在佛山安定下来后，给我发来了信息，告诉我她很快乐，很快就融入了新的工作环境和团队。而且她发现自己在生活事务方面居然很能干，不但租房搬家一手搞定，她现在还可以给自己和室友做饭吃，做得居然还挺好吃的。她跟我说，佛山有很多好玩的、好吃的，欢迎我随时去玩。好吧，由于这个可爱的姑娘，我在一个新的城市又开辟了一个基地。

BOX：

刚才这个故事中提到的她，就个性而言，她是一个思考者，属于人际导向的类型。这种人更愿意倾听，很喜欢探索，充满了好奇心，事物的规律、人的想法，他们都有兴趣知道。他们脑子中老是有无数的想法，会在自己的大脑中不断推衍事情的发展进程。只是，他们不太爱把自己的想法说出来，脑子里千军万马，表面上还是一派云淡风轻。他们是思维决策者，需要搜集足够的事实、数据、信息来支持自己的决策和行动，往往是想得多干得少。他们迟迟不肯行动，往往让行动派很是抓狂。他们天生有好奇心和想象力，也乐于有新的体验，接受新的变化，所以，他们更有创造力，更加乐于拥抱变革。但是，他们需要更严格的推动和监督，以确保他们有实际而具体的行动。当面对焦虑和压力时，他们会退后一步，并对这个问题考虑、考虑、再考虑，迟迟不能采取相应的行动。他们释放压力的方式是，陷入自己的思考空间，三思而后行，不逼迫自己采取任何行动。所以，当遇到这种个性的人时，最好的方法就是推动他们行动、行动、再行动。

第 1.8 篇
从捷克来的冰公主，在广州艳阳下也盛放

在一个项目开始的时候，客户的人力资源总监特意找到我，把一个学员拜托给我。"她是捷克人，来我们公司不到一年，但是，我们大家都爱她，她太阳光了，对每个人都特别友好，特别可爱。说实话，我们公司好多单身的程序员都暗恋她。这次裁员，也是她非常干脆地第一个和公司签了协议，没有任何抱怨，什么额外的要求都没提。拜托你好好跟她谈谈，看看怎么才能真正帮到她。"

看着她一脸特别认真的表情，我在郑重承诺时，不禁也生出了一丝好奇，到底是什么样的姑娘，竟然这样招人喜欢，让这位万事缠身的 HRD 亲自跑来跟我打招呼？对于跟她的会面，我变得更为期待了。

在一个繁忙的工作日，她终于走进了我的办公室。像大多数捷克人一样，她的头发是棕褐色的，眼睛是蓝灰色的，纯净自然，显得有些冰冷，但也有一丝儿童般的天真。她的身材一看就是热爱运动的类型，肌肉结实，动作灵活，再加上脸上带着的金色阳光般的笑容，让她看起来充满了都市中少见的自然气息。与其他同龄的北京年轻人相比，她多了一些快乐和从容，少了些许焦虑和浮躁。

她进来后很有礼貌地与我握手，并介绍自己。她的手很有力量，带有一点点的粗糙，可能是经常进行户外运动的缘故。由于她不会说中文，我们的辅导都是用英文进行的。她出生在捷克一个小镇上，全家都酷爱户外运动，她自己从小就

是自行车、游泳和滑雪高手。她高中时曾经作为交换生，去韩国学习了一年。她说就是在那个时候，她迷上了东方文化，这也是她大学毕业后决定来中国工作的主要原因。高中毕业后她去英国留学，读的是计算机专业，之后在英国的一家 IT 公司工作了两年多，然后就寻找到机会来了北京。

我问她，是否喜欢北京？她告诉我，她非常喜欢这里，她喜欢这里四季分明，这一点很像她的家乡。大多数时间北京的阳光都很灿烂，这一点比她的家乡要好，她家乡的阳光老是恹恹的，不像北京这么浓烈晴朗，当然，雾霾天气除外。她还很喜欢北京的文化氛围，为了体验北京的传统文化，她特意租了雍和宫旁边五道营胡同的房子居住，虽然这需要花掉她工资的一大部分，但她觉得这样很是值得。她并不储蓄，也不会想着在捷克先买个房子以后养老。她跟我说，她觉得在她现在这个年纪，应该尽量多去认识世界，体验不同的生活方式，这才是最重要的。

她其实非常羞涩，一开始都是我问什么，她就答什么，因为英语都不是我们的母语，她有时候回答时还会因为一时找不到合适的单词，而不好意思地笑一下。那个时候，她的脸也会微微红一下，显得非常可爱。她也很真诚，回答问题时说的都很实在，没有言过其实和花哨的表达，让人觉得跟她的沟通很是放松和舒服。

我问她今后有什么打算。她表示：希望接下来还是能在中国工作一段时间，除了北京，也会考虑其他城市。至于工作的领域，她依然想在技术领域工作，希望能在一个五到十人的专业团队工作。关于工作环境，她喜欢气氛平和、沟通良好透明的环境，办公地点最好是一个安静而自然的环境，有明亮的办公室和大大的窗户。她想积累更多的技术经验，成为一个技术大拿和问题解决者，同时，她也希望能够鼓舞他人。

听了她对未来工作的描述，我有一种强烈的感觉，她应该很快就会找到新的工作。这是因为，她有很明确的目标，而且已经把这个目标图像化了，这也是一个愿景化的过程，这个过程往往能驱动我们制订明确的行动计划，并把计划落实到具体的行动上。

果不其然，她第二次来到我的办公室接受辅导时就很高兴地告诉我，她刚刚得到了一个面试机会，那家公司在广州，职位是国际手游研发团队的软件研发总监。她向我表示了真诚的感谢，因为这个职位是猎头找到她的，而猎头之所以找到她，是因为她上次回去之后，听从了我的建议，把自己的领英进行了补充和完善，没想到很快就有了这么好的效果。

接下来，她还向我表示，她对这个工作机会有一些担心。她觉得自己之前都是在企业里做技术方向工作的 IC（个人贡献者），没有真正地管理过团队，她担心自己在管理方面缺乏经验，缺乏足够的领导能力去带领这个五六人的团队。由于这些经验和技能的缺乏，她对自己在未来面试中的表现有些担心。于是，我们后续的辅导几乎都集中在她的领导力发展、中国文化团队的管理以及面试技巧的提升上面了。

她在管理方面缺乏经验，而我和她其实都不太了解这个职位所管理的团队特征是什么。于是，我决定用领导力沙盘的方式去帮助她得到提升。我设计了一个虚拟团队和一个具有挑战性的管理情境，让她不断地在各种领导情境和问题上进行演练，并不断启发和训练她在不同的团队管理情境下的应对技能。

一开始，她几乎无所适从，不知该从哪里进行思考和决策，甚至对自己的行动计划也不太有信心。几次辅导下来，我发现她越来越从容，尤其在激励和鼓舞团队方面，很有天赋，进步的速度令我很是吃惊。

终于，分离的时刻到来了，她再一次出现在我的办公室时，带来一个好消息，她拿到了那家广州互联网公司的 offer。而且，那家公司为表示诚意，还给了她七天的探亲假，在入职前可以回捷克去探访一下亲人，并且还给她报销了往返的路费。出于对公司慷慨的感谢，她决定马上接受 offer，不再考虑其他工作了。她过来跟我告别，对我提供的支持表示感谢，并送了一个捷克的小手工艺品给我作为纪念。

她还告诉我，她在雍和宫附近租的房子会再租半个月放行李，等她从捷克回来后，就会退掉房子南下广州。她对未来相当期待，她说她第一次住在一个"热乎"的地方，她很喜欢开始一种新的生活。但是，当她开始打包自己的物品和行李时，看到北京家中的物品，回想起这一年来的点点滴滴和快乐生活，心中有很多不舍和怀念。蓝天下，放飞鸽群带起的一片鸽哨声；夕阳下，宫殿庙宇红墙金顶端肃的光芒；夏天国子监成荫的绿树和蝉鸣；在胡同口的咖啡馆里，与新结识的朋友天南海北地聊天；房屋外经常传来的，让她听不懂但觉得特别有烟火气儿的京腔儿，以及房东大妈周末送来的饺子，所有的这些都让她怀恋，也会构成她人生经历中一段重要的回忆和体验。

听到这里，我心里其实特别羡慕她，作为一个在北京出生、在北京长大的"土著"，我羡慕她看到了北京最美的一面，也羡慕她有从容的心态去欣赏北京最美的一面。曾几何时，我们都是她所描述的生活的一部分，而随着时代的变迁和时间的推移，我们已经对身边曾有过的，或现在还存在的美丽熟视无睹，也许是因为压力，也许是因为焦虑，也许还有其他的原因。无论如何，我很感谢这个捷克姑娘，让我有机会从她的视角再一次欣赏家乡的美丽。

之后的日子，我在朋友圈不断地看到她发的动态，她在广州很快乐，平常的日子会经常去游个泳，也会经常看到她到各地去跑马拉松。她还会经常晒出和自己的团队成员一起工作和团建的照片，所有人在南方的暖阳中都笑得一脸灿烂，让人心生欢喜。我也从照片中看到了她们的办公室，非常明亮的样子，有许多大大的落地窗。我想，她一定是非常开心的。

BOX：

对于有一定工作经验的求职者来说，一般有三个重要的找工作的途径是非常有效的。第一个：熟人介绍。这个途径基本上是最靠谱的一种，因为熟人的内推，其实算是有人帮你做了一个担保和背书，会让你的求职跳过海选阶段，快速进入到实际面试阶段，同时因为已经有人为你做了推介，算是已经打下了一个非常坚实的基础，初期的印象分算是拿到了一些，这样一来，比起别的候选人来说，你算是抢跑了一段儿。如果这种情况下还不能最后冲线，那可能就要反思一下自己的状态，该修正目标修正目标，该提升能力提升能力了。第二种途径：社交工具，比如领英（linkedin）和微信。这种途径是近几年兴起的很有效的途径，这是因为很多猎头都是通过这些社交工具来寻找候选人的，尤其是领英，很多猎头需要找到具有专业背景的白领候选人时，都喜欢通过领英寻找。而微信的有效性，则取决于你平时是否注意积累猎头的人脉资源，因为猎头也会经常在微信朋友圈发布职位信息。第三种途径：猎头。这个途径大家都熟悉，我就不多说了，就是强调一下，平时要在工作中注意多积累靠谱猎头的人脉，别老是不耐烦，关键时刻靠谱的猎头可是能发挥很大作用的。靠谱猎头的定义：在行业耕耘多年，有经验，最好是曾经跟你有过有效合作。

第 1.9 篇

刚工作八个月就赶上公司裁员，这运气也没谁了

在 BAT 横空出世前，他们公司一直都号称行业大鳄，一系列漂亮的资本操作，使得这家中国本土公司迅速地国际化，成为一家跨国企业。能进入这样的公司工作，对一个"90 后"大学毕业生来说，是相当不错的开始。不过，刚刚毕业进入这家公司工作了八个月，就要被裁员，确实有些尴尬了。首先，工作尚不足一年，这样短的工作时间，尤其是对一个刚毕业新入职场的菜鸟来说，容易在后续的面试中被面试官质疑，会质疑他离职的原因，是否跟他的个人能力不足有关。其次，比起应届生，他虽然有些经验，但优势并不明显，同时还会因为不像应届生那样白纸一张，具有更高的文化可塑性，而被用人单位"嫌弃"。

我从他们公司拿到了他的资料，仔细阅读后，也在一直思考，怎么才能真正帮到他。说实话，以他的年龄来说，找到一个工作应该不是难事儿，但是，想在下一步走得更稳健更有效，就需要与他一起好好探索一下未来的职业发展定向了。

他第一次会面就迟到了三十分钟。迟到似乎并没有困扰到他，他很轻松地迈进我的办公室。他中等身材，五官清瘦带些棱角，身上穿着巴宝莉运动风格卫衣，李维斯水洗破洞牛仔裤，小白鞋，左耳上钉着一颗黑钻耳钉。看起来是一个很有个性和想法的年轻人。

他很随意地坐在我的对面，说话时看似很礼貌，总是用"您"来称呼我，但

还是让我感到有一种漫不经心。他告诉我，他的 last day 是这个月月底，但是他还没有开始找工作，因为他的直线经理有向他透风，可能会在组织内部给他提供另外一个岗位，所以他现在也不是很着急。

我还是照例问他："为了让我们的辅导更有针对性，可否请你先简单介绍一下自己呢？"

"我老家是秦皇岛的，父母都是公务员，职位不高不低，算是有点小权力。我大学是在北京读的，读的是信息电子工程专业，大学期间曾分别在我父母的单位实习了两个假期，毕业后通过校招来到了这个单位。起初我干得挺顺的，我的经理对我也挺好，同事之间相处得也不错，直到这次裁员，我都没想到才工作就赶上这事儿，还时间这么短！哎！"这时候，他才流露出一些郁闷的情绪，开始不断地用右手拇指搓着食指。

"看来他是右利手。"我心中默默地想着，然后突然惊觉，我在他陈述的过程中有些走神了，这在我的顾问工作中是很少有的事情，我觉得有些惊奇，想弄明白怎么会发生这样的事情。于是我没有再接着提问，而是请他先填好辅导课程的启动表。

利用他填表的时间，我开始仔细观察这个"90 后"的年轻人。我发现他的身上有一种看似矛盾的组合。他的行为显得自信和笃定，甚至有些漫不经心，看似具有很强的自信心，但是，他会时不时地流露出一种脆弱的焦虑，一种在压力面前的手足无措。作为"60 后"的父母的孩子，他们的父母已经得到了国家改革开放的红利，父母工作稳定，家庭经济收入殷实，他们从小物质上满足感强，长大后不会对自己的生存有太大的焦虑，比较有安全感。他们大多数是真正意义上的独生子女，在电玩中成长的一代，自我意识要比他们上几代人强很多，但在社交技巧方面，可能会有所欠缺，所以在压力和挫折面前，往往找不到合适的社会支持去应对，很多时候在心理上又显得很脆弱。在我思考的时候，他完成了表格，并递还给我。我继续问他："你觉得我怎样才能真正帮到你？"

他挠了挠头："其实我也不知道，也许您能帮我看看在现在这个大环境下，我该怎么发展。"

"其实，我以前并不是做职业转换顾问的，我以前主要是做人才战略和领导力发展顾问的。想知道我的工作发生了什么变化吗？"说到这里，我停顿了一下，看到他脸上明显露出了感兴趣的表情。

于是我继续说道："在 2015 年之前，我大部分时间都在做领导力发展和人才测评项目，在帮助组织发展他们的领导者和识别高潜人才（高潜力）。突然，我发现从 2015 年开始，我的工作画风就变了，我接到越来越多的裁员项目，而且规模变得越来越大，由于我们是外资的顾问公司，裁员项目一开始以外企居多。逐渐地，我们也开始接到国内企业的项目。我也和很多猎头以及招聘经理聊过，我们惊奇地发现，那段时间，市场上放出的工作机会并没有变少，反而有一个稳步的增长。当然，外企和国企放出的工作机会确实有很大程度的下滑，但是市场上工作机会的总量却不降反升。你觉得，在此期间发生了什么？这些市场上放出的工作机会主要来源于哪里呢？"我停在这里，看着他问道。

他明显认真了很多，仔细想了想，回答说："我想应该是国内民企有比较多的招聘机会吧。"

"是的，很多招聘机会来自私企和上市民企，主要是互联网行业招聘迅猛。而这些机会中，有两类工作的招聘量是最大的，一类是销售人员，一类是技术人员。"我继续补充道，"所以，在这种大环境背景下，你觉得自己应该如何发展呢？"

他继续沉思了一下，低头看着自己的小白鞋："我想……我本来是学信息工程的，我可以去互联网行业，也可以去电信行业。""是的，现在互联网行业还处于红利期，但也有很多人预测，互联网行业的红利期即将过去。电信行业一直以来比较低迷，因为 4G 爆发的红利已经吃完，这个行业未来还会面临一次爆发的机会，那就是 5G 的来临。你自己的职业发展既要关注行业趋势，同时也要看自己的个人能力和资源状态。再次强调一下，找工作的三大基本原则：朝阳行业，核心部门，关键岗位。"

他一脸受教："Elaine 老师，您说的这些太有用啦！我觉得思路清晰了很多，您看就我的情况而言，下一步我应该在哪些方面提升？"

"你下一步准备做什么？"我再次问他这个问题。

"我想……刚才听了您的话，我觉得还是应该开始试着寻找一些新的工作机会。我现在的公司吧，虽然各方面都不错，但是对我来说缺乏快速提升的机会，同时行业的前景也并不是特别乐观。公司对研发方面的重视度并不够，更相信拿来主义，愿意通过收购来获取技术和专利。结合刚才您分享的市场情况，以及我个人的具体情况，我还是希望向技术方向发展的，所以我觉得下一步还是要看更多的机会。我也希望能得到您的帮助，辅导我一下找工作的技巧。您看，我是通过校招进入公司的，在面试方面其实很缺乏技巧和经验。"他一边说着一边恳切地看着我，看到我向他点头，他终于露出了从进来开始最真挚的笑容。

接下来的几次辅导，我们主要集中在他的面试技能的提升上，包括打磨简历、面试技巧、个人展示技巧、薪酬谈判技巧等等。不久他就获得了两个不错的面试机会，虽然他原来的公司并没有像以前说的那样，给他另外提供其他的工作机会，但是，他还是努力抓住了其中的一个面试机会，得到了那份新工作。

之后一年多的时间，他都没有再主动联系过我。不过，就在上个月，他通过微信给我发来了一段感谢的话，顺便跟我道别，他已经离职，决定回秦皇岛去工作。他的父母在那里帮助他找了一份不错的国企工作，他说来北京体验过就好了，这里的竞争太激烈，物价和压力都高，他还是喜欢回老家去过他熟悉的平静的生活。愿他岁月静好。

BOX：

随着时代的发展，外企在中国已经逐渐过了红利期，而体制内的工作由于工作的稳定性、福利的优厚性、社会地位的主导性，而越来越成为追求平稳生活的年轻人追逐的目标。

与体制内相对应，体制外的工作更多地表现出灵活性，当然，伴随而来的还有风险性、低福利性，以及对社会或所在单位的影响力弱。体制外的工作群体属于大多数，其实也就是我们所说的一般意义上的职场。与体制内不同，体制外的职场竞争更激烈一些，稳定性也差一些。但如果个人真的有能力的话，机会也会更多一些。马云和王石这样的人基本应该算是已达到了体制外能达到的最高层级了。

第 1.10 篇
为什么老让我遇到职场渣人？我要怎样保护自己？

一般来讲，我不是很喜欢黑泽明的电影，也许是生活的现实本身就不容易的原因，我不太喜欢太沉重的作品，不过黑泽明的《罗生门》是个例外。这部电影引发我很多思考，让我感到人性的复杂，以及我们实际上生存在一个个人感知的世界里，即使是对待同样一件事情，从不同个体的角度来看，也会有不同的解读。

做这个项目时，我一直都会联想到黑泽明的《罗生门》。首先，是她公司的人力资源经理找到我，请我来评估如何才能帮助这个员工。实际上，是两个员工。她就职于一家大型的全球制造企业，组织管理以人性化著称。她任职中国子公司业务拓展部副总裁助理，当时，她跟负责她们部门的 HRBP（人力资源业务伙伴）发生了很严重的冲突，两个人都指责对方，说对方在公司内部散布对自己不利的谣言，严重影响了自己的职业声誉和工作。而且她们在冲突中，都各自向总部高管层发出邮件申辩，已经引起了公司总部管理层的注意，希望人力资源部门能尽快解决，不要影响其他员工和公司的正常运营。

为了方便我的工作，人力资源经理先简单地介绍了她的情况，"85 后"，父母都是工厂的技术人员，已经退休，她是独生女，父母平时看起来很宠她。她还没有结婚，加入公司不到四年的时间，工作表现不错，一直很受老板的信任。

"事情的起因是这样的，她一直在那个部门工作，她老板对她的工作一直都很满意，每年绩效评估，给她打的分数都很高。前一段时间，由于公司的内部安排，她老板要调到另一个部门任职，那个部门人员编制已经满了，她老板就没法儿带她过去，于是她申请了一个组织内的管理职位。您知道，我们组织内部对管理者的选拔是面对组织内所有员工的，开放的职位是公开招聘的，组织内的高绩效员工都可以申请。我们会根据该职位的要求进行能力考核，合格后，才会给申请的员工这个职位。其实，她以前跟那个 HRBP 关系不错，两个人还会经常有一些私人的互动。这次申请管理职位，她后来没有通过，她怀疑 HRBP 把她们私人之间的聊天记录外传了。在她们的聊天记录里，她对公司和一些同事有很多负面评价。她觉得凭借自己各方面的表现应该能够得到这个职位的，所以出现这样的结果，一定是有人暗中搞鬼，她认为 HRBP 就是那个暗中搞鬼的人。于是，她也开始在公司内部说那个 HRBP 与部门的一些男同事有暧昧关系，这样一来，直接导致了两人冲突升级，越演越烈，到了在组织层面必须解决的地步。"人力资源经理讲述完前因后果，表示希望我能从专业角度提供一些支持，否则到最后，她们不得不考虑两个人至少要走一个。

从心里讲，这种项目其实是我不太喜欢的类型，首先是组织内情况复杂，短时间内从第三方角度往往很难去评估状况的真实性；其次，这种项目往往是费力不讨好，不论评估结果如何，很难达到各方面都满意的效果。不过，既然客户有这样的需求，我的金刚芭比项目经理也把我安排在这里，我也只好硬着头皮上了。

"那你们部门的 HRBP 怎么说？"我听完她的叙述，开始提问。

"HRBP 否认了她的指控，说自己并没有把跟她私聊的记录外传。而且 HRBP 认为自己很委屈，明明是跟男同事的正常接触，结果被她传有暧昧，HRBP 已经结婚了，这件事给她的婚姻造成了很大的困扰。"听得出人力资源经理对那个 HRBP 是有些同情的。

"我能先跟那个 HRBP 沟通一下吗？"我继续问。

"恐怕不能，她毕竟是我们部门的人，为了公平起见，我们不想因为她先跟您沟通后可能产生的先入为主，影响您的判断。当然，我们对您的专业水平是绝对相信的，只是希望把事情尽量做得公平有序。如果您跟她谈完后还想和 HRBP 进行沟通，我们一定会帮您安排的。"人力资源经理很诚恳地回答我。

"好吧。那她的老板是什么态度？"我希望能收集尽量多的信息，于是继续问道。

"她的老板很认可她，认为她工作努力，绩效很好，应该得到提升。他认为 HRBP 在这件事上有造谣中伤的可能，而且她的老板还透露，其实她本来还计划今年去国外读书的，但是因为要求个公道，就把这件事情搁置了。总之，她的老板是站在她的立场的。"人力资源经理在叙述过程中，有掩饰不住的疲惫。

"那我什么时候可以和她谈谈？"我把她的话记录下来，希望能进行一下信息比对。"下周就可以。不过我们需要提前安抚她的情绪，尽量不要让她有太多的抵触心理，最近一跟她谈这件事，她的情绪就非常激动，不停地哭。"人力资源经理的声音更加无奈了，看来这件事情把她们也累得够呛。

过了一周，按照我们约定的时间，我终于见到了她。她 30 岁左右的样子，身材中等，但看起来很结实，披肩长发，发质有些硬，所以头发并不服帖，显得有点儿乱。她的肤色偏白，双颊带有红晕，眼睛之间的距离分得很开，给人一种朴素踏实的感觉。"能简单介绍一下你自己吗？"我请她坐下后开始问她。

出乎我的意料，她很配合，沟通也很开放："可以。我出生在北京，父母算是小知识分子，再过几个月就是我 30 岁的生日了。我毕业于北京一所普通大学的经管专业，加入这家公司有四年的时间，而且是连续四年的优秀员工。我觉得我的工作是很努力的，以前有别的公司给我提供双倍的工资要挖我过去，我都没有离开。就是现在，我也有很多工作机会，但是，我不能这样走，背着骂名走，对我来说，名誉是第一位的。我一定要澄清这件事，维护我的名誉！"说着说着，她明显开始激动起来。我请她喝一点水，平静一下，然后请她讲一讲这件事情的来龙去脉。

"我跟那个HRBP以前关系不错，因为都算是在一个业务部门工作，大家在工作上有很多共通的地方，我们也经常在下班后聊聊天，聊聊工作什么的。我记得在我申请管理职位期间，有两次晚上她主动跟我在微信里语音聊天，问我对一些同事和其他部门经理的观感。我对她根本没有设防，就直接说了我的想法，结果没想到她就把这些聊天记录直接传给了相关的人，其中有几个跟我其实关系挺好的，特地发来和我求证，我才知道这件事。她这样做太卑鄙了，我必须跟她把这件事说清楚。现在她们部门一直维护她，我觉得这是不公平的，所以也希望您能从第三方中立的角度如实反映我跟您说的话。"说着说着，她的情绪又开始激动起来。

我看得出，她应激方式的成熟度其实跟她的实际年龄并不太匹配，要比实际应该具有的成熟度更脆弱一些。于是我试图让她的情绪有所纾解："能讲讲如果那位HRBP做出了你说的那些事情，她是出于什么目的吗？"

"我曾经无意中看到了她与另一位男同事调情，当时她穿了一条非常短的裙子，我无意中撞见那个男同事把手放在她的大腿上。当时我看到后就浑身发抖，不知如何应对，觉得时间都停滞了，真的觉得无所适从，我当时都要崩溃了！"她的情绪明显激动了很多。

"你结婚了吗？是什么让你当时情绪如此激动？"我试图深入探索一下。

"我没有结过婚，我大学毕业刚工作时有过一个男友，他是我的同事，是个'凤凰男'，是北方一个特别小的地方来的，是他主动追求的我，我们当时都快领证了。我是北京女孩，家里有三套房子。当时我们为了结婚，共同买了一套婚房，他要求把我们共同买的这套房子转到他父母名下，我和我爸妈都觉得不太合理，但考虑到他们家从小地方来京，缺乏安全感，也就没太反对。谁知道，我们全家对他这样的宽容，在结婚前，还是让我抓到他和他的一个女下属上床！我当时又生气又伤心，几乎快疯掉了！当时就让他滚，把他出的那部分房款甩给他，之后立马就把房子卖了。"说到这里，她忽然停住了，脸上一副若有所思的样子，"也许……这段经历让我在看到 HRBP 和男同事的事情后情绪就特别激动，她已经结婚了啊，怎么还能这样做？！"

"我能感到当年的事情对你造成很大的伤害，你觉得你从当年的创伤中走出来了吗？"我问她。"我……之前我觉得我没事儿了，毕竟已经过去好多年了。可是，今天跟您谈起来，我才刚刚意识到我其实还没有完全走出来。"这时候她的眼圈越来越红，大滴大滴的眼泪开始掉下来。我递纸巾给她，同时不再发问，给她一些空间去整理自己的情绪。过了好一会儿，她停止了抽泣，对我说："老师，您说我该怎么办？"

"其实控制权在你自己的手里，也在你的心里。当你觉得自己资源有限，如果不去争夺的话，就会失去，那么你会对很多事情患得患失，一个职位申请的成败都会让你的情绪爆发，不能自拔。而如果你对自己有足够的自信，即使是现阶段资源有限，但你也有信心通过自己的努力和行动创造出更多的资源，那么你就不会把太多的时间和精力浪费在算计现在这一城一池的得失上，而是面向未来，去采取更有效的方式，得到你想要的。"我让自己的语速慢下来，希望能借助缓慢的语调，帮助她调节情绪。她睁着还带着水汽的双眼，看着我说："我心里乱得很，不知道自己到底想要什么。""那就问问自己的初心是什么，它会告诉你答案。"我还是放慢语速跟她说。

由于时间的原因，我们的评估只能到此结束。在这个会谈中，我们并没有共同探讨她下面的行动方案。我只是跟人力资源经理简单地叙述了一下我的一些观察和建议，并没有多说什么，也没有提到太多的解决方案。人力资源经理当时虽然没有说什么，但看得出，她还是感到略微失望的。

一个多月后，我突然接到她们公司人力资源经理的电话。在电话中，她很激动地告诉我："事情都解决了，没想到这么顺利！太感谢 Elaine 老师了！""发生了什么？"我心里感到有些好奇。"自从您跟她谈过后，她情绪明显平复了很多。她的同事反映她的工作状态也好了很多，而且听说她开始寻找一些在职学习的机会。昨天她来找我深谈了一次，也说了很多真心话，也做了个人的自我反省，同时也告诉我，她在学习项目管理认证，也报考了一家重点大学的在职 MBA。她说要努力去提升自己，让自己成为一个凭自己的实力就能拿到更多机会的职场强人。我觉得她一下子成熟了很多，她跟我说这是您跟她那次辅导的结果，所以，我一定要向您表示感谢！"人力资源经理非常高兴地说道。

"我也特别高兴。每个人都需要有自己的成长和发展，但在所有的成长和发展之前，一定是自我的觉察。我很高兴在这个关键时刻可以帮到她。"我也发自内心地为她高兴。

之后的日子里，一直风平浪静，不过我和那位人力资源经理一直保持着联系，就是她告诉我，那位 HRBP 不久后找到了更好的工作机会，离开了公司。而她还在很努力地做着自己的事情，包括工作、健身和各种学习。

我一直都没有再见到她，在第二年的春节，她突然通过微信给我发了一个大红包，留言是："感谢您出现在我的生命里。"

BOX：

心理学有一句著名的话："任何的发展和变化，都起源于觉察。"我们需要觉察自我，了解自我，带着这种对自我的认知，我们才能有效地去选择自己的道路。因为我们每个人都是独特的，这也使得我们每个人的职业发展道路都是独特的，我们很难直接去复制他人的成功路径。就像乔布斯说的那样："学我者生，似我者死。"说的就是，学习他的思维和创意方式才是王道，但想单纯复制他的路径、产品、模式，就都有可能失之毫厘，谬以千里，甚至有可能对成功产生巨大的反

057

作用力。毕竟乔布斯只有一个而已。

　　自我的觉察非常重要，因为只有你真正了解了自己，觉察了自我，你才有可能真正快乐。

第 1.11 篇
经济不景气的时候，职场菜鸟是选择野心，还是稳定？

他在一家世界知名的服装公司工作，被派驻在山东工厂负责品质管理，由于公司利润下滑，需要进行业务调整，他们的那一整条品牌链全部被砍掉，于是他们团队的所有成员都面临被裁员的情况。他所服务的公司还算是很人性的，给了他们差不多 3 个月的缓冲期，并找到我们，拿出预算来给他们提供相应的职业转换支持。由于他的工作地点在青岛，所以我们的辅导都是以远程的形式进行的。

第一次拨打他的手机，铃声只响了一下，他就接听了，看来他已经提前做好了准备，并很期待这次辅导。"可否先简单地介绍一下自己呢？"我又从我的经典问题开始了。"好的。我今年 26 岁，家在河北石家庄，还没有结婚。我在长沙读的大学，专业是金属材料。我毕业后在广州一家运动用品公司工作了一年，之后就加入了这家公司，才干了不到一年的时间，没想到就被裁员了。"听得出来，他的心情还算平静，语气起伏并不很大。

"那你目前的工作如何安排？下一步有什么打算？"我继续问他。

"我目前还在公司上班，其实吧，我还是很喜欢现在的工作的，公司知名度高，我被派驻在代加工厂，算是甲方的品质监督，工厂上下对我都很尊重，这让我在心理上有一定的优越感。但我也清楚，现在我们整个行业都不景气，业务线的销售又一直没有太大的起色，其实在我内心中，对这个结果还是有些准备的。只是目前整个团队都解散了，心里还是舍不得，所以现在还没开始找工作。至于下一步打算，肯定还是要找个新工作吧，只是现在没啥心情去做这个事情。"他的声音开始有些低沉。

"那你计划什么时候着手找新的工作呢？"

"我还没想好，最近也在忙着家里的一些事情，还没找出时间来呢。"他明显有些不愿意面对这个事情。

觉察到这一点，我试图去探索一下他不愿意马上开始行动的原因所在，于是问他："在找工作方面，你有什么顾虑吗？"

"嗯……"他沉吟了一下，才说道，"我很喜欢外企的工作氛围，只是，我的专业和我后来的工作经历都不相关，我觉得基本上大学都白学了，在这点上，我觉得自己处于劣势。再就是我的英语水平很一般，我在这家公司很多时候已经感到吃力了。我其实没想好该怎么做。再找这样的公司吧，一是机会不多，二来行业似乎越来越不景气，看不到出路。"

"那你能告诉我，你理想中的生活是什么样子的吗？"我追问了一句。

"我喜欢简单精致的生活，当然，同时也希望生活是富足的。"他很快回答。

"那什么样的职业途径能让你过上这样的理想生活呢？"我试图继续帮助他深入探索。

"Elaine 老师，这就是我现在矛盾的地方，我要想过理想的生活，就必须不断挑战自己，寻求变化和机遇，但也存在高风险，现在形势不太景气，尤其是像我们这样的二线或三线城市，虽说竞争没有一线城市激烈，但就业机会也没有一线城市多啊！所以，我要是老折腾的话，估计过几年就会很悲催。但是，要是一味求稳定呢，我这样的情况，也就是个混日子的，能过上小康生活就不错了，理想生活就根本不用想了。我现在很迷茫，有时候干脆什么也不想想了。"他说着说着，语速变得慢了起来，一听就是能量不足的状态。

"我听你刚才提到，不断挑战自己，可能会存在高风险。那么，如果你一心求稳定的话，以后就没有风险了吗？"我就这点继续提问。

"呃……其实还是有风险的，如果我不能一直进步的话，稳定的工作也可能变成现在这样被裁员的情况。"他回答。"所以你说的意思是，稳定的工作也可能随着时间变成有风险的工作。那么，如果有机会自己去控制这些风险，你觉得会是什么样的状态？"我试图激发他的思考。"这个……可能是我自己有很牛的技术，或者我的技术领域正好能符合蓬勃上升的行业需求吧？"他想了好一会儿，回答我说。

"那你去想一想，要达到这样的目标，你现在已有的资源是什么？你还需要补充的资源是什么？"我把话题聚焦在资源上面。

"老师，我似乎有点明白了，我现在已有的资源就是两年的工作经验、一些积蓄和年龄优势，也许还加上我和我父母在石家庄的一些亲戚人脉。我还需要补充的资源是我的能力、经验，比如英语能力、一些朝阳行业发展方向的技术能力，还有在一些好的企业工作的经验。"他说这些话的时候，情绪已经开始有上升的趋势。

061

接下来的几次辅导，我们都集中在提升他的英语面试能力方面，重点辅导他用英文进行自我介绍和回答面试问题。同时，还帮助他把中英文的简历都打磨了一遍。过了大半个月，他告诉我，他已经陆陆续续地得到了几次面试的机会，按照我的建议，他都试着去面试了，主要是磨炼一下自己的面试能力。结果还是不错的，他拿到了两个公司的 offer。在最后一次辅导时，我问起他是否决定了去哪家公司，他的回答非常出乎我的意料："Elaine 老师，我决定哪家都不去。"

"为什么呢？"我很好奇。

"自从跟您在第一次辅导课上探讨了我的职业发展后，我回去好好地琢磨了一下，我觉得还是应该趁着年轻，多折腾一下，看看自己的能力，能有几斤几两。所以我就报了一个 VR（虚拟现实）技术的学习课程。这个课程是一个半年的课程，总共要交两万来块，出来后，培训机构承诺给推荐相关的工作。虽然我并不对他们的承诺抱太大的期待，但是，能够去学习朝阳技术，我觉得还是值得的。而且我在这次裁员中也拿到了一些赔偿，虽然不是很多，但是我还是决定用这笔钱来投资自己。就像您说过的，在这个时代，自我投资才是最有效的投资方式。进一步说，我觉得以我的年龄，拿出这半年来学习，还是有这个资本的。"说着，他在电话那端笑了起来，终于像一个年轻人的样子了。

"我很高兴能听到你对自己职业发展的想法，真心地为你感到高兴！希望通过这几次的辅导，我能够真正支持到你。"我很高兴地说。

"老师，这段时间以来，我开始有些感谢公司这次裁员了。我在这几次辅导中学的东西，不但在面试中非常有用，而且可以说是让我受益终生的。如果没有这段经历，我可能还在畏手畏脚地不敢折腾，这样一来，我可能会浪费很多宝贵的职业发展时机。我是真心地感谢您的，感恩与您的遇见！"我可以从通话中听到他的真挚，这让我也很有成就感。

"作为你的教练，我为你骄傲，祝你有更光明的未来！无论如何，未来已在你的手中。"说完后我们互道珍重，挂掉了电话。

之后，我拿起水杯，慢步走出我的办公室，找到金刚芭比，跟她说："亲，如果下回还有这个公司的学员，请安排到我这里来吧。"芭比诧异地看了我一眼，估计是因为以前都是她追着我，塞任务给我，压榨我的产能，很少看到我主动找她拿任务，这次让她惊着了。她甚至夸张地看了看窗外，发现太阳还是从东边出来的，这才强烈地表示，要给对方公司发封感谢信，感谢对方提升了顾问的工作意愿和主动性。我觉得有必要赶紧制止她这个二货的无脑行为，马上跟她说："我收回我刚才说的话！"然后，就差点被她锁喉了。

BOX：

提到职业路径的方向，首先要提到的就是职业愿景。职业愿景指的是整合你的优势、兴趣、偏好的工作环境、价值观和发展机会，从而呈现的客观职业发展目标和策略。这句话听起来有点拗口，对吧？通俗地说，你的职业愿景就是一幅动态的画面，在画面里是你在你的客观现实中可实现的最理想的工作状态，这个画面具有五大特点，即画面化、细节化、色彩化、动态化和情绪化。画面中有你的愉悦的工作状态，有你理想的工作环境，有你与之互动的人群、你的工作成就，以及你给环境和他人带来的影响和改变。

职业愿景表现出一种状态，即发挥你最大的优势、释放你的潜能，并在一份你所追求的工作中表现出你最美好的一面。同时，职业愿景也帮助你聚焦在对的工作选项上。没有职业愿景，你会失去工作意义，并对工作逐渐失去热情。

所以，请开始创造自己的职业愿景画面，看看你们能不能得到一个动态的、有色彩的、有细节的、有情绪的活生生的画面。在这里，我再教大家一个小窍门，把自己的职业愿景文字化。你可以拿出一张纸，写下这样一段话：

- 我希望能充分利用我在 _____ 的**优势**，以及在
  _____ 的经验。
- 理想的角色是在 _____ 的**工作环境**中成为一名
  _____，能够让我发展我在 _____ 的**潜力**和
  _____ 的兴趣。
- 它应该满足我的三大价值观，即 _____。

当你写下这段话的时候，一定要再把它画面化，因为对职业愿景来说，画面的力量是更加强有力的，更能够帮助你整合到你的认知层面，并最大程度地激发你的热情和力量。

第 1.12 篇
怀着满腔热情来支教，支教后如何做到职业发展不迷惘？

在我顾问生涯的初期，我已经拿到了心理咨询师的执业资格，只是顾问这个职业更容易养家，所以我会以顾问工作为主，但同时每个月也会接三四个咨询个案，来保持自己在心理咨询方面的专业性，因为我计划在组织的顾问工作退休后，还可以继续从事心理咨询的工作。长期以来，我一直跟一家中国最大的公益支教组织合作，帮助那些遇到心理问题的支教老师。接到这个个案，表面上看起来是心理咨询的问题，但是随着深入地了解，我发现这个其实是职业发展迷惘的问题。

她的项目主管找到我的时候，其实已经是临近午夜了，我被手机铃声吵醒，接听后，就听到了对方急迫的声音："Elaine 老师，我这边有一个紧急情况！我这里有一个支教老师，她已经把自己关在宿舍里快两天了，谁来都不给开门。而且她几乎已经两天没有吃东西了，她的支教同伴怀疑她要自杀，我们打了无数个电话她都不肯接。这不，刚才她终于肯通话了，我们希望您能跟她谈谈，看看能不能及时干预一下？"项目主管的声音非常着急，听起来很害怕的样子。

听了这个情况，我赶紧起来穿好衣服，冲了一杯茶提神后，我按照项目主管给我的号码拨打了她的手机。她接听了，但没说几句就开始抽泣，情绪难以自己。我花了一些时间先安抚她的情绪，然后进一步评估她目前的心理状态所存在的风险性。在进行了心理干预后，我发现她的情况基本平稳了，风险的可能性已经降低，而且她本人已经开始进食，同时她显得非常疲惫。于是，我请她先休息一下，约定了一天后再做进一步的沟通。

由于喝了茶，再加上精神紧张，我走了困，再也睡不着。为了不打扰家人睡觉，我还是躺在床上，慢慢地数羊，不知怎么就回忆起自己刚入职场时候的情景了。

那时候我要帮助远在德国的老板建立北京的办事处，老板在德国遥控，我要每天跟各种人和事情打交道。要跟装修工人沟通办事处的装修，还要跟写字楼物业管理人员晚上看着装修渣土清理的事宜。因为我们是香精公司，办公室里化学制剂很多，对安全要求非常严格，所有家具和装修材料都要求是防火的，而且都是从国外定制再运来国内的，结果还被海关扣了一批家具，得出面去跟相关部门疏通，把家具运回来。办事处的注册事宜各种手续烦琐复杂，要跟各个政府部门打交道，争取能尽快办理，同时还不能耽误业务开展，接待各国同事和重要的大客户。

记得有一个中东客户第一次来北京，表示只喝某个牌子的苏打水，我们办事处的保洁阿姨找不到，是我亲自出去，顶着北京夏天的烈日跑了好几站地才买到的。那时候真是压力重重啊！当年我是怎么过来的呢？而且那时候还没有互联网，长途电话是天价，我和德国老板以及各国同事主要是通过传真联系，我记得每天的传真恨不能有半尺厚。想着那些半尺厚的传真，不知怎么的，我一下子进入了梦乡。

转天到了我和她会谈的日子，我按时拨打了她的手机，她显然在等待我的电话："Elaine 老师，我这几天非常难受。我大学毕业后来这里支教，前一年过得非常开心，我很努力，孩子们进步也非常大，校方的反馈也是特别好，这些都让我很有成就感。之后的善款捐助者代表来访，组织还特意安排了我们学校和我的班级作为代表，请他们参观听课。他们回去后反馈也特别好，我当时觉得非常自豪，也充满了信心。就是因为这次的来访结果非常好，组织很认可我的能力，直接让

065

我担任项目主管，开始管理整个地区的支教老师，从那时候开始，我的生活就变了。"说到这里，她的声音又变得哽咽起来。我请她喝口水，平复一下情绪："能具体说说你现在的感觉吗？"

"我觉得我以前做项目老师时，是一个很专注的人，投入工作后就不会想太多。而且我自己也觉得很开心，很有信心。但担任项目主管后感觉就彻底不一样了，我明显地感到每个人都有自己的期待，有自己的想法，每天需要让大家达成共识，并认可和完成任务，实在是太难了、太累了。我每天都觉得能量消耗很大，还感觉没有什么成效。我现在感到非常焦虑，每天早上都不想起来，各种事情太多了，真想推掉不做，但实际上又不能这么做。我觉得我现在的人生变得特别艰难，我觉得自己不能胜任自己的工作，很没用。"她说着说着，情绪又开始激动起来，电话对面传来了哽咽的声音。

"你每天起床困难吗？"我试图进一步了解情况。

"我每天早上不到 4 点就会醒，然后脑子里就想着要面对一天的工作，就会特别焦虑，心跳得特别快。我觉得自己把自己'吓住了'，脑子里想着乱七八糟的事情，就是起不来，也睡不着，而看着时间在流逝，自己不能休息。东想西想，又觉得自己在浪费时间，就会更加焦虑，心跳也会越来越快。现在每天早上都是这样，我觉得太痛苦啦！"她又哭了起来。我没有再发问，给她一些空间，等待她慢慢平复。

"Elaine 老师，我现在不敢与别人相处，怕别人不喜欢自己，不认可自己，我对自己也没有什么信心，我觉得我整个人生都在走下坡路，很多事情都力不从心，进展得不顺利。我担心自己犯错误，我现在管理着这些支教老师，如果我犯了错误，大家都要受到连累，犯错误的成本太高了！我也怕我以前得到的好声誉受到损害，别人会认为我名不副实。"她平复后又开始诉说。

"我听到你说了很多的担心，那你最担心的是什么呢？"我继续问她。

"我最担心的就是自己的未来，我觉得支教这两年，我落后了同龄人很多，我不是说后悔自己的选择，而是说我的支教服务期马上就要满了，我要面对的是社会的竞争，而这方面我觉得自己已经落后了。面对未来，我很焦虑。我觉得年龄比我小的都比我好，他们工作好，生活丰富，收入也好，状态也很积极，他们在把控自己的人生。而我还要面临很多的未知，我也不知道自己是否有能力去把握自己今后的生活，这些都让我很有压力。"她的声音中透着痛苦，话也越来越纷乱。

为了把她从这种情绪状态中拉出来，我问道："那你觉得自己最想要的人生是什么样的呢？你能描述一下吗？"

"我希望我是快乐的、幸福的，与别人相处愉快，被他人接纳的。我喜欢我以前的样子，整个人特别开心，整个人都特别阳光，有感染力。但是现在，我特别不喜欢我自己，我感到非常痛苦，我甚至用刀子割自己，只是为了让自己不胡思乱想。"在描述自己理想生活的时候，她情绪似乎高涨了一些，但是在说到自己的痛苦时，她的声音里满是焦躁。

"你有跟别人提过这些吗？任何人？"我继续探索。

"我不敢跟别人说，尤其是我在这里认识的人，我不想让她们看到我是软弱的、无能的。"她回答。

"那跟你的家人呢？"我追问了一句。

"我不想让他们知道，怕他们担心我，而且我家在北方，他们也帮不上什么忙。我只有跟男友说过，他在美国读博士，前一阵子放假特意过来陪我。这里交通不便，他来一趟要花很多时间，他的论文也到了关键时刻。我看到他长途奔波的样子，心里更加内疚和难过，觉得是我耽误了他，拖累了他。而且我觉得我配不上他了，我在变得平庸，这让我更加痛苦。"她的声音里带有焦躁和郁闷，仿佛夏日雨天前的雷声，下一刻马上就要大雨如注。

她明显表现出了职业压力的应激状态，同时由于社会支持不够，问题已经发

067

展得比较严重了。于是我先辅导她认识和面对自己的压力，识别压力源，学习一些压力管理技巧。在初见成效之后，我建议她出去旅行一下，正好赶上十一的假期，她跟以前的大学密友相约去了婺源，在那里的一个小村子里住了几天。回来后她告诉我，她感觉好了很多，在那里她白天随便走走，随手画一些画，晚上和伙伴一起聊天看美剧，互相说一些心事吐吐槽，她觉得在逐渐找回以前那个快乐的自己。

后续我不断帮助她提升自己的自尊，也鼓励她在感到压力的时候，去寻求亲人和朋友的帮助，向他们倾诉，得到他们的支持。我继续鼓励她去掌控自己的生活，一点点设定自己的现实生活目标，并一步步地去实现这些目标，从而获得自我效能感。

几个月后，她已经基本恢复了，没有再出现自残的行为，个人的状态也明显有了很大的改善。她在朋友圈发文感谢我，我高兴之余，也知道这段人生旅途的障碍，她终于跨越了。

如果还要加一个累赘的后续，那就是，她支教结束后，在上海找到一家国外教育机构的工作，她的男友也顺利地在美国拿到了博士学位，为了和她在一起，他也回国在上海找到了一份不错的工作。他们已经在计划结婚，相信他们的生活会越来越幸福的。

BOX：

压力是指由威胁和变化导致的情绪唤起。压力并不一定是由重大创伤、悲剧或灾难引起的。造成压力的原因可能还包括工作、人际关系、学业、交通以及疾病，平时生活中的问题和琐事都有可能造成压力。

实际上，对许多人而言，慢性应激的最大来源就是工作压力。在高压的环境中持续工作会让人精疲力竭。根据克里斯蒂娜·马斯拉齐的研究：精疲力竭首先是在那些需要高强度人际接触的职业中发现的，这些职业包括医生、教师和社会工作者。我们现在知道，谁都有可能精疲力竭，不堪重负的员工会变得无精打采，会体验失败感，还会对同事和客户吹毛求疵，他们还会尝试逃离工作。精疲力竭的员工觉得他们自己不再能胜任工作，也不再能维持良好的人际关系。

在很大程度上，令人不快的事件会产生多大的压力取决于个人。我们所体验到的压力，不仅仅取决于引发压力的外部情境的性质和强度，而且还取决于我们如何解释应激源，取决于我们手头有多少可以用来应对压力的资源以及达到相关要求的难度。所以，应对压力不是一个人的"单挑"，而是要想办法"群殴"。这样才能更好地帮助自己应对这些压力。

第 1.13 篇
老板一句严厉的批评，让我彻底崩溃了

　　她是她前老板推荐过来进行辅导的，在之前的公司被裁员后，她很顺利地找到了现在的工作，但是，事情并不像影视剧演的那样——大家从此过上了幸福和快乐的生活。她的工作和生活明显出了问题，她跟她的前老板关系不错，给前老板打电话时，在说到现在工作的种种不顺时，竟然透露出了轻生的意思，这可把她的前老板吓坏了。由于我跟她们公司一直有项目合作，于是这位经理赶紧把我推荐给她，希望我能帮助她走出来。

　　她来到我办公室时，并不是一个人来的，她的妈妈寸步不离地跟着她。我请她妈妈到旁边的会议室休息。跟她单独谈话时，她告诉我，她已经无法一个人出门了。在外面，她害怕人多，人多她就会感到很烦躁。在公司也是一天天地发呆，同事跟她说话，她明明每个字都能听到，但就是弄不明白什么意思，大脑好像短路了一样。

　　"我感到非常害怕，每天早上起来都心慌，一身一身地出汗，我很怨恨自己怎么这么没用，别人都没事，怎么我就不行，我觉得自己一点价值都没有，还拖累了别人，自己很内疚。我现在老是想着，是不是我死了，一切就会好了？"她脸色很灰暗，头发和衣服都没有好好打理，说话也没精打采，显得颓废得很。

　　为了让她的思维聚焦到现实，而不是一直在自己臆想，我开始问她问题："你

能把你的情况先介绍一下吗？"

"我和我老公结婚两年了，我们都是独生子女，也都是北京人。我今年29岁，在北京的一个二本大学念的书，读的是人力资源专业。我在 IBM、联想和宝马都工作过，但时间都不长，都是一年左右吧。这一点也让我焦虑，我觉得自己毕业后一直在跳槽，做的都是行政工作，没有意义，没有学到东西，没有成长，没有价值。"说着说着，她又开始陷入到负面情绪中去了，开始完全地否定自己。

因为她的前老板告诉我，她老公对她非常好，于是我继续提问，希望把她拉回到正向些的状态："你能介绍一下你的老公和你家里的情况吗？"

"他家也是北京'土著'，独生子，从小他父母关系就很和谐，家里也没有什么经济负担，我们完全不用考虑房子的压力，两边家里都有不止一套房子，两边的父母也都有工作或退休金，不用我们来负担。他这个人挺不上进的，但他对我很好，我状态不好这段时间，都是他在安慰我、迁就我，跑前跑后地为我做事，想让我好起来。我不允许自己超过 100 斤，他本来爱吃肉，也迁就我，陪我吃素。我觉得特对不起他，很内疚。"她又开始陷入自责的状态。

我发现她的模式是对任何事情和对任何人，最后都会说是自己的错，有强迫思维倾向。但是，她考虑问题的焦点非常自我，而且她在说话的时候，显得非常孩子气，与她的实际年龄有些不符，老让人有种违和感。

"你刚才提起，每天去上班有很大的压力。你能具体说说，你觉得最大的工作压力来自哪里吗？"我试图帮助她探索压力源。

"我觉得是我的一个上级老板，他比我的老板高半级，算是我虚线汇报的老板。他对我的工作老是诸般挑剔，我觉得我怎么做他都不满意。他确实经验什么的都比我丰富很多，但是，他的挑剔常常让我非常紧张。每次有工作需要向他汇报，我都要提前很长时间做心理建设。而且我发现自己越紧张越容易出错，然后被他批评后就会越紧张。就在一个月前，公司有一个非常重要的薪酬报表要尽快提交，为了这个报表，我夜里加班到 3 点钟，第二天早上 5 点钟起来又开始做事，等我把好不容易赶出来的报表交给他时，他又挑出了两处毛病，然后直接跟我说：'要想干就好好干，不想干就赶紧走。'当时我就崩溃了，跟他爆发了激烈的冲突，之后我的问题就越来越严重了。"她说这些话时脸色变得很差，可以看出来，回忆这段经历让她觉得非常痛苦。

看来这是她的心理问题的激发事件，我想再更多地去探索一下，于是接着问她："你和你父母关系如何？"

"他们很宠我，尤其是我妈，从小到大，他们几乎都不让我干什么活儿。上小学之前，我是我姥姥、姥爷带大的，他们也特别宠我。我小时候学习成绩一直很好，他们也跟我说，只要我把学习抓好，其他的不用我管。我爸爸非常强势，就是一家之主的感觉，我妈什么都听他的，她除了上班，就是伺候我和我爸两个人。我知道他们对我很好，但是我就是很难和他们交流，跟他们说不到一起去。"她眼睛一直盯着桌面，头也不抬地跟我说。

"你和朋友的关系呢？"我继续问。

"我从小就没有什么特别亲密的朋友，我老公老说我有些自私。其实我是不知道怎么和别人相处。他可能说得对，小时候我家人怕我出意外，基本不让我出去和别的小朋友玩，我觉得自己确实有点'独'。"说到这里，她的状态明显平复了一些。

"你觉得工作之中的人际关系和生活之中的亲友关系有什么不同吗？"我发现她的人际边界不是特别清晰，所以我提出问题来，希望启发她思考。

"嗯……肯定不一样吧。这个问题我以前没有想过，我觉得如果在工作中有人对我好，那我对她们的感觉也就跟亲友一样，有什么事情我也愿意请她们帮助我。我的前老板就是这样的，我有事情或心里难受的时候就会给她打电话，她人很好，有时候都聊到挺晚的了，她还是很耐心地听我说。这次也是她一直在帮助我想办法，您这里也是她介绍的。"她抬起头来看了我一眼，眼中带着孩子般期待帮助的目光。

听到这里，我大致明白了她的个人情况对于她压力应激反应的影响，接下来的辅导中，我尽量帮助她进行心理疏导和认知重构，帮助她认知人际互动中的人际边界。她逐渐好了起来，并开始了有规律的生活。只是要让她的生活回到轨道上去还需要一些时间。她表示不想再回原来的工作单位去了，于是在一个月后，她主动离职，并且在家附近找到一份比较轻松的工作，继续调整自己的生活。

她真正完全康复，差不多是大半年后了。最后一次辅导，她走出我的办公室后，在朋友圈里发了一条动态，并且@了我：

"从头顶着大片乌云，到天空放晴出现彩虹的瞬间，好像那一刻世界都变得明亮起来了。这段时间，要感谢太多人，因为有你们才让我从迷茫、不知所措和绝望中看到曙光和希望。感谢陪伴，感恩拥有。未来的日子，我们一起加油！"

073

BOX：

许多有效的心理策略都是以影响或改变人们的思维方式（即认知过程）为中心的。一些思维方式比其他的思维方式更加容易习得，更加容易控制。通过更加乐观地思考问题，或通过重建预期，我们可以减少生活中的压力。

"乐观的人在生活中所遭受的挫折和悲剧并不比悲观的人少，""积极心理学之父塞"利格曼说，"但是，乐观的人与悲观的人相比更不容易得病，能够从疾病中更快地恢复过来，而且更加健康长寿。"他所进行的一系列研究显示，乐观的思维方式有三大特点：

(1) 乐观的思维方式会将不愉快的经历归因为具体的原因，而不是盲目地扩大归因范围。

(2) 乐观的思维方式倾向于将问题归因为外部原因，而不是内部原因。

(3) 乐观的思维方式会假设导致痛苦和疾病的原因只是暂时的。

第 1.14 篇
克服童年的创伤，要做更好的自己

认识她，是通过我参加的一个公益项目。在做顾问的同时，我也会经常和一些公益组织合作，作为顾问或心理专家去辅导儿童和青年人，去尽到一份自己的力量和社会责任。

她来自一个国内的公益支教组织，这个组织组织大学毕业生去山区从事支教的工作，是一家我非常喜欢、有理想、有情怀的组织。她在公益组织中支教的第一年，工作表现就非常出色。可是，她在与其他支教老师的相处中，出了很多沟通问题。很多支教老师明确表示不喜欢她，说她目中无人，太自我，不听别人的意见，团队精神不足，也不容易合作。

于是，这家支教组织负责支教老师发展的负责人就请我对她进行辅导，帮助她进行提升，以便她在未来有更好的发展。在这样的情况下，我成了她的导师。由于她一直在南方边远的山区工作，我们的辅导一直是采用的网络或者电话的形式。由于她待的地方太过偏远，网络信号总是不太好，连视频都很难支持，所以辅导进行了很久，我们都是只闻其声，却素未谋面。

她出生在北方的一座小城，是家中的独生女，父母是工薪阶层，而且在她四年级之前，一直作为北漂，在北京生活。她从小是由姥姥、姥爷和小姨带大的。所以，她在四年级时被父母领回家后，很长时间她都不知道如何和父母相处。她爸爸脾气很好，但有时过于软弱，这让她有些瞧不起。她跟我说，她对爸爸的感觉很矛盾，一方面，她觉得跟脾气温和的爸爸相处很舒服，一方面，由于她的姥姥、小姨和妈妈都很强势，老是说她爸爸没出息，所以她对爸爸的看法中也夹杂着恨铁不成钢的轻视。这让她在长大之后，在跟异性相处的过程中，产生了一些问题。

她的妈妈是一个很有能力、很要强、又很强势的女人。在某种意义上，她对妈妈虽然无法亲近，但是很崇拜。由于妈妈在家里处处做主，所以跟她的爸爸经常发生矛盾。她读初中的时候，她爸爸遇到了另外一个女人，并且离开了家，想要跟她妈妈离婚时，她的妈妈才慌了手脚，花了很多的功夫，拖着不离婚，再加上她爸爸交的那个女朋友，因为无法等到没有确定性的未来而离开，才算是勉强维持住了这段婚姻。这样的经历，也导致她在与他人相处时没有安全感，特别是亲密关系方面，她的安全感指数更低。

从小到大，她的学习成绩一直很好，她学东西也很快，算是个学霸。高考考上了一个不错的大学，学的是金融管理。还没毕业她就决定加入这个支教组织，毕业后马上就开始了支教老师的生活。

当我问起她和同事们相处的情况时，她显得很难受，跟我说的时候带着浓浓的无奈和不甘："Elaine 老师，我在教学上很顺利，跟学生相处得都很好。可是我也不知道为什么，别的支教老师与我相处时觉得不舒服，她们不喜欢我，我自己也觉得我做的和我想要的，是不一致的。""哦？什么是你想要的？"我试图搞清事实。

"我觉得我想要的挺多的，我想要别人全盘接纳我，我想要自己不断地成长，我对体验和意义其实有执念，就是说我觉得人生要过得有意义。我见过很多人，喜欢什么的都有，有人喜欢吃喝玩乐，有人喜欢权力金钱，而我，想要自己的人生有价值。这也是我选择支教的原因。"她越说语气越坚定。

"你刚才说你想要的和你做的是不一致的，什么地方不一致呢？"我继续鼓励她去表达自己。

　　"我对我努力获得的东西，常常在外表上表现得不太在意，其实内心深处，我非常在意别人是否因此能认可我，别人是否能赞赏我。我一边认为自己很光明、正向，别人都没有我好，认为她们很没有思想，有时候甚至很肤浅，但另外一方面，我又苦恼自己无法融入她们，觉得自己的资源没她们好而有些自卑。老师，我这样是不是很矛盾？"她有些苦恼地问道。

　　"这个问题我更愿意邀请你自己来回答。在这些想法和行为中，哪些是你喜欢的部分？哪些是你讨厌的部分？"我认真地问她。

　　她沉默了一会儿，说道："我发现自己跟朋友相处像恋人，跟恋人相处像朋友。"

　　"哦？怎么说？"我表示不太明白。

　　"我跟朋友相处，老是患得患失，我想有一个人跟我在同一边，想有个人在我跟别人发生冲突时，无条件地支持、保护、喜欢我。想有一个人是偏向我的，最疼爱我的，但这个人不是恋人。我希望的恋人是脾气软一些的，容易相处的，我希望我是被取悦的一方，而且我并不憧憬激情四射的爱情，我喜欢收放自如的感觉，我喜欢我的心被撩动，但我的心永远在自己手里，不交给别人。"说到这里，她突然停了下来，好像意识到了什么，"老师，我突然发现其实我喜欢的人很像我爸爸！这个发现让我有些难受！"

　　"能跟我说说你现在的男友吗？"我希望先把她的思路拉回到现在，之后再找合适的机会帮她深入探讨这个问题。

　　"嗯，我的男友，他也是这里的支教老师，实际上，我们是通过支教认识并在一起的。他是南方人，家里是做生意的，他算是富二代吧。他脾气比我好很多，但他很执着，他的人生理念就是不断让自己变得更好，他也是这样做的，不断地坚持学习，不断地提升自己，非常有毅力，也非常自律，这点我非常佩服他。他毕业的大学不错，两年支教项目完成后，他会去英国再读一个硕士学位。他说过，有机会他可能还会再接着读下去，他想以后去北京的一所大学教书。现在他每天都要学习外语，准备雅思考试。不过，我的男友生活自理能力极差，在支教这段时间，都是我在照顾他的起居饮食。"提起男友，她显得很兴奋。

"你们是如何计划你们的未来的呢？"我问她。"我的未来中没有他，他的未来中也没有我。"她语气轻描淡写，仿佛说的不是自己的爱人，而是一个不相干的人。

"哦？为什么这么说？"我表现出适度的惊异，尽量不过分而让她感到不舒服。"我刚才说过，他家里很有钱，他妈妈明确表示，他只能娶门当户对的姑娘，他妈妈是不会接受我的。"她的回答很冷静。

"你见过他妈妈吗？"我问道。"见过，她对我很客气，但也就是客气而已。"她回答。

"那你男友是什么意思？他会去争取吗？"我继续问。

"他是不会违背他妈妈的意思的，他跟我说过，我们是注定没有结果的。而且我们都知道，他去英国之时就是我们之间的关系结束之日。"对自己的感情状态，她似乎过于冷静了，这让我觉得有些违和。

"你是怎么想的？"由于这种违和感，我更加想了解她的想法。

"刚开始我觉得有些酸涩，但现在更多的是释然。本来一开始就是我主动的，他很吸引我，晚上躺在他的怀里，让我有安全感和依靠感。我迷恋这种感觉，也许换作别人我也会如此，我太喜欢被别人环抱、被别人珍视的感觉了。我记得很清楚，我小时候，有一年我妈妈回来看我们，那是我长那么大第一次见到妈妈，我特意穿了她以前寄给我的白毛衣，虽然那个季节我们的城市很冷，已经不适合穿这么薄的衣服了，但我还是坚持穿了这件毛衣，很漂亮的一件白毛衣。我很早就等在院子里，等妈妈，我一点也不觉得冷。终于，我妈妈回来了，我张开双臂跑过去，想扑到她怀里，让她抱我，但是，她好像没看见我一样，直接越过了我，抱住了我身后的姥姥。之后我不太记得了，但我一直都记得，我当时觉得特别冷。"说完，她又是长时间的沉默。

之后我重新调整了辅导方案，先帮她缓释创痛，并支持她提升自尊水平。过了一段时间，她表示与同事们的关系变得好了一些，她会去关注跟她们的联结，并试图分清自己工作和生活的界限。她开始逐渐学会去赞美别人，也在收到别人的夸赞时，可以逐渐坦然接受了。

她再次打电话给我，是她的支教项目结束两个月之后。电话里她先是狠狠地哭了一会儿，我默默地陪伴她，等她情绪平复。之后她告诉我，她的男友一个月前离开了，去英国读书。他离开的时候抱住了她，只说了一句："谢谢你。"她当时并没有哭，情绪也没有很低落，之后淡然地收拾好行李，准备回父母家住上一段时间。

就在刚才，她看到了男友的微信留言，只有一句话："我找到了新的女友，我很喜欢她，我们分手吧。"她当时就崩溃了，于是马上就给我打了电话。

我陪她谈了很久，谈了她的男友，谈了她小时候的事，谈了她大学时候与室友的各种不对付。她慢慢平静了，告诉我她已经决定去报考研究生。她男友的目标是成为高校老师，也许等她学业有成时，他们会不期然相遇，那时候，她一定要比他优秀，不是为了他，而是为了自己能有更多的资源去做自己想做的、有意义的、有价值的事情。

再得到她的消息，是她来了北京，已经通过了研究生考试，正在跟导师联系，准备面试。我们终于见了面，她漂亮得让我吃惊，一头俏丽的短发，笑容美丽得让人晃神。她似乎知道她的笑容很美，很有魅力，所以，在跟我的交谈中，她一直都是笑着的。

我们各自心中都有某些不愿意摒弃的东西，即使这个东西使我们痛苦得要死。我们就是这样，就像古老的凯尔特传说中的荆棘鸟，泣血而啼，呕出血淋淋的心而死。我们自己制造了自己的荆棘，而且从来不计算其代价，我们所做的一切就是忍受痛苦的煎熬，并且告诉自己这非常值得。

第 1.15 篇
对自己的颜值缺乏自信，让我工作中的沟通变形

079

她第一次走进我的办公室，是因为她所服务的公司进行全球战略调整，她的部门整个都被调整下来了。于是，她和其他同事被公司送过来，进行职业辅导，希望能帮助他们尽快进入职业的下一个阶段。

她很年轻，去年刚刚进入职场，北京一所 211 大学的计算机专业学士和硕士，专业方向在现在的产业背景下很是吃香。她大学时候有很多大企业的实习经历，现在这家公司也是全球五百强企业，按理说应该前程无忧才是，结果我看她苦着一张脸进来时，心里还真是存了一丝好奇，这孩子到底是在愁啥子噢？

我请她简单介绍了一下自己后，开始问她："你下一步有什么打算呢？"

"我其实已经开始找工作了，还是很顺利的，现在 offer 已经拿到了两个，还有百度和华为也在面试过程中，技术面试已经过了，都已经通知我进入下一轮面试了。"她回答时有些紧张，整个人都是紧绷的，语速也非常快。

"那你觉得我可以在哪些方面帮到你呢？"觉察到她的紧张，我把语气放轻缓，希望能让她自在一些。

"其实我也不是特别清楚，我其实不知道是不是要开始新的工作。我是外地人，老家是山西的，我想留在北京发展，可是现在拿到北京户口很难。我一直在考虑是否要读个博士，那样一来，拿到北京户口的可能性会大很多。其实我也是

想请您给我一些意见。"她依然紧张，但表达还算清晰。

"关于户籍问题，我恐怕很难给到什么建议，这是很私人的事情。不过我很好奇，你为什么那么关注北京户口呢？"我试图向她表明我的工作界限。

"其实我也不是特别清晰地知道为什么，反正亲戚朋友都说拿到北京户口会很好，可能是因为一线城市的教育和医疗资源好吧，再加上户籍的隐性福利，让大家都觉得很值得吧。"她解释说。

"你目前没有北京户口觉得有不方便的地方吗？"我接着问。

"那倒没有，五险一金的福利不会有影响，租房和工作也没有什么影响，以后可能买房会方便点儿。看病也有医保卡，没有什么差别，其实都没有什么问题。但他们跟我说，年轻时候没什么事情，以后结婚买房买车、孩子上学，老了以后看病养老，还是差别很大的，所以也鼓励我去拿北京的户口。"她自己看起来在这方面倒是没什么倾向和想法。

"你自己最想要的是什么呢？"我察觉到她放松了一些，不是那么紧张了。

"我其实不太想去读书，我想尽快找个工作。从小家里环境不太好，我一岁的时候我爸妈就离家打工赚钱，把我和哥哥交给爷爷奶奶带。一年之中，我们能跟他们见面的次数也就一两次。而且他们都是做体力工作，很辛苦，赚钱很少的那种。他们现在都老了，如果我再读书不去赚钱，还要他们供养，我想他们也会吃不消的。而且他们本来就更重视我哥哥，跟我说过家里的大部分钱都是要留给哥哥的。所以，我不太想再依靠他们，希望能自己养活自己。"可以看出来，其实她很喜欢诉说，而且诉说的过程明显让她轻松了一些。

"我以前有很多学员跟你的情况其实差不多，需要赚钱养自己，也出于各种目的，想多读一些书。他们很多人会选择先在工作中不断积累经济实力和经验，在时机合适的时候，再选择适合自己的学习方式去学习。比如，有的会选择重回校园，再做回全职学生一段时间；有的会选择读在职的学位，虽然辛苦一些，但可以兼顾工作；还有的会参加一些业余时间的培训和认证，拿到一些专业资格或含金量比较高的职业技能认证。所有这些，都不失为一种很好的选择，主要是看个人的具体情况，以及个人的职业规划。"我分享了一些学习的案例给她，试图帮助她去拓宽自己的选择空间。

她听了我的话，眼睛一亮："Elaine 老师，我觉得您说得很有道理，我也想先工作着，然后等我的经济情况好一些了，我再选择一些读书的机会。其实我觉得在工作的时候，我也可以先自学一些东西，这样对我来说可能更合适一些。"

因为她得到的面试机会挺多的，接下来的辅导主要就是辅导她的面试技巧了，帮助她在面试的过程中放轻松，不要过于紧张，只要正常发挥，她得到工作机会的概率很大。结果也确实如此，很快，她就得到了一个很不错的工作机会，在一家组织文化很学院派的美资公司做技术开发，而且在行业内这家公司也是研发实力很强的，于是她很开心地去新公司上班了。

081

之后我们偶尔会在微信上有些互动，知道她一切似乎都还好，我觉得她的生活应该走上正轨了。有些意外的是，一年之后，她又联系我，说工作上遇到了一些困难，希望我对她继续进行辅导。我尽快跟她约了会面的时间，去进一步了解一下到底发生了什么。

"Elaine 老师，我想我可能心理有问题了，我需要您的帮助。"她一坐下，就急切地跟我说。我递了一瓶水给她："别着急，慢慢说，是什么让你觉得自己的心理有了问题？"

"我发现我现在无法跟同事正常交流，跟他们说话时，我几乎不敢看他们的眼睛，我也不敢主动跟他们说话。他们跟我说话时，可能是一句很普通的话，我都会觉得他们话中有话，在嘲笑我，瞧不起我。"说这些话的时候，她的脸上露出痛苦的表情。"你刚才提到的'他们'，是指所有的同事？还是有其他特定的指向？"我试图去进一步弄清她的情况。

"主要是男同事，我没法跟他们正常地交流，这些甚至都影响到了我的工作。"

她的手下意识地抓紧沙发的扶手。"你说的男同事是指所有的男同事？还是有特指？"我继续试图厘清情况。

听了我的问题，她露出若有所思的神情，想了好一会儿，才回答说："其实，主要是两个男同事。一个是招我进来的研发经理，一个是跟我同组的同事。那个研发经理是南方人，已经结婚，有两个孩子，我一进公司就是他带我，我在工作中也特别依赖他，我们之间也挺聊得来。但是，我发现到了后来，他总是把自己的工作交给我做，造成我的工作负荷很重。我觉得很不公平，就跟他提过几次，他不但置之不理，还开始经常对我说一些暧昧的话，比如'他不会离婚，但能接受婚外情'什么的。对这种情况我很不舒服，也很不喜欢，几次试图躲开他，试着拒绝他交给我的不合理的工作任务，直到有一次他很不高兴，跟我说，他这样做是为了帮助我，让我认清现实，不要自作多情。就我长的这个样子，不光是他，别的人都不会有兴趣的。我当时特别受打击，后来就发现我与同事沟通时有恐惧心理。"

"除了那个经理以外，你还提到了另一个男同事，那是怎么回事儿？"我继续探索。

"那是我同组的一个同事，比我大六岁，他很成熟，我觉得和他相处很舒服，可以和他做很好的朋友。他已经结婚了，我其实没有太多的想法，就是觉得他人很好，能力也强，我在很多方面都很依赖他，想让他多带带我，想跟他走近一些。结果我有一次说了'很喜欢他，希望他能多帮助我'的话，之后他就突然对我变得很冷淡了。这也让我很困扰，我见过他的妻子，长得挺漂亮的。我想，要是我长得很好看，是不是他们就会对我很好？我也觉得这个想法不对，但是就是抑制不住这样想，所以现在我都不敢抬头和他们说话，我感到很不自信。"她说这些话时，也是下意识地盯着脚面的。

"我留意到你的朋友圈的封面从来没有用过自己的照片，在你的朋友圈里，也几乎没见过你自己的照片，这是为什么呢？"我换了个问题，继续问她。

她又低下了头："我长得不好看，我一直都不好意思发自己的图片。"在她说话时，我留意观察她，她长得并不像她说的那样不好看，相反，她显得有一种脆弱和强势的结合感，让人觉得有一种特殊的魅力。她只是面孔有些棱角，显得有些强势和有力。她留着短发，而且还有厚厚的刘海儿，身上穿的衣服也是很老气的颜色，这样的装扮其实是很不适合她的，更加突出了她的弱点。

"你与你父亲母亲的关系如何？"我继续发问。"我四年级之前都是爷爷奶奶带大的，可能是因为从小就没有跟他们在一起，我跟他们并不亲密。我妈妈非常强势，我爸爸几乎没什么存在感。我奶奶也很强势，我爷爷就很温和，我最喜欢和爷爷在一起。"她回答。

之后的会谈中，我又问了一些问题，旨在帮她厘清什么是生活现实，什么是她想象的现实。她从小就缺乏父母的陪伴，在亲子关系和人际技巧习得方面有很大的缺失。她对成熟男性的依赖，可能也是缘于这种缺失。几个月之后，她觉得自己已经准备好了，于是她转换了工作，换了一个工作环境。因为她之前的工作状态已经形成，再逆转需要花费太多的精力和能量，她和我都认为换一个工作环境会更加有效，毕竟重新做一件新衣服总比改一件做坏了的衣服要容易得多。她换了环境之后，感觉好多了，朋友圈的封面也早已换成自己的照片——她站在大海边，海风吹起她的长发，与她身上的轻纱衣裙纠缠，她脸上的表情柔和朦胧，一如她最喜欢的梦境一样。

BOX：

大多数良好的人际关系可以被视为一种利益的交换。交换所涉及的利益既可以是有形的金钱或实物，也可以是无形的赞扬、地位、信息、性或情感支持。社会心理学家艾里奥特·阿伦森用吸引的回报理论来总结上述的特点，该理论认为，吸引是一种社会学习。他声称，只要看看人们在人际交往中的社会成本和收益，你就会理解为何人们会喜欢彼此。简言之，回报理论认为，我们最喜欢那些向我们索取最少，却给予我们最多回报的人。

如果根据回报理论进行预测的话，那些聪明的、长相好的、空间上接近的、进行自我表露的、思想相似的，以及强有力的人会吸引我们。但是，你也很可能会发现，大多数人会和自己魅力水平相近的人成为朋友或恋人，这就是所谓的匹配假设。这是怎么回事呢？难道我们选择的朋友或爱人，是我们在人际市场上为了得到所能得到的最佳人选，而不断讨价还价的结果吗？

期望价值理论会对这个问题给出肯定的答案。人们在考虑是否要努力创建一种关系的时候，不但会考虑对方的价值（如外表出众、睿智、有趣和聪明这些品质），还要考虑成功的可能性（对方会被我吸引吗？），并在两者之间进行权衡。大多数在预计胜算不大的时候，往往不会投入太多的时间和精力。所以，在同样很可能喜欢我们的人中间，那些最具有吸引力的人往往会成为我们的主攻方向。

另一个值得注意的例外是那些自尊水平较低的人。令人悲伤的是，对自己评价不高的人往往会和那些对他们评价同样不高的人结交。一般情况下，当这些人的伙伴看不起他们的时候，而不是在看得起他们的时候，他们往往会更加忠实于这段关系。

第二部分

炼筋篇——定位与发展期

工作好多年，冷暖自己知，这是职场上最稳定的力量，也是职场上最焦虑的群体，没有年龄的资本，但有养家的重担，前路茫茫，不敢松懈。每天做着财务自由的白日梦，担着不能见白头的职场忧。这一篇分享这个阶段不同人的不同选择，担负责任，也要追求自我。

第 2.1 篇
你只有加速地奔跑，才能到达目的地

在李维斯·卡罗尔的文学作品《爱丽丝漫游奇境记》中，有这样一个情节，讲述爱丽丝和红桃皇后手拉着手一同出发，但不久之后，爱丽丝发现她们处于先前一模一样的起点上。爱丽丝感到疑惑："为什么会这样？我觉得我们一直都待在这棵树底下没有动！"红桃皇后傲慢地回答："在我们的国家里，如果你能以足够快的速度奔跑，你才能到达你要去的地方。否则，以你现在的速度奔跑，你只能停留在原地！如果你要抵达另一个地方，你就必须不停地奔跑！以比你现在快两倍的速度奔跑！"

"如果不停地奔跑，只能停留在原地；只有加速地奔跑，才能到达目的地。"这不光是仙境中特有的设定，事实上，我们在现实生活中也处于相同的境地，也就是说人生需要努力努力再努力，这在生物进化学和心理学中被称为"红桃皇后法则"。

我见到她时，她刚刚被公司裁员，而她已经在这里工作了 14 年了。她们公司是一家外资高科技企业，由于裁员通知是从海外总部直接发出的，北京分公司所有员工在知道裁员名单里竟然还有她的时候，都大吃了一惊。从分公司在北京初建，她就在这里做前台，十多年过去了，其他员工一茬茬地变化着，只有她岿然不动，从前台到行政，之后就一直做着行政工作，直到现在。

　　她长得很漂亮，即使现在年纪已经不小了，也还是能看得出年轻时一定是个大美女。她五官精致，身材适中，长发披肩，猛看上去像三十出头。她的眉眼很是清秀，但是眼神不太清亮，显得缺乏自信，使得整个人的容貌失色了很多。

　　她的态度非常客气，或者可以说过于礼貌了，一直在说着"给您添麻烦了"之类的客套话。我请她坐下，亲自为她倒了杯水，希望她能自在点儿。

　　"在我们开始之前，你能简单地介绍一下自己的情况吗？"我照例先去了解她大致的经历，于是提问道。她小心地把水杯放好，开始回答我的问题："我大专毕业，学的是经济管理专业，2003 年参加工作，一直就在这家公司做事，从事行政和销售支持方面的工作。我生孩子比较晚，今年儿子才 4 岁。我想看看您能不能帮助我尽快找个工作？""你很急于工作，是因为经济上的原因吗？你在近期内有经济压力吗？"我继续提问。

　　"我老公在国企工作，一直也挺稳定的，我们近期不会有太大的经济压力。但是，由于孩子就快上小学了，我们刚给孩子买了一个学区房，贷款负担还挺重的，所以我需要尽快工作。"说到这里，她微微地蹙起了眉。

　　"你最近的安排和下一步的计划是什么？"我问她。"我现在正在考驾照，以前一直都没学，现在发现连接送孩子去幼儿园都不方便。我和我老公一直计划去美国玩几天，月底我们就计划带儿子出发。找工作这事儿我还没有开始，我婆婆在卫生口儿有些人脉，她说帮我找找工作机会，最好能找一个稳定些的。我想等等她那边的消息。我现在年纪也不小了，我希望能找一个稳定的、上下班规律，能兼顾家庭的工作就好，薪金方面其实我的要求不高。我觉得能有一份工作，伺候好老公、儿子就好了，其他的我要求不高。"看得出她是个很在意家庭生活的女性，对自己的职业发展倒不是很上心。

　　"能谈谈你现在的工作吗？你具体做些什么呢？有什么样的技能和经验吗？"我想看看她的职场技能和经验，以确定一下她在职场上的竞争力水平。

　　"我一直在做行政工作，因为我们公司在北京只有不到二十人，主要都是从事销售工作的。我除了负责公司日常的行政支持外，主要的工作还是销售支持，包括销售数据的整理、简单的客户服务，以及订单和物流管理。要说技能，都是些运营方面的工作技能，我觉得都特别万金油，不太突出。我到今年已经工作了17年了，基本都是做行政工作，也没什么特别的。"她声音变得有些低沉，看来心情有些低落。

"你刚才提到你在公司已经很久了，有 14 年了？对吧？是什么吸引你在现在的公司工作了这么长的时间？"我想了解得更多一些，尽量帮她发掘一些找工作时能用得上的亮点。

"这里人际关系简单，待遇也不错，工作地点在 CBD，工作环境也很高大上，时间长了，跟总部的同事们也好，中国区的同事们也好，大家关系都挺熟的了，工作也轻松方便，有什么事情请大家帮个忙，这个人情一般都会给。而且我们公司人少，事儿也少，有时候家里有个什么事情，打个招呼就回去办了，大家都有个担待。我在这里待着觉得挺舒服的，也没想到一下子就待了 14 年。说实话，Elaine 老师，我以前也想过就这么待着，人可能都要废了，也想出去找工作提升一下自己。可是外面的工作机会中，能跟现在这家公司相比的几乎没有，不是待遇不好，就是人际复杂，要不就是工作太有挑战性了，我担心自己应付不来。就像我之前遇到过一个机会，一家三百人的公司，招我去做供应链物流管理，可是我没做过这方面的工作，害怕自己不行，就没敢去。就这么一年一年蹉跎着，就到了现在。"说这些话的时候，她的眉头皱得更紧了一些。

"你们中国总部的人力资源经理提过，当知道你的名字在裁员名单里的时候，她还是非常意外的。你觉得意外吗？"我一边观察她脸上的表情，一边问道。

"其实我心里隐隐还是有些准备的，公司从前年开始就一直在裁员，以前我们有三十多人，现在就剩下不到二十人了。但我没想到这么快就轮到我了，大家都说北京分公司可能要关门，但大家也说估计最后一个走的才是我，我心里也是这么想的。我本来以为我们可能都要走，我即使不是最后一批，也不会是现在这么早就要走。所以，我心里其实挺难受的，我的整个青春和最有活力的岁月都贡献给公司了，就这么离开，还是很心酸的。我现在年纪大了，未来在哪里，我自己都迷茫，我老公说大不了不工作了，在家做全职妈妈，可是我才不到四十岁啊！就这么不工作了，实在不甘心，而且不赚钱了，家庭地位就不好说了，就是老公嘴上说得再好听，但社会大环境如此，自己不工作，我怎么想都觉得不靠谱。"她的声音里透着一丝焦虑。

"如果你很急迫地想找新的工作，你自己做了哪些努力和行动了吗？"我直接问她。"呃……我确实一直都不愿意去面对这个事情，"忽然，她带着思虑的表情说道，"我明白了，其实我现在就应该开始动手找工作！Elaine 老师，您能帮助我吗？"

之后的几次辅导，我帮助她把中英文简历打磨好，还发现她之前考过会计证，于是帮助她把求职方向调整到行政加财务方向，并针对这样的职位，辅导她的面试技巧。两个月后，我接到了她的电话："Elaine 老师，告诉你一个好消息，我找到工作了！其实是找到了两个工作！一个是一家外资超市，请我做财务和品牌运营工作，薪金待遇都还不错，但我又怕跟之前那个公司似的，不太稳定；另一个工作是我婆婆给我找的，在一家专科医院做挂号的工作，待遇不高，技术含量低，但应该很稳定。您说我该如何选择？"

"你觉得稳定是别人给你的，还是你自己带来的？"我试图启发她自己思考。"还是看自己吧？"她的语气不太确定。

"你觉得现在这个社会，有真正意义上的稳定吗？"我继续提问。"嗯……变化很快，什么都很难说。"这时候，她的语气肯定了很多。

"你觉得如果要让工作有某种意义的'稳定'，需要的最大因素是什么？"我再接再厉。"是自己的能力，是自己贡献的价值。"她笃定地说。

"那你觉得怎么才能提升自己的能力，创造自己的价值呢？"连环问再次出击。"Elaine 老师，我知道怎么选择了！真心地谢谢您！"她没有直接回答，但语气中有着前所未有的自信。

几个月后，她再次联系我的时候，已经在那家外资超市上班了。她说很高兴自己的选择，如果现在让她想象天天坐在一个地方，重复着做一件事情的情景，她会感到很害怕，因为那不是她想要的生活。

第 2.2 篇

从 IT 女到舞动治疗师，谁说人生不能二次选择？

她服务的公司是一家老牌软件公司，世界五百强企业，福利待遇都很好，公司当年有了新的战略调整，想把全球的战略重点放在云计算方面，准备砍掉或精简一些比较传统的业务部门。她所在的研发部门经理跟我说，本来她的部门并没有打算裁掉她，是她主动找到经理，要求把她放到裁员名单中去。虽然经理和 HR 一再挽留，但她就是打定了主意，没有松口。于是她的经理只好为她争取了这个辅导项目，希望能尽力给她多一些支持。

她第一次走进我的办公室，我觉得眼前一亮。作为一个 IT 工程师来说，她实在是过于漂亮了。她身高不高，应该不超过一米六，但她无论五官也好，身材也好，都非常精致标准，像个活动的芭比娃娃。她的眼睛很大，睫毛浓密修长，眨起眼睛的时候显得非常天真，让人不由得生起好感。她的脸型是时下流行的小尖脸，就是那种传说中的雪糕脸，这一点让我非常羡慕。她的嘴唇比较薄，让整个人看起来有些柔弱和清冷。她的身材瘦削，是芭蕾舞演员的那种瘦削，腰很细，是那种 A4 纸的细腰。

看到她的样子，我愣了一下神儿，直到她脱掉大衣自己坐好。我发现她的动作很是灵活，但气质是偏抑郁的那种，我心里默念了一声"林妹妹"，开始集中精神听她的自我介绍。

"我来自广西的一个二线城市，在北京一所 985 大学读的书，学的专业是软件工程。我毕业后一直在外企工作，这家公司是我工作的第三家公司，我在这里已经工作了快六年了。"她说话的语速不快，表达清晰，有条理。

"你介意告诉我你的年龄吗？"我问道。"我已经 34 岁了，工作已经快十年了。"她很快回答。跟她的真实年龄相比，她的外表显得年轻很多。"我听你的经理提过，你是自愿被列入裁员名单的，你这样做是出于什么样的考虑呢？"我问她。

"其实今年以来我一直状态就不太好，尤其是最近，我几乎无法有很投入的工作状态。我妈妈在我大学时就生病去世了，这对我的打击非常大，我那时候就已经因为抑郁而接受了心理咨询，好不容易才走了出来。我一直和我爸爸、我弟弟相依为命，他们都是我工作后带到北京来的，我工作后一直供弟弟读书，还供我们在北京买的房子，可以说我一直都很拼命地工作赚钱，直到我结婚生了孩子。我刚觉得日子轻松下来，老公的事业很顺利，我与公公婆婆关系也挺好，他们也不需要我们负担，弟弟也顺利毕业并找到了工作，我爸爸也一直跟我们生活在一起，帮我照顾孩子。在我觉得生活很轻松自在的时候，没想到，今年上半年，我爸爸就突然去世了。他因为淋巴癌晚期住进医院，就没能再回来，我女儿哭闹着问姥爷去了哪里的时候，我不知道怎么回答她，心跟刀绞似的疼。我爸爸去世后，我的状态就很不好了，什么都不想干，每天起床都费劲儿，精神老是无法集中。而且我其实不太喜欢做软件研发的工作，我之所以选择这个专业，是因为那时候行业发展非常好，好找工作，而且赚钱多。但这个专业方向不是我喜欢的，我能学得很好，也能得到还不错的工作效果，但是，我自己心里知道，我也就这样了，我很难再有很大的发展了，因为我对我的工作几乎没什么热情，我是为了维生在工作。现在，爸爸妈妈都走了，弟弟可以自立了，老公一个人养家绰绰有余，我忽然不知道自己为什么要做这份工作了，我没有动力了，就像电池耗光了电一样，我觉得自己没电了。"她说话的时候，并没有看着我，但我有一种感觉，说出来这些话其实会让她自己好受一些。

"你刚才提到你不喜欢自己的专业方向，那你有什么特别喜欢做的事情吗？让你特别有热情去做的事情？"我试图把她的注意力引导到正面的方向上去。

"我喜欢跳舞！"说到这里的时候，她的嘴角微微翘起，"我一直在学习拉丁舞，我的舞蹈几乎是公司每年年会的保留节目，很受欢迎。我喜欢在台上跳舞的感觉，我也喜欢听到观众的掌声。但是，我学习跳舞太晚了，不太可能跳出什么名堂来，更不可能以此谋生。"她黯然地说。

"除了跳舞呢？还有什么是你喜欢做的？或者是你感兴趣的？"我继续启发她思考。"还有心理学。老师，很坦率地说，我今天之所以到您这里来，其实是因为知道您有很强的心理学背景。我大学接受心理咨询时，就对心理学产生了兴趣，人的行为让我着迷。"这时，她两眼眨也不眨地盯着我，像个小孩子一样，让我不由得微笑起来。

"那么，有没有什么方法或工作，既能让你做你有兴趣的事情，激发你的热情，又能让你维生，甚至过上你想要的更好的生活呢？"我继续问她。

她若有所思："我现在还没有想到，但是，您提醒了我，其实我脑子里有一个模糊的想法，只是现在这个想法还不清晰，我需要回去好好想一想，有些事情还需要我再确认一下。我下次会面时应该能够告诉您了。"

很快到了我们下一次会面的时间，她很高兴地冲进我的办公室："Elaine 老师，我想到了！我前几天刚刚报名参加舞动治疗的国际认证培训，这是一个国际上最近刚刚开始流行起来的心理治疗理念，通过舞蹈动作的方式去识别和解决自己的心理问题，从而达到疗愈的效果。我之前去试听过一次，感觉非常好，这个技术结合了舞蹈和心理治疗，都是我喜欢的方向。只是当时因为这个认证的费用太贵了，而且目前国内还没有很成熟的市场，听说很难以此为生，所以我就没多想。但是，经过您上次的启发，我觉得我可以去试一试，我其实有这个能力给自己一年的时间，尝试去做些真正喜欢的事情，而且我觉得您说得很对，以我现在的工作经验和技术，一年后再找一份工作也是不成问题的。这次公司裁员又给了我一笔赔偿金，用来支付认证费用和补贴生活费还是足够的。所以我觉得我可以去尝试一下。"

我微笑地看着她，认真倾听她的各种行动计划，以及她如何跟刚结识的其他参加舞动治疗培训的同学商量如何培育这个市场的各种活动，看着她说着说着就兴奋地舞动几下的样子，我相信她找到了自己的热情和动力所在。

接下来的日子里，我们的辅导其实更偏向于心理咨询，通过咨询的方式去帮助她克服亲人去世所带来的创伤，以及长期以来积累的压力应激状态。她逐渐在好转，尤其是在她痴迷上舞动治疗之后，她又报了几个类似的国际认证培训班，不断拓宽自己在这个专业领域的技能。

又过了大半年，我再次见到她时，她已经是中国首批舞动治疗师之一了，而且已经在几所大学中开始了自己的舞动治疗课程，帮助学生们解决自己面临的心理问题，同时，也有好几个政府公益组织定期请她去授课。她告诉我，虽然目前她的收入有限，但她对自己的未来充满了信心，她相信随着中国经济的发展，以及他们这批舞动治疗先驱者的努力，这个市场会越来越好。

当我问她："你还想回去从事软件开发工作吗？至少收入上看起来会好很多。"她的回答是："不会了。我已经找到了自己真正想做的事情，我找回了工作的激情！"

BOX：

研究发现，根据包括年龄、性别、种族、国籍或收入在内的生活条件，并不能预测一个人是否快乐。影响主观幸福感的关键因素似乎是心理特质和过程，人们能够很好地适应生活中的重大变化，并且依然感觉良好。不过，生活中的一些事件还是会改变我们的心情，会改变甚至摧毁我们的生活。并非所有的事情都能被遗忘。一些人就无法从一些悲剧中恢复过来，这些悲剧包括亲人亡故、暴力犯罪和重病。人们有时甚至需要数年时间才能恢复过来。不过，有关快乐和幸福的研究显示，人类非常坚韧。那些承受重压的人总是会设法适应，他们的幸福水平通常会回归到，甚至超越创伤事件发生之前的水平。

第 2.3 篇
黄金剩女，我不悔

　　她踏入我的办公室的时候，给我的第一印象就是，这是个有点倔倔的、不太容易信任别人的女子。她的目光老是自上而下，带着一丝审视，神色中不自禁地带有与他人的疏离。说句实在话，这不是一个第一眼看到就很讨人喜欢的姑娘，而且她的样子有些严肃刻板，这更加显得她的年龄比实际年龄要大一些，所以说她是姑娘，就显得有些超龄了。之后她介绍自己的时候，我知道她已经 36 岁了，而且还没有结婚。

　　她的职业经历也很"马力全开"，1999 年到 2006 年在北方一所 985 大学读完计算机科学的学士和硕士学位后，就一路在外资和内资世界五百强企业做软件研发工程师，对各种基本的开发语言几乎都有掌握和涉猎，当时已经在软件研发领域足足沉浸了 10 年的时间。她来到我这里，是因为她刚刚被自己服务的公司裁员，她的部门一共 10 个人，裁了 2 个人，她是其中的一个。

　　一开始，她很有礼貌地请我分享一下当下求职市场的情况和信息，我除了跟她分享了求职市场的情况以外，也跟她提到了个人职业发展可能的瓶颈期，比如女性的第一个年龄瓶颈期可能在 38 ~ 43 岁之间到来，而第二个年龄瓶颈期可能会在 55 岁左右到来。她听了以后似乎并不以为然，我几乎可以看到她的大脑在高速运转，想着怎么反驳我的话。

　　第一次会面结束以后，她就再也没有消息了，也没有约后续的辅导。我以为她已经找到了工作，不需要这个辅导的帮助了，也就没再联系她，并渐渐淡忘了这件事情。没想到3个月后，忽然接到了她的电话，问我她的辅导课程是否还能继续预约，她还提到她特别想再开始接受辅导，希望我能帮助安排。我问了项目助理，她是否还有机会再次接受辅导，项目助理特意去跟客户确认，看客户是否还愿意为她再次重开支付通道，客户说必须她自己去申请，才能再次激活她的辅导合约，但手续非常烦琐，只能让她自己去决定要不要重新申请。我们把情况告知了她，她说回去考虑一下，之后又过了一个月，她告诉我，她已经完成了所有的申请手续，再次激活了自己的辅导合约。

于是，在春节假期之后的第一个工作日，我们又见面了。

"Elaine老师，我自从上次离开这里之后，一直都没有找到合适的工作。我其实一直以来都很喜欢技术工作，以后还是想做这方面的工作，但是，我发现我的年龄和婚姻状况成了很大的一个瓶颈，在找工作的过程中受到很多歧视。很多我喜欢的工作机会，一看我的年龄，再问清我还没有结婚，就都让我回去等消息，然后就没有什么下文了。我很苦恼，我也想过是否需要走一下管理道路，但是，我的性格和兴趣确实不在这里，我更喜欢在技术领域工作，我喜欢简单纯粹的工作和生活。您说我该怎么办呢？"她望着我，眼神中带着期盼。

"你自己觉得最适合的工作是什么样的？"我问她。

"说实在的，我的技术可以说是很不错的，但是我的个性比较被动，虽然也遇到过一些转型去做管理工作的机会，但是我没敢去尝试，因为我觉得自己适应不了。所以最近我也在考虑一个中科院研究所的IT支持职位，虽然薪水低些，但是整个氛围我还是很喜欢的。"我注意到提到中科院的职位时，她的情绪并不高。

"那是你真正想要的吗？"我试图帮她去厘清思路。"我没有想好，那个职位很稳定，对我的年龄和婚姻状况要求不高，但是，那就是一个相当于网管的工作，跟我想做的研发工作有着很大的差别，我去那里跟混日子差不多，我能看到未来退休是什么样子的。对那样的未来，我其实是感到害怕的。"她眼中有一丝焦虑透出。

"那做什么样的事情能够激发你的热情？"我继续问她。

"我喜欢研发工作，我喜欢不停地提升自己的技术能力，我喜欢专注地做事情，不太想更多地处理沟通问题和人际关系，我希望自己的心是自由的。可是现实是，以我的状况一直做技术工作的话似乎又走不通，特别是我目前的产品软件研发领域，虽然已经是夕阳方向，但竞争依然激烈，用人的技术门槛也越来越低，很多工作是那些刚出校门的新人就可以胜任的，我的技术优势对比年龄和职位要求来说，已经不太有竞争力。"她很苦恼地说着。

"那么相比你刚才提到的夕阳方向，什么样的方向是朝阳方向？如果有，你在这些方向上可能具有的优势是什么？"我继续启发她深入思考。

她沉思了好一会儿，久久没有出声。

当她抬起头，目光中似乎多了一丝坚定："您问的问题，其实也是我一直以来思考的问题，我想去更多地钻研算法，因为现在的朝阳方向，不论是云计算也好，大数据也好，人工智能也好，都需要基层算法。但是，现在没有多少人愿意进行这方面的钻研。因为这些底层开发薪水不算高，比起互联网行业来，要差很多，而且工作更累，更费心力。但我相信，在未来，一定需要很有经验的算法工程师，有经验的算法工程师也一定会非常有市场的。"

"如果你已经想得很清楚了，那么是什么阻碍了你采取行动呢？"我试图帮她把想法落地。

"其实是金钱和时间。我需要再重新学习些新的知识，也有可能再接受一些系统的培训，同时，我要负担自己的生活开销，还要支付昂贵的学费，我需要一份薪水还不错的工作，但是，目前我找工作遇到了瓶颈，我也很苦恼。"说话的时候，她的眉头开始皱了起来。

"如果我说，有一种方式，通过对你的辅导，能帮助你快速地提升你的求职技巧，你会想去学习吗？"我问道。

"那当然啦！这就是我想要的。"于是，在接下来的辅导中，我对她的面试技巧进行了密集的训练，着重训练她在面试中的印象管理和影响力。终于，一个月后，她拿到了一个电信行业领军企业的研发职位，薪金待遇有了可观的提升，足够她开始实现自己的技术梦想了。

最后一次辅导，她给我带来了一个小公仔作为告别礼物。这让我受宠若惊，以她的性格，能够想起来给我买礼物，说明她已经很是认可我了，这比礼物让我更觉珍贵。

"Elaine 老师，我很高兴能在这个节点遇到公司裁员，因为这样我才有机会到您这里来接受辅导。我觉得经过这次辅导，我的未来能走得更稳健。"她真诚地说。我一边摸着小公仔的绒毛，一边笑着问她："怎么样？以后真的要当个技术女强人？自己的个人问题怎么考虑的？"

她也轻轻一笑："最近，我也想了很久。我是个宁缺毋滥的人，我先做好自己，做真正想做的自己。这次的经历给我一个很大的启发，只有坚持自己心里的声音，人才会真正的快乐。如果找不到那个真正懂我的人，我宁可等，即使因此要做一个'黄金剩女'，我也不后悔。"

听了她的话，我也很有感慨："是呀！有些人有些事，只有我们愿意等，他们才会来。"

BOX：

我们需要明确自己是自己职业生涯主人的身份，去考虑自己的职业发展。是选择持续成长，成为专才？还是选择不断提升领导力，成为领导人才？抑或在不同的领域把握机会进行积累，成为通才？这些都需要根据自己的实际情况和自我认知，进行把握和抉择。但有一个原则需要大家注意一下，最好在 30 岁之前就做出自己的职业定向，之后聚焦自己的职业方向进行发展，这样成功的概率会比较大。

当然，像娃哈哈集团的创始人宗庆后先生，在 47 岁开始创业，像日本京瓷的创始人稻盛和夫先生在 52 岁第二次创业，他们都取得了最后的成功。所以，除去那些客观的条件，心中的热情可能是职业发展取得成功的最大驱动力。

101

第 2.4 篇

我赶上了电信行业巨大红利的 15 年，现在我只想画画、带娃

　　她所在的公司是上一年秋天开始裁员的，她第一次约辅导的时间却已经是三个多月后了。她的公司是全球电信的领军外资企业，在华为崛起之前，她的公司靠着技术上的优势和垄断性，在中国市场所向披靡，旁人难以撄其锋芒。她在这家公司工作了 15 年，一直在做政府关系和市场的工作，职位看起来虽然不高，但薪金待遇在职场上应该已经算是金领一级的了。由于华为等中国本土企业的技术突破，她所在的公司在市场一枝独大的日子一去不复返了。近几年，公司在中国市场的运营情况一直很低迷。于是，公司开始在中国区裁员，她成为第一批被波及的员工。

　　当她走进我的办公室时，我差点儿被她所佩戴的首饰闪瞎了双眼。她手上戴着一只红宝石戒指，是鸽血红，应该不低于两克拉，是经典戴妃款镶嵌，主石红宝石周围镶着小钻石。她的耳朵上戴着南洋金珠的独粒珍珠耳钉，金珠个头不小，在灯光下闪着金灿灿的光芒。当她伸出右手与我握手的时候，我留意到她手腕上的翡翠手镯，冰种飘绿，很是剔透，应该价格不菲。看了她的这身行头，我不禁关心地问了一句："是开车来的吗？路上还顺利吗？"得到她肯定的答复后，才为她的安全松了一口气。

　　等她坐定，我请她先简单地介绍一下自己的教育背景和职业发展状况。

　　"可以。"她欣然回答，"我父母都在北京的一所大学教书，我是独生女，

在北京出生长大，在北京读的大学。我毕业于北京邮电大学，毕业后就在电信行业工作，到现在已经工作了超过 20 年。我毕业后进入一家国企，效益不错，旱涝保收。后来现在这家公司在华扩张，猎头过来挖我，我考虑到薪金可以跳涨，而且这家公司前景非常不错，所以我就跳槽到了这家公司工作，一直到去年被裁员。"她说得很平静。

"那你现在有什么打算？"我问她。

"在工作中，我其实一直都觉得挺累的，我们公司在行业中是领军公司，无论从公司的品牌度，还是从薪酬水平来说，都是非常有吸引力的。像我这样进来得早还好，后来能进来的都是精英，拿我们北京话说都是人精儿，粘上毛比猴儿还精。跟他们做同事那叫一个累啊！一个不小心就被绕进去。尤其是这几年，公司业绩不是特别理想，资源变少，争夺就更加激烈。而且我做的工作是政府关系和市场，随便拎出来一个客户都是爷，得小心地维护关系，得供着，哄着，不能有一丝掉以轻心，尤其是现在这个大环境下，更是如履薄冰，我过得那叫一个累啊！我觉得我基本上快 burnout（倦怠）了。说实话，这次被裁员，我并不难受，相反，我觉得挺好的，正好帮我下决心好好休息一下。近期我不想找工作了，我想好好歇歇，我很享受我现在的生活。"她一脸心有余悸的样子，说到后来，颇有翻身农奴把歌唱的感觉。

"你现在的生活是什么样子的呢？"我好奇地问她。

"我每天早上七点钟起床；八点到九点送孩子上幼儿园，把家里简单打扫一下；之后我会到家旁边的公园散步，运动一下；回来后做午餐；吃完午餐看书，然后接孩子回家，做晚餐。这样的生活我很喜欢，我就是不想工作，我想退休了。"她看起来确实对工作毫无兴趣。

"能方便告诉我你的年龄吗？"我问。"我今年刚刚四十岁，我生孩子很晚，我的孩子刚三岁。"她很快地回答。"你的财务状况支持你现在退休吗？"我继续问。

"目前看还好，工作这么多年有些积累，在北京房价还不是那么高的时候，

103

我们也买了几套房子，加上以后我父母和公公婆婆的房子，如果不出现恶性的通货膨胀和经济动荡，应该不会有太大的问题。只是，现在国内也没有很好的投资渠道，我也在寻找理财通道，在考虑买一个商铺，但现在实体商业又不景气，我也没有想太好。而且我之前赚钱容易，我喜欢买买买，在翡翠价格没起来时买了很多翡翠，当时我老公还说我败家，但现在你看，这些年翡翠涨得多快！我打算卖出去一些变现，我已经找到了一个开珠宝店的朋友，在他那里寄卖。"她虽然说着犯愁的话，但语气中明显有很强的安全感，看来她对退休后的经济安排还是很有底气的。

"那你如何安排你未来的生活呢？孩子现在需要你照顾的时间比较多，但以后随着孩子长大，你自己的时间会越变越多，你计划如何安排呢？"我继续问。

"我现在在学古琴和国画，中国传统文化一直都让我很是着迷，我想多学习传统文化，以后就在家里自娱自乐，这样的日子我很喜欢。"她一脸向往地说着。

"我很好奇的是，你既然已经计划退休，为什么还要来约我的时间参加辅导呢？"我有些疑惑。

"我几乎没有什么面试的经验，我觉得我自己也缺乏相应的技巧，虽然我现在打算退休，但我也不确定以后我是否有改变主意的一天。既然公司已经给我们提供了这样的福利，所以我想先到您这里来接受辅导，万一以后能用上呢？技多不压身！"她语气中带有职场老司机的精明和狡黠，我也不禁会心一笑。

接下来的几次辅导，我主要是帮助她提升各种面试技巧，顺便把她的简历帮她梳理了一下。等辅导结束的时候，看着她踌躇满志地奔向退休生活时，我不禁也问了一下自己，是否也愿意在有条件的情况下，在 40 岁的时候退休？然后我惊奇地发现，我的答案竟然是否定的，因为我喜欢一直工作下去，不断证明自己的价值。看来人和人的价值观还是有所差异的。

辅导结束后，我也慢慢不再关注这件事情。直到两年后，我突然又接到了她的电话，她说又开始迷茫了，觉得自己年纪不大，就这么待着，太脱离社会了，觉得自己在慢慢被边缘化，这样的生活越来越没有意思了，她在考虑重新回到职场，希望我能跟她见面，给她一些建议。我告诉她可以先去助理那里约我的辅导时间，并且告诉了她我的收费标准，她似乎没想到还需要收费，有些吃惊，说要先考虑一下，之后就再也没有联系我。

这两年经济并不是太景气，我想她可能会有些坐吃山空的感觉，这也可能是她决定回归职场的原因之一。当然，这只是我的猜测，也许她有自己的考虑和理由。无论如何，我真心地希望她能顺利地按照自己的想法重回职场，虽然这对她来说可能已经不太容易。

BOX：

工作倦怠（job burnout）是一种情绪衰竭、人格解体、个人成就感降低的综合征，通常发生在需要不断与他人、客户和公众进行高强度接触的职业中。工作倦怠同更高的旷工和离职率相关，损害工作绩效，带来恶劣的同事关系、家庭问题和糟糕的个人健康。由于组织小型化、工作重组的影响，以及对于利润的关注胜过了对员工道德和忠诚度的关注，现今职场中的工作倦怠达到了更高的水平。因此，工作倦怠已经不仅仅是职场人的问题，而是反映了组织的机能失调，需要重新检查组织的目标、价值、工作负荷及奖励结构，并加以修正。

下面的 9 步可以带来更多的快乐和更好的精神健康，可以作为一种指导鼓励你更加积极地生活，并为你自己和他人创建一个更加积极的心理环境。

1. 永远不要像祥林嫂那样对每个人都抱怨那些让你自己不满意的事情。寻找那些让你不快乐的根源，并采取行动加以改变。只给你和他人建设性的意见，例如，下次还能采取哪些不同的行动来得到更好的结果。

2. 将你自己对事情的反应、想法和感受，同你的朋友、同事、家人和他人的反应进行比较，从而评估出自己的行为是否适宜，是否跟社会规范相悖。

3. 结交一些密友，你可以同他们分享感受、快乐和忧虑，发展、保持和拓展你的社会支持网络。

4. 发展一种有效的时间平衡和管理方法，从而可以灵活地对待你的工作和环境的要求，以及你自身的需求。有工作时，请面向未来；目标达到、有快乐在握时，请活在当下；和你的老友联系时，请珍惜过去。

5. 永远对你的成功和快乐充满信心（并且和他人分享你的积极感受）。清楚地了解你独特的、与众不同的品质——那些你可以让他人愉悦的品质。例如，一个害羞的人可以给予一个健谈者专注的倾听。

6. 当你感觉到自己就要对情绪失去控制时，请用离开的方法避开使你不快的环境；或者设身处地地为别人考虑一下；或者设想一下未来，使你看到目前问题得以解决的前景；或者向一个同情者倾诉。总之，要允许你自己感受和表达自己的情绪。

7. 记住，失败和失望有时候是伪装下的祝福。它们可以告诉你，你的目标可能并不适合你，或者让你避免在未来犯下更大的错误。吃一堑，长一智。你多经历的每一次事故、不幸和挫折，实际上都是一个潜在的美妙的机会，只是它们未以真面目示人。

8. 如果你发现你无法使自己或他人走出抑郁，那就向受过训练的心理学专业人员寻求建议。某些情况下，有些看上去的心理问题，实际上是生理问题，有些则正好相反。

9. 培养健康的兴趣和爱好，愉悦你的身心。花些时间去放松，去反思，去收集信息，去放风筝，去享受你的爱好，去进行一些你可以独处的活动，以及那些你可以做到并能得到物质或精神奖励的活动。

第 2.5 篇
从银行写字楼逃离，身价奔亿身心自由

　　当他走进我的办公室时，我总觉得哪里有点儿别扭，可是又说不出来。他在一家外资银行供职，从事客户风险分析的工作，这份工作他一干就是十年。这次是因为他所供职的银行进行战略调整，要停止在华业务，他和其他同事被要求离开。

　　也许是事发突然，他的情绪还没有完全调整过来，举止虽然彬彬有礼，但可以感觉到有很高的防御和疏离感。他的穿着很"银行业"，质料非常好的毛呢外套，笔挺的西服裤子，黑色绅士皮鞋，鞋子八成新，打理得干净无尘。他鼻梁上架着一副黑边眼睛，手腕上一块万国飞行员系列腕表，样子斯文有礼。但我看着他，却莫名有一种不真实感，好像面前这个人虽是真切地在眼前，但神思却有些游离。

　　当我问到他的现状和想法时，他有些迟疑，似乎在思考如何回答："其实我已经在银行业工作了十年了，现在管理一个七八个人的团队。目前的状态是，由于公司的业绩下滑和组织架构调整，我和我的团队被裁撤，目前我们都要重新寻找工作。不过，我其实觉得有些疲倦，一直提不起来劲儿来，所以目前我没有什么动力去找工作。"

　　"那你现在做些什么呢？"我继续问他。

　　"我现在每天做一些运动，过几天我计划和朋友们一起出去旅行一下。"他很快回答我说。

　　"你们计划去哪里？"我观察到，当他提到去旅行时，人马上就有不一样的

感觉，好像鲜活了不少，于是继续探索这个话题，以提振他的能量。

"我们计划骑摩托车去新疆，走可可托海和喀什那条线。您知道吗？在初秋那条线简直美极了，色彩丰富得像在梦里，我们之前去过几次，每次都会被自然的景色所震撼，同时看到那个世界上最大的矿坑，会觉得人类的活动给地球留下的瘢痕是多么丑陋！"他情绪开始变得丰富起来，稳重的银行系行为不见了，更多地被一种热情和向往所替代。

"听起来真的很有趣，虽然我没有去过，但听你讲完，我都想去一趟了。"我有些被他语言中的热情和能量吸引。

"是的，Elaine 老师，您真的该去一趟，可以连着阿勒泰和喀纳斯一起去，绝对保证您不虚此行……"他变得很是积极和热心，开始滔滔不绝地向我介绍新疆的风光人物，他进入我办公室时的那层疏离的外壳不见了，取而代之的是那种小孩子向同伴展示玩具时的热切和兴致勃勃。

我留意到了他的这种前后的反差，感觉如果再不打断他，我们这次关于职业转换的对话就要直接变成旅行攻略宣讲了。为了聚焦我们的对话话题，我不得不打断他，继续问问题："你有想过自己 60 岁左右时的生活或工作状态吗？如果有，那是什么样子的？"

他的眼神明显地黯淡了一些："其实我也想过这个事情。一直在银行业工作下去，到了 60 岁，如果还没有被职场淘汰的话，我估计会有中上等的收入，还是打工的状态，一直过着非常稳定的、一成不变的生活，像别人一样，无波无澜。"他的语气变得越来越低沉，说到最后，似乎低得如同一声叹息。

"我听得出来，你说起目前的和未来的工作状态时，能量水平远低于你谈到骑摩托车去新疆旅行的事情，能跟我说说这里发生了什么吗？"对他的这个观察，让我决定继续探索一下。

他低头想了一下，眼睛无意识地看向窗外，开始说起来："我从大学开始就一直喜欢骑摩托车，到现在已经骑了差不多十多年了，我喜欢那种感觉，无拘无束的自由，完全放空心情，真正做自己的状态。跟我所学的专业和我目前的工作相比，都是有巨大反差的。说句实在话，我并不喜欢我的工作，从中也得不到什么乐趣，哪怕是我获得了很不错的薪水，以及别人羡慕的机会时，我也找不到真正的快乐。但我必须做下去，因为我需要以此谋生，需要赚钱养家，需要给家人提供更好的生活。"说到这里，他的两手下意识地交缠到了一起，并用右手按压着左手，由于用力很大，可以看到他的右手手背上有青筋爆了出来。

他的语速变慢了一些，吸了一口气，继续说着："我觉得我被卡住了，每天都好像裹着一层黏腻的薄膜，无法挣脱，不能脱离，让我透不过气来。"这时，他深深地吸了一口气，似乎是真的透不过气来的感觉。他的眼神从窗外转了过来，看向我的眼睛，里面充满了挣扎："不知您是否看过卡夫卡的小说《变形记》？"

"看过，主人公变成了一只大甲虫。"我点头，回答他。

"是的，我有时候觉得自己就是那只大甲虫，我记得卡夫卡描绘过一个场景，主人公变成甲虫后，他的家人嫌弃他，但出于责任又不得不养着他，于是在给他喂食的时候都是远远地砸向他，结果有一只苹果恰好砸在了他的身上。"说到这里，他闭了一下眼睛，似乎在找力气继续说下去。

我给他倒了杯水，尽量轻柔地说："我有印象，结果那个苹果他无法吃到，慢慢地在他的身上腐烂。卡夫卡描绘的这个场景也给我留下了深刻的印象。"

听了我的话，他似乎找到了一些安慰，眼神真诚了许多："我有时候觉得自己像活在不真实里，感觉不到真正的自我，就像那只大甲虫，没有意义。"

我试图让他去找寻一些资源感，请他去想象一下未来职业发展的理想愿景，他怎么都描绘不出来一个带有亮丽色彩的、情绪愉悦的画面。我于是问他："你现在觉得自己最想做的、最喜欢做的事情是什么？"他想了想，回答说："我喜欢画画。"

"为什么？"我好奇地问。"我从小就喜欢画画，不喜欢与数字打交道，画画让我愉悦。"说到这里的时候，他的情绪明显高涨了一些。

109

我接着问："那你当初为什么不去考美术院校呢？""我妈不让，说学艺术路子太窄，以后很难养活自己，人生会变得失败。"他看着桌面说着。

"那你现在还画画吗？"我问道。"不画了，从五年级开始就不画了，我妈不让，说耽误学习。"他有些无奈地说。

我接着问："那如果你从现在开始再练习画画，你觉得你能维生吗？"他情绪又低落起来："很难，几乎不可能。"

于是，我请他拿出一张白纸，请他在纸上列出他的优势、兴趣、偏好的工作环境、价值观、发展机会、潜能、资源、知识、技能、经济状态等选项。经过梳理，我再次问他："你觉得还有哪些职业方向，是你的资源和情况许可，而又能让你有兴趣有热情去做的？"

他看着面前这张纸，想了很久："也许我可以试着去开一家摩托车装饰工厂，我其实很早就有这个想法。刚才说了，我自己是个摩托车骑行爱好者，骑了十多年的摩托车了，在这个圈子里也小有名气，交了很多朋友。我经常自己画图，帮自己和朋友进行改装和装饰。因为我英文好，我也经常与国外厂商接洽零部件和原材料订购和改装技术的事情。画图时，我很快乐；动手改装时，我也很快乐；与伙伴骑行时，我还是很快乐。"这时候，他的脸上终于露出真心的笑容。

我继续问："如果你开始这项事业，你会遇到很大的障碍吗？"他仔细想了想："其实没有，投资不用很大，客户资源其实已经有了，厂商那边的联系也都建立了。只是在于我是否下决心去做。""那你1～2年内会有经济压力吗？"我追问。"应该没有。在银行工作了十年我还是有些积蓄的。"他很有信心地说。

看到他的眼中闪出的光，我问了下面的问题，"那你要不要用这1～2年的时间去试一试？如果成功，那么你找到了让你快乐的职业；如果失败，也不会留有遗憾，凭你的资历和年龄，一两年后，再找一份银行的工作，只要要求不太高，也是不难的。关键是你想好了吗？"

他思索了片刻，很郑重地点了点头："我回去想一想，看看能不能把这件事情运作起来！"

半年后他再来找我，请我吃饭，说："Elaine 老师，真心谢谢您！我的工厂运行得非常顺利，不到两个月就盈利了。我马上要跟保时捷签约合作，我有信心再过三年，身价奔亿走！最关键的是，我终于不用再把生命浪费在我不喜欢的灰暗工作上，我觉得呼吸都是顺畅的。"这个时候，我再让他去描绘他的职业愿景的画面，他很快就描绘出来了。画面生动到连他自己和周围的人穿着什么牌子、什么样式的衣服都有，要不是笃定他是直男，我差点儿就产生了与他结成闺蜜一同逛街的冲动。

BOX：

111

心理学有一个非常重要的理念，叫作心理冲突，指的是相反的或相互排斥的冲动、欲望或趋向同时出现时产生的一种矛盾的心理状态。它是造成挫折和心理应激的一个重要原因。上面提到的他，在面对相互排斥的外界目标，即社会家庭责任感和实现自我的目标冲突时，就会产生两种对立的动机。在此情况下，满足其一就会导致另一个受挫。有时候尽管只有一种目标和动机，但达成此目标的方法或途径有几种，也会引起心理冲突。对于他来说，心理冲突发生与"他"的动机与自己的内心标准不一致，从而导致他的心理健康都有可能受到影响。心理动力学家们一直认为，未解决的心理冲突是造成人类许多疾病的一个重要原因。他是幸运的，首先他遇到了机会，在人生的一个节点上有专业顾问帮助他去重新厘清自己的想法和思路；其次，他找到了一个路径去调和自己的内心冲突，并最终实现了共赢。

第 2.6 篇
被裁后，假装还在上班的日子

我们有一家长期合作的美资公司，在中国这边我们的合作也是相当紧密和愉快的。所以，我跟这家公司的 HRD 也是很熟悉的，虽然各自都很忙，但是也会经常在微信上聊几句。这天，她忽然非常正式地要约我的时间进行会谈，说是要跟我聊一个员工的问题，这倒是让我吃了一惊，她每天都事务繁杂，百事缠身，不知是何方大神，让她竟然如此关注。这个谜底很快就在我们见面时解开了。

原来她说的是一个她们公司这次裁员中受到波及的工程师，清华研究生毕业，在公司做了很多年，一直属于兢兢业业型的好员工。平常看着都没什么，但是这次裁员让他受到了很大的冲击，他的同事反映他离开公司后精神恍惚，有严重的抑郁症状，并且担心他有自杀倾向。因此，她决定重启他的裁员支持程序，为他特别提供一份职业转换顾问支持，帮助他渡过难关。于是，她找到我，希望我做这位工程师的顾问和教练。她特意约我沟通了这个工程师的情况和背景，希望能对他有最大的支持。

这家公司是很著名的世界 500 强企业，在行业内也是非常资深、备受尊重的公司，只是目前为了应对新的市场和商务环境变化，在强力推进一系列的战略调整。无论如何，我再一次感到，其实能关心员工的组织，往往已经具有了成功的基因，这家公司就是一个很好的例子。于是，我欣然接受了任务，请助理向这位工程师发出了邀请。没想到，情况并不如我们设想的那般顺利，这位工程师先后推迟了几次约见的时间，我见到他的时候，已经是一个半月后了。

他显得非常憔悴，脸上冒出胡茬，至少已经一周没有剃了，头发也没有打理，显得很是凌乱，衣服穿得很是随意，虽然不至于衣冠不整，但确实不是很干净。让我觉得印象特别深刻的，是他的眼神，有些空洞也有些呆滞，显得暮气沉沉，与他的年龄有很大的反差。我礼貌地请他坐下，并建议他和我各自介绍自己，他的反应总是让我感觉慢了半拍，虽然语言还是具有逻辑性的，但敏捷性明显差了一些，不太像工程师的普遍状态。

从他的自我介绍中我了解到，他是一个独生子，父母是北京人，退休前都是工人，因为单位不景气，现在都已经提前退休了。他从小住在北京一个胡同的大杂院里，家里的房子很小，生活比较清苦。不过，他读书很好，从小学到中学的学习一直都是名列前茅，这让他的个性中既有自卑的一面，也有自傲的一面。他在学业上的一帆风顺一直持续到他高考以前，由于个人的大意和松懈，他的高考成绩不是很理想，当时只能上一个普通的二本，这个结果让他周围的人大跌眼镜，也给他带来了很大的压力。他心有不甘，决定放弃入学，再复读一年。第二年他考得不错，考上了北京一所很好的一本学校，不过他心中的目标是清华大学，所以还是有些遗憾的。

顺利毕业后，他进入了一家当时很难进的国企高科技公司，但由于没有什么人脉，在这个论资排辈和看重人脉的企业里，前途也就一般了。不过，他还是很有上进心的，一直在工作之余努力复习考研，用他的话说："当时就是去洗手间的一丁点儿工夫，也要带着复习书去看一会儿。"

当时的他，在别人眼里的人设，就是一个好学而上进的年轻人。结果功夫不负有心人，他不但顺利考上了清华计算机专业的研究生，同时还收获了自己的爱情。他的女友，也是后来的老婆，是他所工作的集团副总的女儿，家里条件非常

113

优越。他的女友是独生女，虽然家里各种条件都很好，但奈何小姑娘从小就是学渣体质，在学习路上一直都不能开窍，中学毕业后考了一个大专，毕业后托父亲的关系找了一个国企的清闲工作混日子。也许是缺什么就向往什么的缘故吧，小姑娘从小就一直羡慕、崇拜学霸和有上进心的"好孩子"。在来爸爸单位玩耍的时候遇到了他，当时就留了心，再从侧面了解了他的好学和上进后，立马就动了心。虽然她爸爸嫌男方家庭环境不好，出身不是很理想，外在条件也一般，但拗不过女儿爱得热烈，恋得执着，再加上男方清华研究生的光环加持，也就勉强同意了。

他们结婚后，岳父怕女儿受委屈，也方便以后他们有孩子后就近照顾女儿和外孙，于是直接在自己居住的小区里给他们买了一套房子住，还出了婚礼的大部分费用。他们住的房子离他父母家比较远，再加上他老婆对他父母若有若无的表示和轻慢的态度，他的父母去了几次后就很少再去看他们了。结婚后，他的生活跟以前相比发生了很大的变化。他的蜜月旅行去了法国，那也是他第一次走出国门，甚至是他第一次坐飞机。他形容当时内心的感觉有些慌乱，但为了不露怯，他表面上还要装作若无其事的样子，很是辛苦。他的老婆是独生女，从小到大被宠得很厉害，性子也是很任性刁蛮的那种，再加上住在岳父母身边，直接导致他在家里的话语权不多，还要承担大部分家务，被各种支使，内心很是憋屈。

他研究生毕业后找到了一份外企的工作，薪酬水平有了大幅度的增长，随之在家里的地位也有了很大的提升，老婆性子也收敛了一些。不久之后，他们家就迎来了一个新生命，一个可爱的小公主，一切都似乎运行得很好。所以，公司的这次裁员对他来讲无异于一场大地震，他觉得自己的天都快塌了。

说到这里的时候，他停了下来，似乎在为继续说下去积聚力量。他一直盯着桌面，深深地吸了口气，好像鼓起很大勇气一样继续说下去："一开始我也疯狂地投简历，但不知为什么，每次技术面试都过了，就是 HR 或者直线经理的面试都过不去。我心里越来越慌，觉得自己肯定有问题，才让人家看不中，结果越是这么想，面试中的表现就越差。您能教教我如何去面试吗？我焦虑极了！"他抬眼望了望我，右手下意识地揉着已经有些蓬乱的头发。

我把矿泉水推到他面前，示意他喝一点，平复一下情绪。然后问他："你现在是怎么安排自己的生活呢，你的一天是怎么过的呢？"

"我现在最苦恼的就是如何打发这整整的一天。说出来不怕您笑话，到现在我都还不敢把我失业的事情告诉我的家人，特别是我老婆。"他答道。

"哦，为什么呢？你现在其实最需要的就是家人的支持。"我望着他，希望能通过目光传达善意。"我害怕。"他压低声音说道。

"能告诉我你怕的是什么吗？"为了不惊扰到他，我不禁也放低了声音。"我害怕让我老婆和她父母知道了，又会嫌我没用，甚至当面背后地嘲笑我，我讨厌那种感觉，会让我觉得自己一无是处，很废柴。"他的声音变得更加压抑，眼睛里是各种沮丧。

"所以，你是非常不喜欢那种感觉，我了解了。那你怎么度过一天呢？我知道你们公司可以允许部分时间在家里远程办公，但你也不可能天天都待在家里吧？"看着痛苦中挣扎的他，我试图开始一些可以让他关注眼前的话题。

"我每天都会照常出门，然后我会开车去我的母校，我会找我的留校同学聊聊，大部分时间我会去学校图书馆待上一天，饿了就去食堂随便吃点儿。在校园里我觉得我还是可以放松一点儿的。"说到这些，他的眼睛里才似乎冒出一些光彩。看来在他有过成功的回忆和氛围的地方，他会更舒服一些。

"嗯，你喜欢这样的一天吗？"我继续提问，试图让他去正视自己的情绪和感觉。"怎么说呢？我很矛盾，在学校里那个当下，我试图忘记一切，整个感觉还是不错的。一旦我需要回家，需要去面对自己的处境的时候，我马上就觉得一切都灰暗了，那种焦灼的心情让我做什么都没有力气。"他两眼望着我，但没有焦距，似乎透过我在看着远处的什么，眼里流露出痛苦。

"如何才能让你自己不痛苦呢？关于面试，我可以帮助你，我有很多技巧可

115

以传授给你，这些技巧都很管用，很多人凭着这些技巧找到了新的工作。但前提是，你必须相信我，相信你的家人，把实情告诉他们，同时开始行动起来，去寻找新的工作机会。"我看着他的双眼，轻声但坚定地对他说。

他没有马上反应，但眼睛的焦距慢慢回来了，挣扎地说："您真的能帮助我？我现在没法去跟他们说！我说不出来，我做不了。"

"那什么是你现在可以做的？"我紧接着问道。"我不知道……真的不知道……只要现在不跟他们说这个事儿，别的都成。"他又开始痛苦地抓头发。

我沉默了一小会儿，等他的情绪状态平复一些："那你带着家人去旅行吧，好好放松一下，回来后来我这里上课，我们讲授面试技巧。"他眼睛一亮："这样可以吗？我是说出去旅行？"

"当然可以，远离这里，放松一下，不是坏事，不是吗？回来后一切都可能会有变化，而且我们也可以开始授课。"我用坚定的语调再次强调。

那天他离开的时候，明显比刚进来时轻松了一些。一周后，他发微信告诉我，他和家人已经在泰国了，准备玩一周再回来。之后，他的朋友圈里出现了一家人在泰国旅行的动态，虽然他从不发自己的照片，但从动态照片的氛围看，至少旅行还是很愉快的。

等他回来后，他就跑到我的办公室来上课，他的精神面貌好了一些，虽然在讲授的时候，他有时候会打断我，谈谈他最近的一些负面心情，这时候我都会停下来，静静地倾听，不做任何评论，但会告诉他我的理解，分享一些我的想法。他开始变得平和起来，没有再去母校假装上班，而是开始投简历，并积极去面试，并为此开始注重个人形象的打理。终于，当他在一个月后拿到了一家著名大厂的offer 时，他鼓起了勇气向妻子讲出了全部实情，让他没想到的是，他的妻子告诉他，她其实早有察觉，但是因为了解他的性格，所以一直假装什么都不知道，很积极地跟他出国去玩，就是希望能帮他放松一下。他当时非常感动，也觉得自己对妻子真的还有不太了解的地方，暗暗下决心要对妻子和女儿更好。

在入职之前，他的精神面貌焕然一新，先是给我寄来了亲笔书写的感谢信和小礼品，之后就是回去原公司请介绍他过来的 HRD 吃饭，郑重地表示感谢。据说把他们公司的 HRD 都感动坏了，跟他扎扎实实喝了几杯，约定一旦有好机会，还让他回来。后来他们公司的 HRD 为了表示对我的感谢，也特意写了一封感谢信给我和我的团队，并抄送给他们领导，让我们在大佬们面前着实露了一把脸。

他之后偶尔会跟我联系一下，加入的大厂是那家一直跟马云激烈竞争的电商平台，现在的他已经成为重要团队的管理者。他的妻子很多时候还是很任性，但在大事上都是听他的，而且又给他生了一个儿子。现在一家四口最喜欢的事情就是假期全家出门旅行，时不时地也会带上双方的父母。在旅行中，他依然会在朋友圈里发一些动态，与以前不同的是，他会发一些自己的照片，照片上的他和家人在一起，笑得很是开心。

117

第 2.7 篇
你拯救了我，我的顾问

作为职业转换顾问，我们的生活有些像乔治·克鲁尼主演的电影《在云端》中描写的那样，有时候需要密集地飞往各地去支持我们的裁员客户，在经济不景气或行业震荡的时候尤为如此。

在那部电影里，帅大叔乔治·克鲁尼扮演了一名裁员顾问，带着他几乎已经成为吉祥物的行李箱在美国各地飞行穿梭，帮助客户裁员并支持受波及的员工。他累积的里程可以帮他换到飞往世界任何地方的飞机头等舱和世界任何地方的五星酒店入住资格。我们也有相似的经历，但是很严肃地声明，我们可不像帅大叔那样有各种艳遇，我们都是遵从国情、洁身自好、严于律己、认真的顾问。

不过，我们飞不到电影里帅大叔那种里程，因为我们的服务对象以外企居多，所以，我们一般都穿梭在国内一线城市和经济发展特别好的几个二线城市而已。而且，在雨季，为了不因为交通问题而影响项目进程，我们出差时一般都会选择坐高铁。鉴于这种情况，那几个一、二线城市我都去恶心了，工作之余，提不起一点兴致去游玩，一般就是机场、酒店、客户办公楼，三点一线。

这一天，在连续加班半个月后，我刚做完一个客户的大型项目总结 PPT，正想着喘口气儿，去喝杯茶，顺便在环境优雅的 café 里躲躲懒，用茶遁偷得浮生半日闲。结果茶还没入口，就被我家金刚芭比项目经理抓了个正着。她一屁股坐在我对面的沙发上，先是鄙夷地看了看我手中的红茶，之后把手腕伸到我面前，把手表亮给我，冷酷地说："给你 15 分钟！"

不平则鸣，我愤愤地说："就不能让我歇会儿啊！公司又不是你家开的，你怎么这么周扒皮啊？再说了，你怎么知道我在这里？你跟踪我？还有没有人权啊！"

看到我有奋起反抗的意思，芭比换脸比翻书还快，立即换了个笑脸儿，轻快地对我说："我来找你是好事儿，当然，这件事对这个裁员项目的客户不是很美妙，是个紧急项目。不过这次你可以去个你一直想去逛逛的城市，赶紧把茶喝完，回去收拾行李，下午的飞机，工作完成后正好周末，我给你订周日晚上飞回来的机票，你还可以利用周末逛逛。"

我一脸蒙："你说了半天，不就是要我飞去做项目吗？别想花言巧语诱惑我！"想了一下，我又问："你刚才说哪个城市？"

芭比翻了个白眼儿，衬着她精致的五官，这个白眼儿倒翻得不太难看，"成都啊，你不是跟我说过想有机会再去吗？赶紧回去收拾行李去！如果飞机不晚点，今天晚上你还能吃上'小龙坎'。"

我矜持了一下，很正经地说道："你说的就是那家世界五百强，为 Nasa 登月出过大力的科技公司吧？那是我们的老客户，一定要支持到位。"我端起红茶，站了起来："那啥，茶可以在出租车上喝，我还要回去把可能用的资料准备全，就先走了。"说着，我看也不看芭比的那"我还不知道你"的得意表情，施施然走了出去。

于是，不到 24 小时，他就坐在了我的对面。他个子不高，但脸上有很浓的书卷气，一看就是出身于知识分子家庭的那种乖孩子。我之前看过他的简单资料，发现他要比实际年龄显得小很多。"有哪些是我可以帮到你的吗？"我试图开场。

一阵沉默……

我没有说话，静静地看着他，等待着。

"我觉得没有人可以帮我。"他开口了。

119

"为什么这么说？"我让自己的语气在平静中带出一丝好奇。

"我觉得这就是我的命，我多努力都不行！一切都是命中注定的，我根本没法反抗，我也累了，就这样吧。该签的我都签了，该交的我也都交了，我到这里还不到一年，赔偿金也没多少，我也不在乎了。我知道，你有你的工作，我愿意配合你，但是，我觉得咱们其实都没必要浪费彼此的时间了，没有人可以帮到我，除非你是神仙。"他说这些话的时候显得很颓废，但我还是从他的话语中听出了一丝愤怒。

我想了一下，看着他说："也许你说的对，我帮不了你什么，但我确实很想听听你的情况，看看我在哪些地方还是可以出点力的，你可否让我试一试？给我讲讲你的经历吧。"

他迟疑了一下，也许是他个性中遵从的惯性，他开始讲起了自己的职业经历："我毕业于一所 985 大学的通信工程专业，我父母都是那个学校的教授。我从本科一直读到研究生，很努力，但成绩一般，而且每次重要的考试时我都会生病，大三还挂了一科，研究生考试也是刚卡线，靠着父母的关系才能上了这个专业，就这么磕磕绊绊地毕了业。"说到这里，他眼睛闭了一下，似乎不太想回忆，但还是继续说了下去。

"毕业后，我还是靠着父母的关系进了一家研究所，从开发工程师干起，一直做了六年半，做到项目负责人。正在要进一步的时候，我的直线领导突然换人了，新来的领导处处看我不顺眼，时时挑刺儿，我实在忍不下去了，就瞒着父母辞职去了那家现在被称为'民族企业'的著名高科技公司。我父母知道后非常生气，在他们看来，研究所是国有的，是铁饭碗，是正道，任何不能顺顺当当退休的工作都是有高风险的。"他停顿了一下，自嘲地翘了一下嘴角，"其实现在看来，他们说的也是很有道理的。"

"那后来呢？你在那家高科技公司情况如何？最后怎么来了这家外企？"我秉承着做一个好听众的原则，请他继续讲下去。

"后来也没什么新鲜的，只是又重复了我的宿命而已，我干的是测试工程师，算是降级跳槽，薪水还行，但是职位不高，为此我父母老是唠叨我，觉得我之前6年多研究所的工作经验被浪费了。听他们说多了，我也越来越不服气，总想再进一步，让他们刮目相看。一年后正好有猎头找到我，要挖我来现在这家公司。职位也好，薪金也好，都能提升一大块儿，我动心了，再加上当时我和女朋友确定了关系，计划一年后结婚。于是我就又跳槽来了这家公司。刚干了不到一年，一切都要走上正轨的当口，没想到公司组织架构调整，我们团队都被裁员了。这就是命，我每次有点好事时，一定马上就会全部被毁掉。我就是这么个人，做什么都不顺，怎么努力都不行。"他垂下头，下意识地看着自己的掌心，默然不语。

我递了一瓶水给他，试图把他从现在的情绪状态中拉出来，"那你现在有什么打算？"

他淡淡地说："我能有什么打算呢？我今年计划结婚，但我都不敢告诉未婚妻我失业了，更不敢对父母说，我害怕看到他们那张带着失望的脸，更害怕听他们说'我之前就跟你说过……这就是你不听我们话的后果……一个人有多大的脑袋就要戴多大的帽子'之类的话。"

"那你现在每天会做些什么？"我没有跟他继续纠结他父母的事情，而是继续围绕着他自己来问问题。

"我什么都不想做，每天起床都是件困难的事情。Elaine 老师，其实我们早就知道公司有裁员计划，只是今天是靴子落下来了而已。我其实觉得自己已经抑郁了，干什么都提不起劲头来，什么都没劲儿做。"他摸了一把脸，似乎想把脸上的颓废擦掉，手最终还是停留在了脸上，遮住一只眼睛，一动不动地看着桌面。

在他这种情绪状态下，我决定默默陪伴一会儿。不出声，只是关切地看着他，直到他把手放下，眼睛又找到了焦距。"那么最近这段时间，你除了在公司，平常在家或周末都怎么和家人相处呢？"我问他。

他苦笑了一下："我尽量不跟他们相处，一有空闲，我就出去，我去各种寺庙、道观、教堂、清真寺，凡是能祈祷的地方，我都去。我去求各路神明帮帮我，求命运放过我，凡是能求的神我都求，我很虔诚地求，只求命运不再捉弄我。"

"你认为你做的所有决策都是命运牵着你的手做出的吗？你有按照自己内心最想要的方式做过决策吗？"我问他。

他困惑地看了我一眼："我内心最想要的？我没想过，能让父母不丢脸，能让女友崇拜，觉得自己的对象比别人能干，这些就是我内心想要的。"

"那你自己呢？什么能让你内心真正高兴，能愉悦你自己呢？"我问他。他沉思了一下："应该有，但我突然一下子想不起来了。"

"那今天就回去想想这个问题，之后我们会有一对一的个人职业转换辅导，我会跟你讨论一些问题，也会有传授求职技巧的授课时间。"

在约好了之后的辅导时间和远程辅导形式之后，他带着若有所思的表情离开了。

接下来我跟其他的员工进行了会谈，各自给他们安排了辅导流程和作业。在离开成都之前，我还是去各处逛了逛，特别是去武侯祠附近我喜欢的古玩市场消磨了许多时间。不知为什么，在成都溜达的时候，我的脑海中总是想起他说那句"只求命运不再捉弄我"时的表情。

回京后，我们的辅导也按照约定开始了。我大部分的时间都在帮助他去正视自己的内心，去面对自己的心理活动，去释放自己对父母真实的想法和情绪，去更多地面对未来和建立信心。在辅导快结束的时候，他找到了新的工作，一家不大的公司，但是氛围很好，同事和老板都很有支持性，而且因为科技含量高，工作也很有成就感，他告诉我，他很喜欢这里。

之后，我们失去联系了很久，直到第二年圣诞节的前一天，我在公司正跟同事们吃蛋糕，手机上显示了他的号码，我接起电话，他请我下楼，他在我们公司楼下的咖啡厅等着，这让我感到很惊奇。

见面后，他说这次他特意来北京休假，一定要来再见我一面，送上礼物，并表示感谢。因为，如果没有遇到我，他的一生也许就这么毁了。他说："虽然对您可能是个小事儿，但是对我来说是个 turning point（转折点），这对我非常重要，我很感激。"

我记得那一年的平安夜，我过得非常愉快，很难忘怀。能有机会对他人有所帮助，产生积极的影响，我亦很感激。

第 2.8 篇
孤注一掷，置之死地而后生

如果硬要说春天里裁员的好处，那就是被波及的员工正好可以赶上全年的社会招聘高峰期，而显而易见不好的一点是，在这样繁花盛开的季节，学员们都在努力地找工作，无暇欣赏春花灿烂妍媚的美态。而作为他们负责任的顾问，也在很努力地辅导他们度过这个时期，亦无法顾及明媚的春光。

就在透过办公室的落地窗，能看到外面明媚春光的一个上午，我接手了他们公司包括他在内的整个团队的职业转换辅导项目。他目前服务的公司是一家很有实力的外企，他们团队原来隶属于另一家小型的软件开发公司。三年前，现在这家公司收购了他们原来的公司，他们整个团队也都被收编，负责一条业务线的软件开发和客户支持工作。今年年初，他们公司决定把整个业务线团队搬到捷克去，所以在中国的整个团队都要离开。

跟其他团队成员不一样的是，别人在面临这样的局面时，难免多多少少有些挫折感，他的表现却很积极。他告诉我，他已经签了去新西兰 3 个月的旅行签证，下周就打算飞到新西兰去找工作，争取找到工作后，尽快带妻子和儿子全家移民新西兰。

我对他的计划很好奇，于是问他："你之前有在新西兰的留学或工作经历吗？"

"没有，我之前读书和工作都在国内，没怎么出过国。"他很快回答。

我下意识地再次浏览了一下他的简历，发现他是研究生学历，毕业于北方一所著名的 985 大学的计算机专业。毕业后加入华为，三年后跳槽去了被收购的那家小型软件开发公司，之后因为企业并购来到了目前这家外企。看到这些，我的好奇心更盛了："那你在新西兰有朋友可以帮到你吗？"

"算有，也算没有，我以前有一个同学在那里工作，也是搞软件开发的。我决定去新西兰看看，就是因为他的一些介绍，不过我们不是很熟，也不太指望他能在多大程度上帮到我，他能帮我落个脚，给我点信息指点，我就很感激了。"他说得很轻描淡写，好像下周要飞去的不是地球另一面的新西兰，而是离京只有百多公里的天津。

"那你觉得我能够怎么帮到你？"看到他如此自信从容，我决定直奔主题。

他笑了一下："我肯定需要您的辅导，我对在新西兰找工作毫无经验，也没有技巧可言，我从公司的通告上，看到您这边可以提供从简历修改到面试技巧的一系列辅导，我希望能获得这样的支持。不过我下周就飞新西兰了，之后不知能用什么样的形式才能接受辅导？"

我明确地感到，这是一个很有计划性和目标性的学员，于是告诉他不用担心，我们在全球都有分支机构，可以有当地的顾问接手对他的辅导，或者现在通信系统这么发达，也可以通过各种远程的手段进行沟通。他很赞同，于是我们就愉快地结束了第一次会谈。

我和金刚芭比商量了一下，芭比觉得还是由我继续给他辅导，这样在项目管理和项目流程上更好操作。于是我们决定给他申请一个远程电话会议的账号，之后就通过电话进行辅导，好在新西兰与北京只有 4 个小时的时差，我这里只需要把对他的一对一辅导安排在上午就可以了。

接下来的日子里，我们的对话穿梭于北京和新西兰的惠灵顿之间。他借助自己老同学的帮助，在那里租了一个小公寓的一间卧房，也了解了在新西兰找工作的几个网站和平台。他一边在我的辅导下修改英文简历，一边在网上投简历寻找

125

IT 工程师的工作。他还告诉我，如果一切顺利，找到合适的工作，三个月内家属就可以过去，而一年之内全家就可以办理移民。他信心满满，听课和接受辅导也很认真，是一个很理想的学员。

时间一天天过去，转眼间，他已经在新西兰待了一个多月。他发了很多简历，不管是大公司，还是小公司，只要是职位合适，他就会发个简历去试试。时不时的也会有 HR 来电询问，也有几个面试机会，但最后都没有了下文。他的签证是三个月的，因为时间的压力，再加上独自一人在国外，他也开始逐渐变得焦躁起来。他对辅导变得更加依赖，也许是难得有人可以长时间听他讲话，对他的情绪也是一种舒缓。他开始对我抱怨那里的天气、糟糕的网络和难吃的食品。一开始为了让他尽快适应在英语环境中找工作的感觉，我建议我们保持英文对话。其实从他找工作的面试应对上，这种形式的辅导还是很有效果的。只是，越临近他的签证到期日，他越不愿意在辅导中说英文，而是更喜欢用母语来倾诉。

离签证到期还有不到一个月的时间，他变得很沮丧，虽然他手里已经握着三个已经通过第一轮技术面试的工作机会，但他还是觉得有很多不确定性。他在网上反复录了面试的视频，让我帮他指导，恨不得演练每个面试官可能会问到的面试问题。

距签证到期还有两周，他突然用微信联系我，让我帮他出出主意。他刚收到了第一个 offer，来自一家华人开的软件公司。他告诉我，其实华人在新西兰开的软件公司在这里名声很不好，被誉为软件黑工厂，一般他们会招收还没站住脚的华人，工作量大，每天要加班，薪水也非常低，福利待遇也不好，就是靠欺生来赚钱。他拿到 offer 的这一家公司虽然名声不是最差的，但据他的同学所说，实际上也是不怎么样的。不过这家公司答应马上就给他 9 个月的工作签证，这也算能解他的燃眉之急。他有心接了这个 offer，但其实还有一家惠灵顿当地的软件公司，他也过了技术面试和第一轮面试，在等 HR 进一步的消息。这家公司的职位是高级软件工程师，薪水可以给到 10 万～12 万新西兰币，相当于 50 万～70

万人民币。而且那家公司的员工很国际化，跟他以前公司的氛围差不多，面试他的人看起来都很友好。由于那家华人软件公司只给他三天的考虑时间，他非常犹豫，很是两难。华人公司的待遇和氛围不理想，但已经下了 offer。那家新西兰公司待遇和氛围都好，就是还没下正式 offer，一切都还有不确定性。这些都让他不知该如何是好。

面对他的征询，我问出了一个早就想问的问题："你当初为什么下决心不顾一切地要来人生地不熟的新西兰找工作？"他愣了一下，似乎没想到在这个时候我会问起这个问题。他想了一下，说道："其实我是害怕。""你害怕什么？"我继续问。

"我今年 34 岁了，国内软件行业暗地里似乎有个 35 岁分割线。当初大家看到软件行业发展快，薪酬水平高，都一窝蜂地涌向这个行业，人才竞争非常激烈。在这样的竞争环境下，我觉得自己已经老了。传说很多大厂的 HR 都不看 35 岁以上的工程师的简历，除非是招管理者，但我就喜欢做工程师，我不喜欢管人，只喜欢编程。而国外就不同了，一个软件工程师可以干到五六十岁，甚至干到退休都没问题。我喜欢这样的工作环境，可以专心做自己想做的事情。"说着说着，屏幕对面的他的眼中又有了我第一次见到他时的神采。

"那这两个工作机会，哪个更有可能实现你的初衷？"我盯着屏幕中他的眼睛，慢慢地问他。

他很快就回答："当然是那家惠灵顿本地的公司，但问题是我的签证马上就要到期了，而那家公司的 offer 还不知道能不能拿到。目前能解决我签证问题的，就是那家华人开的软件公司。我最怕就是两头都不靠，那就麻烦了。"

"按照你的初心，去那家华人公司和你在国内找一个工作有什么区别吗？"我继续发问。他若有所思："其实……这样看来，也没什么区别……只是地点换了而已。"

"所以，先想清楚你的初心，到底是要签证办理移民，还是要寻找一个可以

127

实现自己职业目标的环境？想清楚初心，再想想你要如何选择。"我觉得这时候问问题是能帮助他思考的最好选择。

他想了很久，似乎下了决心，说："我知道了，我希望能等那家新西兰公司的 offer，如果不行，大不了我先回国，以后再申请签证回来继续找。"

离他的签证到期还有不到三天的时间，我突然收到了他的一封感谢邮件，告诉我他当天上午收到了那家新西兰公司的正式 offer，并直接帮他解决了签证问题。在邮件中，他表达了深深的感谢，感谢我对他的支持，特别是在他最艰难时刻的支持，从字里行间，可以看出他激动的心情。在关掉页面之前，我再次仔细读了他的感谢信，从内心里为他感到高兴。

之后的日子里，他的朋友圈变得非常热闹，有和家人一起在新西兰惠灵顿新居中的生活动态，有周末和公司各国同事登山和远足的聚会趣事，也有对自己公司软件产品宣讲的链接。相信他应该正走在实现自己初心的道路上。

第 2.9 篇
我是 IT 工程师，业余时间写写歌，现在我想把这个反过来

在我心目中，能写出流行榜单歌曲的作者，不是时尚个性，就是仙风道骨的样子。第一次见到他，我心中暗暗点了点头，这就是个技术人员该有的样子嘛，平凡普通，老实巴交，跟潮流啊，艺术啊，根本就搭不上边儿。

他在一家做快消产品的外企公司做 IT 运营支持，主要是负责公司设备硬件的运维。这家快消产品公司因为利润率不是很高，所以对成本非常敏感，他所在的运维团队规模一减再减，他是当时团队中剩下的最后一个员工，几乎是一个人要干两个半人的活儿，即使这样，公司还是决定把这块业务外包，以减轻成本，所以他的岗位也被拿掉了。因为他在这里工作了很长时间，所以公司为他提供了职业转换的支持，于是他被邀请到我的办公室，进行第一次会谈。

之前在准备辅导的时候，我看过他的简历，40 岁，本科毕业，上的是一所211 大学，学校的排名不好也不坏，工作经历也很简单。毕业后先去了一家国企，五年后跳槽到了这家外企，一直干到现在，职业经历算是不好也不坏。但总体来看，就没有太大的竞争优势了，如果职业上想再进一步的话，会有些困难。在辅导开始之前，我已经做好了先缓解学员负面情绪问题的思想准备，只是当我看到他时，忽然产生了一种很奇异的矛盾感。

他整个人看起来并不太沮丧，虽然也没有很高兴。他很健谈，一上来就谈了

很多自己的事情，我一边听着，那种矛盾的奇异感就越来越强烈。他介绍自己的情况时，即使是像我这样有丰富的经验，算是见多识广的顾问，也难免在心里为他掬了一把同情之泪。但他没有表现出很负面的情绪，也没有表现出对现状太大的不满，给我的感觉反而是他有些窃喜，似乎他偷偷怀着什么不为人知、很让他高兴的小秘密似的，这一点让我很是不解。

首先，从他的家庭来看，不久前，他父亲在上班途中，骑自行车与一辆违章车辆相撞，不幸身亡。在后事刚处理完的时候，他的母亲逼着他签署了放弃父亲房产继承权的公证书。与他母亲长期不和的妻子不理解他，夫妻关系一度跌到冰点，他们的独生女儿也跟妈妈站在一条战线上，对他很有意见。他母亲让他放弃房产的原因，是要把所有财产都留给他有残疾的妹妹，同时要求他每月给妹妹妹夫一定数额的照顾费，这些都使他感到焦头烂额。在裁员前，他在工作方面还算是顺利，但是每天至少要花三个小时在通勤的路上。他还表示其实他并不喜欢这份工作，而且由于现在公司的预算紧张和外部经济环境的不景气，他一个人其实基本上是承担两个半人的活儿，需要经常加班，也看不到有什么升职的希望。和他一起工作的同事很少，基本上都是一个人工作。

听了他的经历，我忍不住问他："你过得开心吗？""不开心啊，我觉得很有压力，有时候真的觉得很孤独，我的睡眠一直不太好，经常失眠，大部分时间都只能睡四个小时左右。"他一边说着，一边皱了皱眉。

我心目中的违和感越来越强烈，以他这样的经历和处境，他现在表现出来的状态真是好得太多，这实在不科学。带着这样的好奇心，我继续问他："你最近有什么好事儿发生吗？我觉得你看起来状态还不错。"

他笑了一下，似乎正等着这个问题，马上拿出手机来，翻到一个页面让我看，"我之前写过一首儿童歌曲，现在登上了亚洲儿童流行歌曲榜前十的榜单！"可以明显听出，他非常自豪和欢欣。这其实也非常出乎我的意料，实在是太有反差感了。不过，看到他愉悦的笑容，我不禁被带动着也微笑起来："你很喜欢音乐？"我问他。"嗯，很喜欢。"他点头表示肯定。

"你家里人有搞音乐的？"我怀着好奇继续追问。"没有，一个都没有。"他又摇了摇头，同时还摆了摆手。"那你从小学过乐器？"我继续追问。

"我喜欢吉他，但小时候家里没有钱送我去学乐器。也就是最近这一年，女儿在学钢琴，我就跟着女儿一起学，也就学会了点，用来作曲还凑合。"他笑眯眯地解释说。他极力想要表现得轻描淡写，但看得出来，他对自学成才这一点还是很骄傲的。于是我问道："你用了多长时间学会弹钢琴的？""大概十个月。"他用手摸着后脑勺，很憨厚地笑着说。

"你觉得自己在音乐上有天分吗？"我试图了解更多。他挠挠头："说不好，但我一弹琴就很开心，能忘了一切，作曲时是我最快乐的时光，都感觉不到时间的流逝，我老婆说我是迷症了。"说到这里他又咧嘴一笑。我感到自己终于摸到那种违和感的原因了。现实中他遇到很多挫折甚至失败，本来应该非常低落和抑郁的，但是他似乎找到了让自己沉迷的东西，这反而让他充满激情和动力，这就是我觉得他身上很矛盾的地方。我点点头，说："其实这也不错，那你的下一步计划是什么呢？"

"我想去学吉他，当然钢琴我也会继续练习，但我还是想完成我童年时的梦想，把吉他学会。"他依然能量满满地说。

我有些不忍心打断他，但我们今天的会谈主题应该是他的职业发展，于是我还是继续追问了下去："我想了解一下，就你目前的职业发展来看，你的下一步计划是什么？"

"哦……"，他的声音低了下来，"我没有想好，我不太喜欢工程师的工作，但我只能靠这个赚钱，我有家要养，还有孩子未来的教育费用，我妈、我妹妹要负担，这些都是我的责任，都需要我去赚钱。"说着，他的头垂了下来。

我觉得还是需要让他保持高一些的能量水平，才能更好地思考问题，所以我

131

继续问他："我刚才听了你的歌，很不错。你觉得你能靠此维生吗？"

他想了想，才说道："我也不知道，至少现在还不能。但是，如果一直不做的话，肯定是一点可能都没有的。"

"你很想去搞音乐，对吗？"我轻轻地问他。"很想，但不行，我得赚钱养家。"他也轻轻地回答。

"在短期内，我指半年到一年内，你会有经济压力和困难吗？"我试图了解更多的情况。

他抬起头，眼睛亮了一下："至少一年内我的经济没问题，之前我和我爱人都有工作，我们生活也很节俭，存了些钱，这次因为工作的时间长，公司给的补偿也很不错，所以经济上在短期内还可以。"说着说着，他似乎想到了什么，眼睛更亮了，在我看来，刷刷的有点像闪电。

我赶紧问他："现在你在想什么呢？"

这回他的声调明显高了上去："我想我可以做半年，不，做一年音乐创作试试。我四十岁了，从没有为自己做过一件特别想做的事情，我想试试，不行就再回来做技术，真到那时候我也认了，至少我试过了，不会后悔，不会遗憾终生。"他的声音变大，像是在说服我，更像是在说服他自己。

虽然决定试试去走音乐的道路，他还是希望能把辅导课程上完，拿他的话说就是"有备无患"。他很认真，虽然不是学得最快的，也不是最敏锐的学员，但是算是很扎实的、很好学的那种。其间他还给我发来了他写的其他几首歌，大部分中规中矩，当然也有个别的让我觉得有些惊艳，甚至他还有另一首儿童歌曲再一次上了亚洲儿童歌曲流行榜，为此，我还特意写了祝贺邮件。

一年匆匆过去，又得到他的消息，是在一个温暖的午后，他通过微信告诉我，他在一个月前入职了新的公司。他已经学会了弹吉他，写歌也很开心，但是他需要担负责任，赚钱养家。靠他半路出家写歌，明显不可能达成维生的目的，于是他决定回去继续做技术。

新的公司是一家大型娱乐媒体综合集团，老总野心勃勃，一直集资想跨界造车，忽悠了不少人给他投资。他说自己待在这里，觉得很无聊，不是很满意，工作无趣，周围的环境也很混乱，存在很多管理问题和无谓的内部争斗。他觉得自己能做的事情很多，但这里官大一级压死人，没有什么自由发挥的空间。他说自己在拿自己的时间和自由换钱，但已经不太想主动去找其他机会了，既然对工作没有热爱，那么到哪里工作都是一样的，用他的话说："在哪里干不是干啊。"提起音乐创作，他依然兴致勃勃，说他每天都要弹钢琴、弹吉他，这让他感觉很好。

再一次听到他的消息，是他告诉我，猎头把他挖到了另一家公司。这家公司比之前的那家娱乐媒体公司好了很多，离家也近，薪酬也可以，他还算满意。他谢谢我教给他的那些找工作的技巧，几次面试能通过，他觉得我助力多多。我再次祝贺了他，但接下来就似乎不知道该说些什么了。

最后一次得到他的信息，是他发来的一段短视频，他用吉他弹奏了一曲《月亮河》，伴着那低沉回转、略带忧伤的曲调。我忽然在手机上看到了一条消息，他之前工作过的那家娱乐媒体公司的老总，一直雄心勃勃地要造中国的特斯拉，由于不能兑现承诺，给投资人一个交代，不光人早已跑路到了国外，现在连公司都被清盘了，股价最后跌到了只有一毛八。

时代的洪流里，不知多少人的梦想被淹没。

第 2.10 篇

被裁后我发现自己更愿意当个文艺女青年

134

　　这天，我家金刚芭比项目经理踩着她的恨天高，飘然地进入我的办公室，看着她傲人的高度，我决定坐着不动，以免站起来自取其辱。对她一边踩着恨天高，一边狂奔赶地铁的本事，我一直是望尘莫及的。主要是出去见客户也好，做项目也好，笔记本电脑是我们的标配，再加上电源、录音笔、记事本啥的，负重不是一般的沉。背着这些东西，还要踩着恨天高，还要为了避开堵车赶搭地铁，对我来说就是个不可能完成的任务。我经常一双平底鞋走天涯，屡屡被她吐槽，说我不爱惜自己的形象。我每次试图反驳她的观点，说女性要注重内在美，每每都被她不屑地 diss："人类文明发展至今，这是个男权社会，这一点我们得认头，为了让自己过得更好，我们要学会和光同尘！"

　　话说芭比悠然地走到我面前，把一摞文件交给我，说："亲，这是一家国际电信公司客户的裁员名单，这家公司文化不错，对员工很是关怀，特别要求你来接这些案子，看来你如今在客户那里很有群众威望嘛。"我一页一页地翻着资料，没搭理她。

　　文件的第一页就是她的资料，她毕业于一所省重点大学，是硕士学历，会计专业，一毕业就进了四大（会计师事务所）之一，做审计工作，一干就是五年。外企对工作量巨大有一个调侃的说法，就是'女人当男人使，男人当驴使'。我经常耳闻四大的工作强度，是'女人男人都当驴使'，她能在这里熬上五年，最后还成功晋升，带领一个二十到三十人的团队，对一个女性来说，委实不容易，至少身体素质肯定不错。看到这里，我在心里默默给她点了赞。离开四大，她就加入了现在的公司，但在这里她没有带团队，而是作为一个个人贡献者来工作。这次她们公司组织架构调整，北京要缩减 50%，剩下的也要调岗去香港工作。资料显示她已经表明不想去香港工作，所以只能离开。

当她坐在我的对面时，我下意识地看了一下她的鞋子，跟我一样，是双平底鞋，不过她的衣饰很是讲究，背的包包也是我很喜欢的西班牙小众品牌，设计师是位女性，做手工起家的，设计的东西很有味道，有文艺范儿。看来她即使不是像金刚芭比那样的"和光同尘"派，也至少跟我一样是个"骑墙派"。

"你下一步有什么打算？"我照例问她。"当然是再找一份工作了，这么多年，我一直都在工作中，即使是换工作，也都是'无缝衔接'，这次我觉得也会是这样。"她回答得很快也很干脆，整个人看起来也很干练。停了一下，她又补充道："但是我不想在外企干了，在外企待了十来年，我觉得有些腻了。我想体验一下不一样的环境和氛围，下一步想去私企或民企。"

"之前你都是在外企，没在私企或民企干过，你觉得你自己能适应那里的文化吗？"我一边看着她的简历，一边故意问她。

她想了一下，说道："我觉得问题应该不大，一直以来，我对数字就很敏感，也是个 quick learner（快速学习者），这不是我自己说的，我周围的人都这么评价我，我觉得我应该还是能适应的。"她越说越坚定。"那你想做的职位是什么方向的呢？"我试图进一步帮她整理思路。

"我想做投资方向的，以前也一直做和这个相关的工作，与数字打交道我很在行，我觉得还是应该继续做下去。"她想也不想地回答道。

根据她的想法，我告诉她，我会在求职技能提升方面来推进她的辅导。在这之前，我建议她先做一个职场兴趣和潜力的测评，在测评的同时，我也辅导她做

135

了一个使命识别的练习，结果发现她自己的工作使命是：

在喜欢的工作中全然投入，并时刻进步，最大限度地实现自我价值。

当我辅导她挖掘出她心中的这个使命，并写下来的时候，她显得若有所思。而当我给她讲解她的职业兴趣和潜力的测评报告时，她更是时不时地陷入沉思中。辅导结束时，她特意要了自己的报告，说要回去好好读读。

当她再一次走进我的办公室接受辅导时，我隐隐地感觉到她有些不一样，服装风格不像前几次那么职业，包包也换成了一只手绘的帆布包。最主要是她的神色变得有些兴奋，带有隐隐的期待。我感到很好奇，于是问她："发生了什么我不知道的事情吗？我怎么感到你今天有些不一样？"

"Elaine 老师，自从上次我写了自己的工作使命，还听了您给我的测评报告的反馈，我想了好久，觉得对自己有了一些新的认识。我想做一些跟以前不一样的事情，我觉得报告很准确，我内心其实很喜欢新的东西，也喜欢去探究人们行为背后的目的，我也喜欢去影响他人。我把我最近的经历和想法跟我的一个朋友讲了，她也跟我一样，想做点自己喜欢的、跟以前不一样的事情。"她语调有些兴奋，脸上也浮现出淡淡的红晕。

"哦？那你们想做些什么？"我表示非常有兴趣。

"我们想做自媒体，做些教育和心理学相关的内容，可能是写些东西，也可能是拍一些视频和小短片，还会做一些快闪的线下活动。我们想做这方面的创业！"她语调依然兴奋，看来这些真是她喜欢的。

"你会最喜欢这个创业方向的哪个部分？"我问她。"嗯？什么哪个部分？"她有些不解。我给她解释："我指的是如果你所说的这些工作都开展起来，你最喜欢做哪些工作？"她想了想："哦，我应该最喜欢写作的部分。我一直都喜欢写东西，以前在工作之余，我也会写一些小品文放在简书这样的 App 上，还是得到了一些粉丝的关注的。"说到这里，她不禁露出了笑容。

"那么如果你们做这个方向的创业，客户群体会是哪部分人群？商业模式是什么样的？就是说你们靠什么赢利？"我继续问她，带着我的好奇。

她又笑了一下，好像在期待我问这个问题似的："我们都想过啦！我们的受众定位为大学生和职场新鲜人，给予他们一些前辈的经验分享，让他们看到更多的职业和人生选择。我们会去采访那些在各行各业有突出表现的人，让那些人讲述他们的故事，分享他们的经验，甚至是他们的教训和警告。当我们的受众群体逐步增长，变得庞大了，我们会从广告收益、周边服务或产品上赚钱。当然，这需要时间培养，但我们觉得自己可以耐得住寂寞，哪怕试试也是好的。"她的眼睛中有奕奕的光彩放出，我想这可能就是"心中有爱，眼中有光"的样子。

之后我们谈了谈她的创业项目，大多数时间都是我在静静地倾听。她讲得很开心，在结束时跟我约定她先去创业，两个月后会再来找我继续辅导。

137

时间过得飞快，两个月后她如约而至。让我有些意外的是，她显得有些心事重重。我直截了当地问她发生了什么。她皱着眉头说："其实是我们创业的事情，我感觉有些迷茫，我很喜欢现在这样的生活，但是，我不知道是否能保持住这种状态。其实我想说的是，我不知道我能否坚持得住。我本来计划着一到两年的创业周期，到时候评估一下，如果届时业务发展的关键要素具备了，就继续坚持这个创业方向，如果不行，就回归自己的老本行。可是，现在我遇到了一些问题，让我对自己能否坚持产生了怀疑。"说完，她的眉头还是紧紧皱着。

"哦？发生了什么？"我问道，脸上带着关切。"我们团队的另一个创始人与一位资深编辑产生了矛盾，他们之间由于工作理念的冲突，几乎到了水火不容的地步，而我则成了他们的缓冲和发泄的人形肉垫，要不断地在两边安抚和沟通，这让我觉得很累，心力交瘁。"她说完，缓缓地吐出一口气。

"你刚才提到你还是蛮喜欢现在的生活的，除了刚才提到的这件让你心力交瘁的事情，目前让你喜欢的部分多吗？还有哪些是你不喜欢的？"我给她倒了杯水，继续问她。

"大部分是我喜欢的，单纯的工作部分不会让我疲倦，但是面对他们的冲突和负面沟通，我感到很难坚持。最近这几天，我一直在疑惑，这些事情是不是我内心特别想做的？"她看着我说道，眼中带着隐隐的求助。

为了弄清楚她内心的真实想法，我邀请她做了一个练习。请她想出自己真正想问的一个问题，并想出三个能给她答案的人，任何人都可以，中国的、外国的、古人、现代人，活着的或已经去世的，甚至是外星人都可以，想象她自己与这三个人进行探讨和对话的情景。以下就是她当时练习的记录：

她的问题：我如何找到人生的意义？

三位导师：马斯克——特斯拉的创始人，热衷于制造火箭和航天飞机

　　　　　大卫·休谟——苏格兰哲学家、经济学家和历史学家

　　　　　胡赳赳——前《新周刊》主笔，知名文化博主

她首先提问的是休谟，问题是："我如何找到人生的意义？"

休谟："让我做一些思考，你想一想，如果现在要你自杀，你会做这个事情吗？"

她："不会。"

休谟："为什么不会？"

她："我现在的生活很有意思，有喜欢的人，跟他们在一起很好。"

休谟："什么样是有意思？有哪些人是你不舍的？你舍不下的东西就是你的人生意义，这个世界本身就有无数有意思的东西。"

接下来她提问的对象是马斯克，问题依然是："我如何找到人生的意义？"

马斯克："你如果现在没有答案，就尽可能多地去体验不同的东西。在人生不同的阶段，你可能每个阶段的人生意义都不一样。去体验吧！然后再思考。"

最后一位是胡赳赳，她问的是同样的问题："我如何找到人生的意义？"

胡赳赳："那你需要多看书，书中有许多人阐述他们对人生意义的不同看法，你可以从他们的角度去看人生意义。就像我，我觉得读书就是人生最快乐的事情，我的不舍就是还有这么多的书没看。对于你，你也可以像我一样，找到自己人生最快乐的事情，这个就是你的人生意义。"

完成这个练习后，她似乎如释重负，真诚地对我说："谢谢你，Elaine 老师，这个练习太棒了！我知道这些其实都是我内心的答案，但我之前从没让它们真正浮现出来过，这对我来说很有启发。在这个阶段，是我人生的第一次创业，我喜欢上很多课，见过很多人，这些就很有意思了，这些就足够了。也许到了人生的下个阶段，我会有不同的想法，但那又如何？那也是我的人生意义，不是吗？！"

我对她笑了一笑，对她说："我很喜欢一部王家卫的电影，叫《一代宗师》。里面的台词我都特别喜欢，记得其中有一句是：'人的一生有几个阶段，见自己，见天地，见众生'。我觉得，无论一个人终其一生到达了哪个阶段，本身它就有自己的意义。"

说到这里，我们相视一笑，我脑子里忽然闪现了一个想法："虽然我是个理工女，但我内心也是蛮文艺的啊！"

第 2.11 篇
沟通的硬伤，曾让我丧失了一个个职业发展机会

最近这几天我心里有点别扭，楼下的 Costa 装修，我每天早上赖以续命，给予我一上午工作热量的热巧克力没地儿去买了。金刚芭比建议我早餐换成楼下那家宏状元的豆浆油条，我觉得这个早餐很健康，吃得也很舒适，但就按她给我安排的工作量，我觉得还是西式的热巧和玛芬热量来得简单粗暴，可以帮我补充一上午的能量丧失。听说 Costa 装修还需要大概一周的时间，我有些快快不乐。

所以，当他捧着 Costa 的杯子，一股热巧的香气扑面而来时，我差点就问他是从哪里买的了。由于我的专业素养，我当然没有表现出来，而是很有礼貌地一边请他坐下，放好装着热巧的纸杯，一边开始打量他。

他穿着休闲长裤，一件白衬衫，看着剪裁和质地都不错，但不知为何，穿在他身上，显得皱皱巴巴，有些像一直需要坐着的出租车司机身上衣服的效果。他身上的气质很有趣，举止显得很社会，但可能他是圆脸，眼睛有些眯缝的缘故，倒显得没有一点威慑力，反而像在努力装作深沉和世故。在我打量他的同时，他也在微皱着眉头看着我，似乎在评估我的斤两。

"不知你是否了解关于这个职业转换辅导的具体情况，有什么是我可以给你解释和说明的吗？"我主动打破对视的沉默。

他低头看了看自己的手："我从我们公司的 HR 那里都了解到了，她们让我过来一趟，说对我肯定有价值。我觉得吧，我需要来自己评估一下，是否对我有足

够的价值，毕竟我们都挺忙的，时间也挺宝贵的，对吧？"他讲话的样子让人感到有些居高临下，一下子就让人有些微的不悦。

我在心里微微点了点头，看来这是个自然而然就可以拉仇恨的天才，于是我在心里默默给跟他一起工作的人点了根儿蜡。当然，这一点也不影响我的专业发挥，毕竟在顾问的职业生涯里，什么样的人都可能遇到。于是我请他先介绍一下自己，以便让我根据他的实际情况，更聚焦地去分享有用的信息给他。

他开始介绍自己的经历，语气中带着淡淡的自得，不过听下来，他也确实有自傲的资本。他就读于北京大学，金融专业毕业。毕业后去英国一个知名学府拿了个经济学硕士学位，回国后进入一家投行，做战略投资和战略管理顾问，在这个领域辗转了好多家公司，做了小十年，不到一年前加入现在这家跨国金融机构，结果到现在赶上了业务调整的裁员。接下来，他用了十来分钟抱怨自己点儿背，以及现在公司对员工的不人性，裁员面谈当天就关了自己的公司邮箱，害得他跟好多客户都没来得及交代一下。

我认真听着他的话，在听到他的教育背景以及工作过的公司那些金灿灿的名号时，适度地表达一下钦佩，他越发讲得津津有味，意气风发。最后，从他的家庭背景到他养的比熊犬的名字，我都已经知道了。不过让我确实吃惊的是，他竟然是名门之后，祖上做过北洋政府时期的高官，祖父在解放时期也出过力，声望很高。父亲是知名的学者，以金石考据著称，母亲也算是名门之后，大家闺秀。他和妻子结婚多年，但二人决心做个丁克，一直都没要孩子，只是养了一只很可爱的小狗，取名 Johny。

仔细听他讲完，我几乎没什么时间分享我的信息，约定的辅导时间就到了，我觉得有些遗憾，不过他倒是表示这个辅导很有用，他谈得很开心，愉快地跟我约定了下次见面的时间，然后就捧着他一直没来得及喝完的热巧离开了。

141

再次见面的时间很快来临，他如约而至，手里捧着一杯咖啡，是星爸爸的纸杯，一看就是做惯了顾问的，带着顾问范儿。

这次我先问他的打算，他说还是要再找一份工作，只是这次他要谨慎些，不要再出现被裁员的状况了。他请我帮着看看简历，从专业的角度总结一下亮点，但他也提到，简历即使写得一般，他也不太在乎，找工作方面，他还是有信心能手到擒来的。

我一边翻着他拿来的简历，一边问他："怎么我看到你从英国回来后，这八年多的时间换了好多家公司，最短的一个做了不到十个月，最长的也就做了三年多点儿？"他噎了一下子，才愤愤地说道："说了我点儿背，老是遇人不淑！""我看到你的第一份工作的职位是投资顾问，怎么小十年过去了，你最近的一份工作的职位还是投资顾问呢？"我没有多说别的，直奔主题，下针迅速。

他又噎了一下，对我翻了一下眼睛，虽然因为眼睛比较小，威慑力并未如他所愿那样强大："我运气太差，总是遇不到好老板！总被老板打压！估计是他们老害怕我抢了他们的位子。"

"哦，怎么你遇到的老板都是嫉贤妒能的？这也太背了！也太巧了！能具体说说吗？"我表示吃惊和好奇。

"在业务上，他们总是提出特可笑的方案，我每次都要跟他们争论半天，才能勉强说服他们。我估计长此以往他们就不舒服了，总是给我穿小鞋，给我派的工作任务都是吃力不讨好的，还有明明是我的成绩，该给我升职的，最后都升的是那些会拍马屁的同事。这让我很没面子，最后都是一走了之。反正以我的背景和经验，找一份工作是很容易的。"他一边说着，一边不停地喝咖啡，好像需要不停地汲取力量似的。

"那发生刚才你说的那些情况的时候，你跟你的老板们是怎么沟通的？有没有征询过他们的想法？为什么会针对你？有没有请他们给你些反馈，以便之后你能得到更好的机会？"我轻轻地问他。

"跟他们沟通？他们都不是能沟通的人，我一般都直接走人，此处不留爷，自有留爷处！"他提高了音量，以表达自己行为的合理性。

"那你觉得你自己是一个善于沟通的人吗？"我继续问他。

他看了我一眼，又低下头去看着自己的手："说实在的，我不是很善于沟通的人，我父母说我从小脾气就倔，不撞南墙不回头那种。我太太也说我有时候很不好说话，她都没法儿和我沟通。不过，我觉得我在工作场所还是挺专业的，工作上该怎么沟通就怎么沟通，跟客户的关系一直都很好，所以我觉得在工作方面，我还是善于沟通的。"

"那你跟老板和同事们的沟通方式，跟你和客户的沟通方式是一样的吗？"我趁机追问。

他没有马上回答，想了一想，才说道："差不多吧，我需要从客户那里拿单子，当然会一直保持乙方的姿态，你也是顾问，这个你应该懂的。对老板和同事，都是就事论事，争论也是为了工作结果嘛！"

"那如果一直有人跟你争论，还总是很强势，你会信任他吗？"我不松懈，还是继续问他。"那要看对方是否能给予我相应的利益了，如果不能，为什么要信任一直跟我对着干的人？"他很快回答。

"那你的老板和同事能从你那里得到很多好处吗？"我看着他的眼睛问道。他似有所悟："不是很直接，他们应该能从我这里得到些好处，但不是很直接……"

接下来，他低头沉默了一会儿，忽然抬头问我："我觉得自己很有能力，事实证明我的能力也不差，就一定要学会所谓的'沟通'吗？一定要刻意逢迎，长袖善舞吗？这样我觉得很违心。"

我冲他摇摇头，说："你其实不必，但基于两个条件，不论你拥有哪个条件，你都可以按照你说的——'不违心'来行事。"

他急切地问："你说的是哪两个条件？"

143

"第一，你有'一力降十会'之能，就是说你在某个领域是第一人，牛×得不得了。别人都得忍着你才行。第二，你家财万贯，或者安贫乐道，根本无须也不屑要升职啊加薪啊、高薪豪车大房子之类的外在之物，或被尊敬、崇拜、有权威的精神享受。一句话，你无欲无求，也可以不理会他人。你看看你符合哪一条？"我施施然一口气说完了这段话，开始低头喝我的茶。

他没有吱声儿，似乎陷入了沉思，过了好一会儿，他才说了话："我有点儿明白了，我得再琢磨琢磨这事儿，不过，你给了我很大的启发。"辅导时间恰好这时候也到了，于是我们又约定了下一次辅导的时间，然后他就离开了。

接下来的辅导变得非常顺利，他也很配合。不到一个月，他告诉我，他找到了一份新的工作，是一家新加坡的投资公司，有淡马锡的背景，薪酬和各方面福利都很好，他很满意。

144

以后每隔一段时间，他都要犯个离职病，那时候他会联系我，告诉我他想离职。不过，每次我们聊了几句之后，他又表示自己还是多跟老板沟通一下，坚持着吧。数数日子，他这一坚持也坚持了三年多的时间。其间，他在朋友圈经常晒出差时在各个五星酒店或米其林餐厅品尝的美食，看来日子过得不错。

最近一次得到他的消息，是他再一次获得了升职，并且为了庆祝自己和老婆结婚十周年的纪念日，给老婆买了一辆保时捷小跑作为礼物。看来，为了所愿有所改变，对他来说，还是值得的。

第 2.12 篇
老实巴交干工作，半个猎头也不认识

一个完整的生命即是一个英雄之旅，完成了这个旅程的人，最后会发现，外部世界的善与恶，和自己内心的善与恶，其实是一回事。——约瑟夫·坎贝尔。这句话让我深思许久，其实我们的外部世界有一部分是我们内在的心理投射，也就是说，在一定程度上，是我们内心的选择塑造了我们的外部世界。

当他作为学员走进我的办公室时，我以为作为他的导师，是我来给他指引和帮助的，当时我没想到的是，最后我从他身上也得到了很大的启发，有了很多感悟。

他来自盛产大葱的那个省，一看就是很普通、很老实的一个人，穿着是典型的现场工程师的风格，Polo 带领运动衫，深色休闲裤，这种衣服行动方便，而且不用熨烫，打理方便，禁脏，是现场工程师们的挚爱。他说话语速不快，甚至有时候让你觉得反应不是很敏捷。他跟我说话时，手会局促地交握着，动作很僵硬，显得很紧张，一看就是不怎么经常跟人打交道的那种类型。

我看了他的简历，他的经历也是非常平实的那种，毕业于南方一所重点工业大学的硅酸盐工程专业，毕业后就一直辗转在京津的几个工厂工作，从技术员一直做到现在的产品供应经理。因为踏实肯干，每次工作转换都是熟人推荐而拿到的工作机会，所以从毕业到现在为止，他其实从来没有主动自己去找过工作，在这方面的信息和经验也非常有限。

"那你打算下一步做什么？是开始找工作，还是有创业的打算？"我照例先了解他对未来的计划。"我还是要找一份新的工作的，我觉得自己不适合创业。"他慢慢地回答，还是显得有些紧张。

"嗯……不适合创业，为什么这么说？"我试图更多地了解他。

"我一直在工厂做技术工作，没有什么人脉，我这个人的个性也不太善于与人打交道，做业务肯定是不行的。"他一板一眼地回答。

"那关于找工作方面，你这边有什么计划和行动吗？如果有，有哪些进展了？"我继续了解情况。

他皱了一下眉头，语速更慢了："这次工厂优化，主要因为人工越来越贵，工厂要迁到大连去，我因为家里的缘故，肯定去不了。由于我们这个行业对环境还是有一定的污染的，这几年的环保政策倾向于严厉，京津两地的工厂能迁走的都迁走了，现在合适的工作机会很少。我虽然很早就知道要进行这次优化，但这么多年一直埋头工作，我连个猎头都不认识，找工作毫无头绪。所以我们 HR 才让我过来找您，希望能得到您这边的支持。"

"嗯，了解了。在这个阶段对你们提供支持和帮助，其实就是这个辅导项目的核心价值，我会尽我所能帮助你。在继续讨论之前，我需要您先做一个职业兴趣和潜力的测评，这个测评结果会帮助你更加了解自己的职业胜任力和兴趣，以帮助你在未来职业发展中确定更合适和务实的方向。"我非常专业和公事化地跟他交换着信息，不敢太随意，怕他因不适反而会感到拘谨。

一听说要在电脑上做测评，他欣然同意了，脸上显示出一种如释重负的表情。看来他确实是更习惯于和机器打交道。

在做测评时，他做得很认真，所以速度并不快，我也很有耐心地等待他做完。但是，当我看到他的测评结果时，却大吃一惊。他的报告显示，他的本我，也就是他内心的自我其实是个外向型的，是极其喜欢挑战和竞争，喜欢快速推动事情，达成结果的人，而且他的本我和个人兴趣都喜欢开拓和征服，领导他人，是个很适合创业的类型。而他的后天自我，也就是他的社会化的自我，却与此恰恰相反，是个服从者，行为上循规蹈矩，一板一眼，不会出格，也不会变化，关注如何把事情做对，对精确和细节有高要求。这种内在驱动和外在行为的矛盾存在，让对他只有初步了解的我感到非常吃惊和好奇。

当我向他反馈这个报告时，他有些吃惊，但表现得没有我心里想的那么震惊。于是带着解惑的心理，我开始问他："看到这个报告，你的内在驱动和外在行为有着这么巨大的差异，你觉得吃惊吗？"

由于我们已经谈了很长时间，他明显有些放松，没有刚见面时那么紧张了，说话的时候也从容了很多："我记得小的时候确实是很好胜的，在一群孩子里老是争当老大，而且我妈说我当时做事情是拍脑袋就干，很冲动，还没等她们反应过来呢，我的事情已经做好了，我妈说我这是'对也快，错也快，连补救的机会都没有'。"说到这里，他嘴角微微向上翘了一下，似乎回忆到了很有趣的事儿。停了一下，他接着说道："可是当我工作后，你知道我们这是传统工业，尤其在工厂中，流程的精准和产品质量是直接挂钩的，所以肯定不能冲动行事，一定是要关注细节的，这很现实，我觉得这个测评还是挺有意思的，有的地方还是挺准确的。"

"做出这样的调整，你心里感到快乐吗？你有没有感到遗憾或不舒适的时候？"听了他的回答，好奇心驱使我想了解更多。

"我挺快乐的，知道自己的能力就是这样，认真工作，努力赚钱，这样我觉得也挺好的。你很难让组织去适应你，那就只能让自己去适应组织，不是吗？"他又笑了一笑，我知道他说的是心里话。

"有没有想过发挥自己的本性，去做些不一样的事情，去做些自己真正想做的事情？"我放缓了语气，慢慢问他。

　　"嗯……你不问，我其实都没有想过这个问题，如果十年前，我可能会说，我有想过去做些事情，去做些不一样的事情。但是，我现在有儿子要养，我了解我的能力，所以我去做我能做的，给儿子提供安稳的生活和安全感，这样对我来说更重要。"提到儿子，他的笑容浮现了出来，是发自真心的笑容。

　　"哦？你的儿子多大了？他妈妈也在北京工作吗？"我问道。

　　他迟疑了一下，似乎有什么顾虑，但还是回答道："我儿子 10 岁了，上小学四年级。他妈妈也在北京，但我们见面比较少。孩子还不到两岁时，我们就分开了，孩子一直跟着我生活。"

　　我刚要表示歉意，转移话题，没想到他又继续说了下去，似乎终于有人能说一说，对他来说也是一种放松："她老家也是山东的，在北京上的大学，因为学的专业是林业，工作都在偏远地区，她毕业后就没再从事本专业工作，而是漂在北京做微商了，在网上卖鞋子。有一年她们厂商组织去坝上旅行时，她遇到了一个男人，那个男人看起来挺有钱，开着宝马小跑，听说是做软件开发的，他们认识没过多久，她就跟我离婚了，扔下孩子，嫁了她现在的丈夫。"

　　"你一个人把孩子带大，真是不容易，那孩子妈妈现在还来看孩子吗？"我问道。"她很少来看孩子。其实后来她才知道，那个男人也没什么钱，开的那辆车其实也是二手的，而且现在年纪大了，听说在软件行业内不太好找工作，老是失业，现在家里全靠她做微商支持。她现在的丈夫不太高兴她来看我儿子，怕她偷偷给孩子钱。"他说着，显得有点尴尬，于是自嘲地一笑。

　　"你怎么知道后来她的情况的？"我好奇地问他。"很多都是她说的，她偶尔会打电话来诉诉苦，我也就听听罢了。"他说着，又是尴尬地一笑。

　　"那你们还可以再回头吗？为了孩子？"问完这句话，我觉得我的问题有些唐突了，这个问题太私人了，问得不合适，心里有些悔意。

　　他倒是显得不太介意，还是回答了我："不会了，我们不合适，即使是强行在一起，对孩子也不好。"

"那你恨她吗？"我轻轻地问。"很难说恨，只是她在我的生活中已经无关紧要了。我和儿子过得很好，我为生活努力，有放弃的，也有获得的，都是我自己的选择，没有什么可后悔的。我希望她过得好，虽然看起来她过得很一般，但我也不会为她感到内疚和难过，生活都是自己选择的，不是吗？"他也轻轻地说着，带着一种特有的淡定和从容。

我忽然有一种感觉，虽然坐在我对面的这个人看起来很平凡和普通，但在他儿子的眼中，他的爸爸为他独自撑起了一片天，是个英雄。

接下来的辅导安排很快过去，我给他提供了一份我熟悉的猎头名单，他认真地一一联系了，并得到了几个面试机会，不久他就通过猎头找到了一份新的工作，薪酬没什么增长，但看起来很稳定，他表示已经很满意了。

找到工作后，他特意再次来拜访我，还特意带了一盒手工巧克力给我的女儿做礼物，对我的帮助表示感谢。他离开后，我看着桌上的巧克力，不禁笑了。对一个为自己的选择高度负责的人来说，他以后在职场的日子不会很差。作为他的顾问，我不会很担心。

149

第 2.13 篇
伤口是光线进入你内心的地方

记得我第一次看姜文执导的《阳光灿烂的日子》，我觉得并不是很喜欢，因为里面描述的，不是我熟悉的那种大院的生活。当然，因为这部文艺片在当时被捧得很高，所以我也没太强烈地表达我的想法，因为那时候我还年轻，会害怕被那些很文艺的朋友瞧不起。后来年龄渐长，我慢慢明白了，其实这个大院是姜文小时候生活的、从男性视角来看的、纯部队性质的大院。而我成长的大院，是有着部队背景的科研性质的大院，而且我是女性视角。所以，姜文的很多片子，我觉得都是从男性视角来看，对女性的理解和认识，我觉得有时候过于侵犯和想当然了，甚至有些粗放。所以，我总觉得他电影里的女性很单一，是他记忆中那些大姐姐似的人物，飒爽中带有一丝冷漠。

当她走进我的办公室时，看到她的第一眼，我就觉得她是从姜文电影里走出来的女性。身高至少有一米七，披肩的波浪长发，穿着黑色的短款皮夹克，简单的牛仔裤，配着她肩上大大的机车包，显得又飒又 A，非常潇洒。她长得不是第一眼看就是美人的那种好看，而是很耐看的那种，尤其是她笑起来，露出洁白的牙齿，那是很有感染力的一种笑，让人不由得心生欢喜。但她自己却笑意不达眼底，藏着一种淡淡的疏离，让人有进一步探究的冲动。我想了半天，也许这就是所谓的神秘感吧。

她是我的一个合作了很长时间的客户加朋友介绍来的，因为在工作上遇到了一些迷茫，所以她是以个人的名义来接受辅导的。"我有什么可以帮你的吗？"我开门见山地问。她没有直接回答我的问题，而是问我："听介绍我来的闺蜜说，你也是大院长大的，是吗？"

我有些吃惊她会问这个问题，但还是回答了她："是的，我们那个大院是研究院大院，不过我父辈大部分都是从部队转业过去的。"

听了我的话，她笑了一下，点了点头："我也是部队大院长大的，我父母都是军人，正师级，只是我妈是医生，算文职。"

我也对她笑了一笑："我父母都是搞科研的，跟着部队来北京，就地转业，所以没军衔。"

她又点了点头，似乎很满意的样子，开始回答我第一个问题："我最近换了一份工作，也算是顺利吧，最近刚做了一个项目，利润挺好，客户也满意，但老板不认可，我觉得很憋屈。我之前是在一家大型国企工作，几个月前刚到的这家公司。这家公司算是创业公司，有些背景，也有些资源，但是就是发挥不出来这些资源应有的作用，我觉得是老板的问题，老板觉得是我们中层团队的问题，反正就不觉得自个儿有问题。这个老板其实我已经认识十几年了，一直给我的感觉是这个人在事业上还是靠得住的。其实这次我换工作，也是因为他创办了这家公司，极力邀请我来，再加上我刚买了个房子，经济压力大了一些，他给的职位和待遇都特好，我就决定过来了。实际跟他一起工作这段时间，我才发现，他这个人工作能力有限，性格上跟我也不合拍。前天晚上我为了一个项目方案在公司耗到 12 点多，几乎一天都没吃东西，饿得前心贴后背，结果收到他的短信，把我们的方案全盘推翻，让我们再改。当时我就觉得特别委屈，有失落感，真想回他一句'老娘不干了'，结果我还是忍住了。只是打电话给我那闺蜜诉苦，她就介绍我来你这里了。你说我该怎么办？"她一口气说了一大堆，看来是个很健谈的人，说完后又露出了她那富有魅力的笑容，好像她刚才讲的是个笑话。我递了瓶水给

151

她，没有直接回答她，而是继续请她说下去："先说说你的情况吧，你目前的工作和生活状况是怎么样的？"

她对我的问题似乎有些意外："我？我情况很简单，35 岁，已婚，孩子两岁了，我先生比我大很多，我们结婚十年了，其间两地分居至少有八年多。工作方面刚才你也都知道了。"

"能说说你的父母吗？他们跟你一起生活吗？"我很随意地问她。

她突然沉默了，过了好一会儿，才开口说："我父亲前不久去世了，我是独生女，我母亲不跟我一起住，她有自己的房子。"迟疑了一下，她接着说道："他们很早就分居了，就在我上高中的时候吧，他们俩都是红二代，脾气都急，谁也不让谁，最大的本事就是工作，对孩子只会打骂放羊。"

看到她的低落，我感到很抱歉，于是说："对不起，我不该问你这样的问题。"

她抬起头，又露出她张扬的笑容，她的笑容很有魅力，她似乎也知道这一点，所以她总是动不动就露出这样的笑容，只是眼中没有什么真正的笑意，她笑着对我说："没事儿，能说说也挺好的，我心里会觉得痛快点儿。他们肯定是爱我的，但方式不是我要的，我超级不喜欢。我父亲老是挑剔我，从来都是批评，没有表扬，我觉得他对我不像对女儿，反而更像是他带的兵。小时候我很怕他，不敢跟他说话，长大后自己有些能力了，我就跟他对着干。我母亲是个好医生好领导，但她肯定不是个好妻子好母亲，她根本不会照顾人，一忙起工作来，很多时候她都把我忘记了。我记得有一次幼儿园放假，从上午开始，小朋友们都陆陆续续被家长接走了，最后只剩下我，等到天已经黑了，等到外面下起了雪，等到幼儿园阿姨因为不能下班，看着我满脸的不耐烦，我只好跑到外面去等。那天真的好冷啊，我一直记得那种冷，我觉得我快冻僵的时候，才等来了他们的警卫员，他们那时候才想起来今天需要把我接回去。当时我就下定决心，以后谁敢再要我等，我就永远永远不理他。"她没有再说下去，而是从包里拿出了香烟，可能又马上意识到在这里不能抽烟，就开始在桌上玩着烟盒，不发一言。

我静静地陪伴了她一会儿，然后开口："所以，你现在特别不喜欢被拒绝被忽视，对吗？"

她把下巴抬得高高的，又开始笑了起来："也许吧，其实后来求学也好，工作也好，我都不会给别人机会拒绝我。你知道吗？我大学没毕业就参加过模特大赛，一家非常有名的模特经纪公司还要和我签约，说要培养我做国际超模，但是我看到那个圈子里乱七八糟，还要捧高踩低，虚假奉承，而且他们还要我去整容，嫌我这有问题，那里不完美的，我就直接拒绝了。我想了想，其实我工作中也有'喜新厌旧'的性子，受不得气。"这时她停顿了一下，似乎想到了什么，然后她接着说："我突然想起来了，我现在的老板曾经跟我说过一句话，他有一次非常生气地对我说：'你抗拒别人走进你的内心。'"

153

"一直以来，你有安全感吗？还有，在我这里，如果你不想笑，可以不笑。"我看着她的眼睛慢慢地说。

话音刚落，她的眼圈突然红了，她掩饰地低下头，然后用手背随意擦了一下眼角："我从小物质条件还可以，至少我需要的他们都能给我，等我自己能挣钱了，我又遇到了现在的老公，他大我很多，认识我时就已经是一个老总了，他让我的物质生活非常宽裕，只是最近几年他的经济情况才有些困难，需要我操点心。从这个角度来讲，我应该很有安全感，不是吗？可是我老是会很焦虑，别人对我有一点不合意，我就很想离开，很想逃离，是的，我没什么安全感。"

"所以，谈到这里，你觉得你现在的工作问题主要是来自你的老板呢，还是有其他因素？如果你离开这个公司，那在下一个公司还会发生同样的事情吗？"我继续问她，但其实没有指望她马上回答。

她确实没有马上回答，而是想了几秒，而后才对我说："我听我的闺蜜说，你除了是顾问以外，还是心理咨询师？"得到肯定的答复后，她接着说："我在想，跟你先进行一段时间的心理咨询，我现在觉得其实我更需要的是这个。"

　　我表示同意，也帮她安排了后续会谈的时间。经过几轮的咨询，她明显放松了很多，至少她不再动不动就露出她那富有魅力但疏离的笑容了。她的伤口依然在那里，没有完全愈合，相信随着时间的推移，经过精心的处理和看护，这些伤口会慢慢地愈合。之前，这些伤口只是被强行盖住，在阳光照不到的地方任由它化脓溃烂，进而影响整个机体的健康和生命的质量。一旦这些伤口被阳光照入，被看见，被关注，被呵护，那么，这些伤口也就开始了疗愈的过程。

　　到现在，她还在那家创业公司工作，工作得非常出色，是老板的左膀右臂。她也时不时地突然造访我的办公室，跟我喝一杯茶，聊几句，然后离开。我发现，她的笑容中越来越多了些真诚，那个时候我知道，她身体中那个在漫天风雪中一直等着父母来接自己回家的小女孩，已经开始慢慢地长大了。

第 2.14 篇
自律的人，每步都能踩上点儿

不知为何，2016 年整年，我们接受的职业转换项目的学员中，有很大数量都是软件工程师，我和别的顾问以及金刚芭比还特别就此现象进行了讨论。我们发现，那些软件工程师学员大部分都是搞产品开发或测试的，举个例子，就是像在 20 世纪 90 年代大行其道的 Windows 系统之类的软件，主要面对企业客户，为企业客户提供软件产品。而随着互联网产业的兴起，以及大数据和云计算方向的业务需求旺盛，很多传统的软件产品生产商开始寻求积极的转型，这些工程师所在的产品线或业务线，不是被全部拿掉，就是被分割出去进行出售。于是，这些工程师们就成了我们的学员。由于云计算和大数据方向对工程师的开发语言需求一般是 Java 或 C++，所以之前掌握这些语言的工程师在找工作方面还是比较顺利的，但是那些长期在一家企业里工作，只使用很小众的单一的开发语言的工程师，在寻找新工作方面就显得有些费劲儿了。

当他按照公司的安排，走进我的办公室的时候，第一眼我并没有觉得他很特别。实际上，从外表看他真的很普通，圆圆的脸，非常平常的五官，就是那种老北京话儿常说的，长得既像邻居二大爷，也像楼下大外甥的那种大众脸。但是，让人觉得他有些不一样的是，他的嘴角总是微微地翘着，眼神很稳，这让他看起来时刻都显得很愉悦和笃定。他的衣着是常见的软件工程师式的办公室休闲风，

155

非常干净整洁，斯凯奇休闲鞋应该穿了一段时间，并不太新，但鞋子的白边儿依然洁白如新，一看就是个很有自理能力、井井有条的人。

他带来了自己的简历，递给我后，又拿出了自己的笔记本和笔，摊开来，准备做记录。看到他好学的姿态，我不禁心里暗暗点了点头。

"能先让我了解一下你的教育和职业经历吗？"我照例开始跟他沟通信息，更多地去了解他的情况。

"我 1998 年毕业于北方一所 211 理工大学，学的是理论力学，大学毕业后，去了当地一家私企，做软件开发。工作了几年后，我来到北京发展，进了一家做证券的日企，担任高级软件开发工程师，在这里干了四年。之后去了一家法国的移动通信设备公司，担任数据管理工程师，在那里又做了五年。三年前，我被猎头挖到这家美资软件公司，担任技术研发经理，管理一个十个人的团队，目前我的技术层级是首席工程师（Principle Engineer）。"

他说得很有条理，逻辑也非常分明。看起来，他整个的职业经历很不错，从大学学了比较鸡肋的"力学"专业，发展到现在的软件技术管理职位，其实已经是非常幸运了。为了解惑，我开始问他："你大学时学的是理论力学，其实太偏理论了，按理说在你毕业那会儿，应用专业方向似乎更好找工作，是不是？我很好奇，你是怎样第一次工作就找到软件开发的工作？就说你进的是个一般的私企吧，人家也似乎不太可能招一个专业不对口的职场小白吧？我知道，私企是更注重用人成本的，他们一般是不喜欢培训什么都不会的新人的。"

他听了我的问题，笑了一下，瞬时他脸上充满了自信，这时候你肯定不可能把他和你邻居二大爷弄混了。"我在大学期间确实学的是力学，我也知道在当时的那个环境下，这个专业很难找到合适的工作，甚至找工作可能都有些困难。所以我在大学期间自学了编程，还拿了好几个证书，我就是凭着编程的技术，以及这几个证书拿到的第一份工作。当时，我请研发团队的技术经理给我一次技术考核的机会，觉得我合适再考虑是否录用我。结果，经过考核后，我得到了那个工作机会。"

"那你是怎么决定来北京发展的呢？你在北京有熟人？还是当时这里有工作机会邀请你？"我继续问他我想了解的几个问题。

"当时我在北京基本上什么人都不认识，来的时候也还没有正式的工作机会邀请我。这还得从我在那家本地私企做的几个项目说起。我刚加入时，一边努力工作，尽量表现自己（说到这里他又憨憨地笑了一下，似乎想起年轻时候的事儿，有些不好意思），一边看看有什么挑战性的工作可以提升自己的能力。我们公司那时候接了几个政府的项目，我记得其中有一个项目，涉及的项目金额有两千万，公司有一个专门的十多人的团队负责交付这个项目。我也想参加这个项目，但是作为一个新人，公司肯定不会让我参与这么重要的项目的。于是，我就在每天保证完成好分配给我的工作的前提下，义务帮这个项目团队打打杂儿，跑跑腿儿，做些力所能及的事情。久而久之，我就被拉进了项目组。这个项目圆满完成后，我又参与了好几个大型项目的工作，其中就有我来北京干的第一份工作，就是那家日本证券公司在当地的项目。我之前做他们的外包服务，负责软件开发，在工作配合中，跟他们的技术团队上下关系都处得不错。当时他们就劝我来北京发展，说做软件开发，肯定是北京的发展机会和潜力最大。那时候我还没成家，没什么牵挂，也有了点儿积蓄，一时半会儿找不到工作也饿不死，仔细想了想后，我就辞了职，来北京发展了。当时我们公司老总还挺舍不得，但是他也知道，北京发展机会好，所以还是痛快地放我走了，临走时还跟我说：'万一有混不下去的时候，再回来找我。'我还是挺幸运的，遇到的人都不错！"说完他又笑起来，我发现他特别爱笑。脑子里突然想起一句话来："爱笑的人，过得都不会差。"

我看着他的简历，似乎有些地方不是很对头，于是开始问他："我发现在你在日本证券公司和法国的移动通信设备公司这两段工作经历之间，有一个不到两

157

年的空档，这段时间你在做什么？"

"您看得真细，其实这两年时间我去了美国，我去读了一个硕士回来。"他露出一个"你终于发现了"的笑容。

"哦？读的什么方向？为什么决定在这段时间放下工作去读书？从职业发展来看，这段时间应该是你职业上升的黄金期呢。"我心里觉得这真是个"宝藏学员"啊，能挖掘的东西还真不少。

"当时，根据我自己在行业工作这么多年的判断，再加上经常与同行进行交流，我觉得大数据会成为行业的新方向。于是我就决定在这方面再进修一下，读个硕士学位。当时我有三个选择：国内在职读，国内全职读，国外全职读。我那时候已经结婚了，我爱人因为工作的关系，经常出差去美国，有时候还会在美国长驻一段时间。我考虑了一下我的资源，也考虑了时间投入的价值回报和学位的含金量，最后决定申请美国的学校。下了决心后，我就开始狂补英文，我爱人说我那时候都魔怔了，天天念英文，有时候中文都反应不过来了。"提到这些趣事，我和他不禁一起笑了起来。

他接着说："后来我就成功地申请到美国的学校，当然，我爱人对我的帮助也起了很大的作用。我用不到两年的时间读了一个硕士学位，是数据分析和数据管理方向的。快毕业时，我就开始向国内的职位投简历，最后找到这家法国移动通信设备公司，基本上算是无缝衔接吧。"

"很令人印象深刻的经历啊！"我由衷地说，然后接着问他："你进入这家法国移动通信设备公司，做数据管理工作，跟你在美国学的专业很对口，又是你看好的朝阳方向，你为什么会在工作五年后又决定跳槽到这家软件公司呢？恕我直言，你其实又跳回到老本行了，而且像你说的，这个公司之前的发展方向已经慢慢不符合市场需求了，这也是现在他们在做战略调整的原因。既然你早就看出来了，也做了自己的判断，怎么还是决定要回来了呢？"我觉得我越来越像在做一个采访了。

"其实，理由很简单，我想当官儿。"说完，他自己先笑了起来，"我开玩笑的，其实是在加入这家公司之前，我一直都是做技术的，一直做个人贡献者，我今年41岁了，在加入这家公司的时候我已经38岁了。在体力上，我已经比不上新入职场的年轻人，在学习速度和灵活性上也并不如他们，但是我也有我的优势，就是我经验丰富，技术过硬，问题解决能力和沟通能力强，所以我觉得自己应该发挥自己的优势，分享自己的经验，带领团队去工作。我需要提升自己的管理经验，但是之前那家法国公司规模较小，组织比较扁平化，晋升空间非常小。这家公司规模大，组织框架结构完善，而且行业内名气大，给我的职位是管理职位，带团队，薪酬福利也好。那时候我家已经有两个小朋友了，养家是有压力的，收入对我来说也是很重要的。综合考虑，这家公司是最适合我当时的需要的，我也有信心能给这家公司提供相应的价值和贡献，这就是我选择这家公司的原因。就是目前发生了裁员的这件事，我也并不后悔，相反，我其实很感恩这个工作机会，它让我积累了很多宝贵的经验，也提升了我的管理能力。"他说得很真诚，脸上也放出自信的光彩，让人看了不由得对他的话深信不疑。我想，这也是他的能力之一吧。

"那你下一步有什么打算？"我带着期待的表情问他，我觉得答案肯定会很有意思。"Elaine老师，其实我早已经申请技术移民，已经差不多了，我下个月就会飞到美国旧金山，先在那里落脚，再看看机会，不打算回来了。"他回答。

"哦？那你移民的考虑是什么呢？"我好奇地问。"虽然我在职业发展上做了很多准备，但年龄确实已经比较大了，国内这个行业是个人才竞争极其激烈的地方，再加上国内互联网行业兴起，35岁魔咒一直顶在软件技术人员的头上。我决定去美国发展，在那里人才竞争没有像国内这么激烈，干到退休应该都没问题。而且孩子们也大了，我想给他们提供更好的教育环境，再加上我太太已经申请了长期驻美的职位，所以我们就决定移民了。我希望在找工作上能得到您的辅导，我对在美国找工作是没有什么经验的。"他成竹在胸，但看着我时还是带着求知

159

的期许。

之后的辅导，基本上都是应他的要求，对他进行密集的培训，帮助他掌握尽可能多的求职技巧。一个月后，他如期飞往旧金山。又过了一个月，他发来微信告诉我，他已经入职了一家当地的电信公司，做数据挖掘方面的工作。两个孩子也分别上了当地的小学和幼儿园，太太也得到了长期驻美的工作，一家人算是都安顿了下来。

之后就再没有得到他的信息，相信他应该过得很好，因为他会很努力地按照计划让自己和家人过得很好。

第 2.15 篇
你若不勇敢，谁替你坚强

一开始，从严格意义上讲，他并不算是我的学员。我最先认识的是他的妻子，她在一家大型购物中心连锁集团的总部担任 HR 经理。这家集团也是我们的客户之一，合作了很多年，一来二去就比较熟悉了，她有时遇到什么棘手的问题，也会找我讨论主意，但并没有太私人的交往。直到有一天，她提前约了时间来找我，希望我给她一些帮助。

她进入我的办公室时，我一眼就看出她情绪不佳，虽然她平时也总是像青春期还没过似的，老是爱怼天怼地怼社会，看什么都不顺眼。不过跟她接触久了，就知道她其实是个外冷内热型，很容易心软，典型的刀子嘴豆腐心。不过她老是不认可这个说法，老说自己是刀子嘴刀子心，好像这样就会让自己显得更"强壮"一些。

我对她很是了解，直接开门见山，问她发生了什么，让她开始倾诉，这种方法一直都可以很好地帮助她缓解情绪压力。果不其然，她直接上来就向我抱怨她的先生。他们都是北京人，从小双方家里面就认识，她先生比她大几岁，但一开始并没有成就青梅竹马的恋情，而是像朋友似的相处了很长时间，直到她先生与当时的初恋女友分手，她和她的先生才慢慢走到了一起，然后就是在双方家长的期许下，自然而然地结婚，不过与别人有些不太一样的地方是，他们结婚后有十多年的时间没有要孩子，直到她先生年近五十岁，她才冒着高龄生育的风险，生了一个儿子，现在儿子有一岁多了。

她主要向我抱怨的是，她的先生已经有将近四年多没有去上班了，现在他主要在家里照顾孩子和做家务。她们家算是小康之家吧，生活倒是不用很愁，但是由于这几年她的先生没有收入，全部的家庭负担都在她的肩头，再加上近年来随着互联网消费方式的发展，她所在的连锁百货集团面临着非常激烈的竞争，她的工作压力和年龄带来的危机感也在逐年增加，这些都使得她很有压力，也很容易焦虑。

之前她就跟我做过很多次深谈，我了解她其实一直以来都有很强烈的不安全感。她的原生家庭里有两个女儿，她排行老二，她和姐姐相差不过两岁。那时候，由于她的父母都要上班，工作也很忙，带不了两个孩子，所以她一岁的时候就被送到姥姥家生活。她是由姥姥一手带大的，虽然都是在北京，但小时候和父母接触不多，跟他们一直不是很亲，而且父母更喜欢一直在身边长大的姐姐，对她也不是很关心。她从小就很好强，从懂事起就样样要超过姐姐，从学习上、能力上、各种奖励上，她都铆足了劲儿跟姐姐比。但最让她伤心的是，无论她获得多么优秀的成绩，在父母眼中似乎都不算什么，他们从来没有表现出那种发自内心的赞扬和与有荣焉的自豪感。

她曾经向我讲述了一个故事，这么多年来，这个故事一直鲜活地印刻在她的记忆里，她的心里。她甚至能记得故事中每个场景的细节、颜色，甚至气味，以及她当时内心的每一个活动和情绪，一切对她来说都刻骨铭心，历历在目。我在这里把她的这个故事记录下来：

那是一个雨夜，北京秋天的雨夜。你知道，北京秋天的雨夜往往又湿又冷，需要穿厚实一些的毛外套才行。我记得那天我穿得不多，但一开始我感觉不到寒冷。那天下午我拿到了我的奖状，我获得了北京市的三好学生奖励。你也是北京

162

出生长大的，应该知道对那时候的小学生来讲，除了小英雄和小烈士，这个奖就是顶天儿了。我那时候住在姥姥家，其实离我父母家并不远，坐车也就十来分钟，走路三十分钟就到了。那天正好是礼拜六，我姥姥非常高兴，晚上还给我做了好多好吃的，让我明天去父母家把这个奖状带给他们看看。我当时答应了，心里也很高兴。但是，到了晚上九点多，我忽然感到一点儿也不想睡，一点儿也不想等到明天，我特别想现在就去，让我爸妈看看我的奖状。于是，我就真的去了，因为临时决定走着去，我出来得也匆忙，穿得比较少，但是我记得我还是穿了雨鞋，拿了雨伞出的门。一路上我都很兴奋，想象着他们看到奖状后的满脸欣喜和骄傲，想象着姐姐脸上的嫉妒和不甘。时间过得飞快，雨中的气味也特别好闻，是那种清凉提神的水汽味道。很快我就走到了爸妈家，敲门，是我妈开的门，她当时看到是我，一脸的惊讶，问我是不是姥姥出什么事儿了。我说没有，举着奖状给他们看，他们听说姥姥没出什么事儿，似乎松了一口气。他们只是很敷衍地看了一眼我的奖状，就让我赶紧回去，说是太晚了，说我不懂事儿，明天再来就好了，吓了他们一跳。他们脸上的表情我至今还记得，是一脸不得不接待不速之客的隐忍和无奈。我抓过奖状，扭身就走。当我出门时，我发现雨下得又大了，风带着雨丝猛地往我衣服里灌，我的伞都挡不住，回去的路特别漫长。那个雨夜特别冷，真的特别冷。

163

她从小就是一个严重缺乏安全感的人，而且她其实特别渴望爱。这使得她要花很久才能信任一个人，同样，别人要走近她，也要付出很多的心思和诚意。她的一切别扭，一切纠结，甚至毒舌，都是她给自己的武装，因为她最害怕的，就是失望。

这次让她失望的，是她的先生，她请求我，希望我能跟她的先生谈一谈，让他能走上"正道"，去找个工作，哪怕挣钱少也行啊。她跟他先生不知就这个话题谈过多少次了，骂也骂了，吵也吵过，就是没有任何效果。她试图做一些改变，曾经利用自己的人脉，帮她先生找过两份工作，结果她先生最长都没干过四个月，最短的那次只干了八天就辞了。她很没面子，还得跟朋友赔不是，这些都让她心力交瘁。这次她找到我，也是无奈之举，希望借助我的心理学背景和职业发展顾问的经验，可以说服她的先生，不要再无所事事地在家里待下去了。

于是，在几天后的一个午后，我见到了她的先生。出乎我的意料，他很高，也很清瘦，头发已经花白，但毫无一般人那种长期没有工作的颓丧感。他眼神清亮，腰杆笔挺，坐姿很像一个军人，不过气质一看就是个脑力工作者。后来，他告诉我，他确实一直以来都是从事财务工作的，在四年前离职的单位里长期担任财务团队的管理工作。

"我想您爱人已经告诉您，今天过来会和我有一个会谈了吧？"我向他确认一下，看她是否之前有清晰地跟先生沟通过这次会谈。

"是的。她告诉我了，其实我这次来，也是因为看着她那么痛苦，跟她沟通，她又不能跟我好好说话，没说两句就要吵起来。所以，我其实也是希望能把这件事说清楚，也许能通过您，让她了解我的想法，不要老那么跟刺猬似的，剑拔弩张，活得拧巴。"他平静地说道，依然腰杆儿挺直，只是手似乎没地方放，下意识地摆弄着桌上的茶杯。我看了一眼他的手，发现他的手指修长，骨节分明，一看就是经常做手工的那种很灵活的手。看来，他们两个其实还是想沟通的，但似乎谁也没有好方法能倾听对方内心的声音。我做好倾听的姿态，示意他继续讲下去。

"我今年已经 50 岁了，不过我的儿子才一岁多，都说我们生得晚，孩子不好照顾，其实我觉得我们把孩子带得挺好的，至少我觉得作为一个父亲，我尽到了自己最大的能力陪伴他，照顾他。我自己对父亲的印象很模糊，我 3 岁的时候他就去世了，那时候他不到 39 岁，得的是一种遗传病。我们家两个孩子，我还有一个哥哥，我哥比我大 12 岁。我父亲去世后，我妈要工作，要养活我们两个孩子，没有太多时间看我，我其实是跟着我哥哥长大的。"说到这里他停了一下，似乎在回忆着什么，嘴角带着一丝儿笑意。

"那后来呢？"作为一个好的聆听者，我尽责地继续问他。

"我们其实不是土生土长的北京人，我爸爸是解放那年才进的北京城。他那时候担任领导人的警卫员，那在当年是特别光荣的事情。我妈妈说，我爸能被选上，很大一个原因是他身上有家传的功夫，擅长蒙古式摔跤，身体特别棒。当年他进警卫连的时候，作为一个新兵，其他老兵让他显显能耐，看能不能做一个合格的警卫员。他就跟他们班长下场子比画，我爸身体好，功夫也不错，不过他们班长也是练家子，经验丰富，虽然体力不如我爸，但步法灵活，一直逗着他消耗他的体力。我妈说，那时候我爸还年轻，火气盛，最后给逗急眼了，瞅着一个机会上去就抱住了班长。我爸后来告诉我妈，那时候他气急了，什么招式都忘得一干二净，只是凭着多年摔跤的本能，抱着班长左一个德合勒（满族和蒙古摔跤术语，指双手抓牢，先一拉，再向前猛推，同时右腿插入对方裆中向右后方勾对手左腿），右一个德合勒，把班长摔得差点儿没了气儿。缓过来后，班长倒没生气，他还拍着我爸的肩膀，直叫'好小子'，后来也特别栽培我爸，把他调到领导人身边去做贴身的警卫员。"说到这里，他又笑了一下，眼中带着一丝孺慕的神情。

不过，他并没有停顿，还是继续说了下去："你说，就是我爸这样的身体，怎么就不到 40 岁就没了呢？"他似乎并不期待我的回答，接着说："我们家族有遗传病，我爸不到 40 岁就没了，我哥哥，刚才说比我大 12 岁，他是 50 岁那年发的病，没几年人就没了。他特别能干，大学毕业后就留在母校，一直从辅导员干到学校的行政主任，非常敬业，为了学校工作成天不着家。我觉得他们都是累的，我爸有几个兄弟，他们到现在都还身体不错，也没发病，他们都是平常人，工作也很轻松，一辈子就这么过来了。我哥不说了，我是眼看着他为了事业、为了工作把自己累垮了。我爸当年也是因为工作的特殊性，饮食睡眠都没有规律，黑白颠倒，神经还要时时刻刻地紧绷着，我估计他十有八九也是累垮的，才让遗传病乘虚得了逞。"说到这里，他的语速变得有点急，呼吸声变得大了很多，已经不是刚进来那会儿的从容模样。我帮他添了点水，没有说什么，只是静静等着他继续说。

"我今年 50 岁了，我和我爱人很长时间一直都没要孩子，就是我心理有障碍，老怕把这个病传给孩子，怕自己不能陪孩子很长时间。"他继续说道。

"那你们最后是怎么决定要这个孩子的呢？"我轻声地问。

他自嘲地一笑："也许是人越老就越容易感到孤单吧，也许是没能抗住来自周围关心你的人的压力吧，也许是为了我爱人。总之，原因很复杂，重点是现在我们已经是这个孩子的父母了，我觉得对我们来说最重要的是如何对他尽责任和爱。"

"那你自己怎么想的？你的打算是什么？"我问道。

"我觉得就尽量陪伴吧，孩子这么小，我们都去上班不合适。而且我离职前是做财务总监的，我本来就不喜欢跟人打交道，我的初恋女友离开我时，我与身边所有的朋友都断绝了关系，我不想看到他们对我露出同情的表情。我做财务总监时，要跟方方面面打交道，还要捋清跟政府部门的关系，非常闹心，我觉得压力太大。反而，这两年照顾我爱人，带带孩子，我觉得挺好，人很轻松，我很喜欢这样的生活，对孩子也好，他很爱吃我做的饭。我每天做做家务，带带孩子，周末假期我就开车带着我爱人和孩子四处自驾旅行，其实我觉得这就是我要的生活。我对物质要求不高，家里也有点儿底子，过生活问题不大。不过我爱人特别焦虑，说什么孩子以后长大了，教育的费用啊，成家的费用啊，我们养老的费用啊，天天在我耳边念，我有时候也觉得很烦。"他说着说着，苦笑了一下。

"那你觉得对你最重要的是什么？"我问他。

"活着，健康地活着，人这一生，有 1 才有后面的 0，没有这个 1 了，后面有多少个 0 都白搭。我不再想进入让我有压力和紧张感的职场了，我不想像我爸和我哥那样，把自己生生累垮。我想陪着儿子长大，想看他上学、工作、成家，我也想能看见孙子孙女，想多陪他们几年，希望他们长大了还能记得我。"说到

166

这里，他的眼圈有些红了。他仰起头，竭力不让眼泪滴落下来。

"那你觉得对你爱人来说，什么是最重要的？"等他平复了一些以后，我轻轻地继续问他。

"她，其实我知道她要什么。她特别缺爱，老想被爱着宠着，我比她大几岁，也可以宠着她。只是她一天二十四小时都要被爱着宠着，我觉得我吃不消。我其实很喜欢有自己的空间，太紧密地贴着，我自己很不舒服。她希望能依靠我，如果不能一天二十四小时被宠着，她就会要求我出去赚很多钱，让她有安全感。"他很理智，分析得很清楚。

"那么，可不可以这么理解，当她内心对爱和关注的需求没能满足的时候，她就会以物质要求作为替代？"我试图厘清这个情况。

"差不多是这样吧。但我也有我的需求，不能什么都满足她。"他显得有些无奈。"你内心中真正的恐惧是什么？"我问他。

167

他低下头，想了一想："我觉得这几年我开悟了很多，没有什么放不开的，五十已是知天命之年，我不会强求。"

"那死亡呢？你害怕死亡吗？"我直接发问。

他沉吟了："死亡？也许吧。确切地说，我不害怕死亡，我害怕宿命。我不愿重复我爸和我哥的宿命。"

"我有个故事，想和你分享，不知你是否有兴趣听一听。"我对他说道。他点点头，看着我，准备倾听。

"在诺贝尔奖历史上，有一位很特殊的生物与医学奖的获得者。当他被邀请上台的时候，他的演讲非常与众不同。他提到他是个遗腹子，他没有见过自己的父亲，而他的父亲，也是个遗腹子，也没有见到过自己的父亲。这都是因为他们家族有致命的遗传病，使得他们家的男丁都活不过 30 岁。这个悲惨的宿命统治他们家族有上百年之久。而今天，他感到非常自豪，他的儿子不再会是遗腹子，他将伴随着自己的孩子成长。因为，他通过自己的努力研究，找到了治疗这种遗传病的基因疗法，同时也造福了其他相似的患者。他非常高兴获得诺贝尔奖，但让他倍感自豪的是，从他开始，打破了家族悲惨的宿命，这让他感到非常幸福。"

讲完这个故事，我们都陷入了长时间的沉默。之后我们又约着会谈了几次，除了交流，我们没有再深入地讨论他的原生家庭。不过，他的爱人告诉我，他已经开始跟朋友合作，兼职接一些财务方面的案子，虽然他坚持不做全职，也不会接过多的案子，但对他爱人来说，还是很欣慰的。

慢慢地，她也有了很大的改善，怼天怼地的时候变少了，更多的时候是和先生带着孩子去运动和游玩，业余还去学了第二个硕士学位，看来以她妥妥的学霸体质，依靠自己也完全没有问题。

生活中虽然有很多无奈，很多无能为力，但当我们不得不躺平接受时，不妨将我们躺倒的地方先铺得松软舒适一些。

第2.16篇

为了母亲的病，我只能放弃职业上升期的机会，前路在何方？

这天，刚刚完成了一上午紧张的咨询辅导，带着木木的脑袋，我呆呆地看着物业的蜘蛛人擦办公室外立面的玻璃，他在垂直的窗户外工作着，腰上只拴了一条细细的保险绳，也不知牢不牢固。玻璃的隔音很好，窗外大喷泉的水声根本传不进来，同样，蜘蛛人工作的声音也传不进来。窗外像是在演出一场无声的哑剧，让人有很不真实的荒诞感。

这时，金刚芭比踩着她的高跟鞋，哒哒哒地走进了我的办公室。芭比长得娇小玲珑而且精致白皙，据说在做方案展示时，很是受异性客户欢迎。芭比递给我一个橘子，直奔主题："亲，下周一有空不？去见个重要客户！"我心中警铃大作，扫了她一眼，说："别蒙我了，不是已经定了别的顾问去吗？"

"亲，他临时有事，你救一下场呗？"芭比抛了个媚眼给我。我没搭理她："说吧，哪个客户？让他都直接躲了？"

"您圣明！还不是那个大客户嘛，那家外资高科技集团的组织发展亚太总监。"我白了她一眼："哦，就是那个'顾问黑海'啊！多少顾问被他整得铩羽而归，你真是恨我不死啊！"

"哪能啊！周一救个场，他要是敢惹你，我二话不说，跟你一起群殴他！你就去吧！"芭比直接伸出了白嫩的小爪，抓住我的胳膊摇晃，想色诱我，但被我一手拍开："行了！闹不过你，我去，行了吧！"

芭比大喜："就知道你是咱公司最靠谱、最专业的顾问。今儿周五，周末一起喝一杯去？"我冷冷地拒绝她，忍不住又白了她一眼："以后你对我靠谱一些就行了，其他的不用提。"

"你放心，我多靠谱啊！你有啥要求，只要我能办到的，直接提！"芭比赶紧表衷心。"照顾好我七舅姥爷。"我幽幽地说。

于是，到了下周一，我第一次遇到了他，在我们顾问行业内被封为"顾问黑海"的难搞客户。他迟到了一会儿，我们被安排在会议室里等他。他进来后表达了一下歉意，但明显看出没啥诚意。要不是他的公司出了名的预算充足，对员工发展又非常关注，我们都不太想伺候这样的"大爷"。他身材很结实，肌肉发达，一看就是经常健身的那种达人。而且这家公司虽然实力雄厚，他的职位也不低，但是他身上的订制西装和名牌腕表，也不是他的薪资水平能负担得起的，看来这也是个有背景的。他的样子有些无精打采，眼睛里充满了血丝，一看就是喜欢过夜生活的主儿。我和芭比对了一下眼色，心里颇为不平，就这样的公子哥儿，估计工作上就是混的，能力估计也一般，还老是挑剔我们兢兢业业的顾问！真是没天理了，谁让人家是甲方呢！

项目谈得颇为顺利，很快我们就确定了合作。在业务谈判的过程中，很让我意外的是，他居然很懂行，问题问得都很有水准，看来他的外表太有欺骗性了。于是，我在跟他讨论专业问题的时候，还是很小心的，生怕被他哪处挑刺诓了去。好在我们最后敲定了跟他们的合作，虽然在他们的要求下，需要跟南非的另一家顾问公司一起作为他们的服务供应商，但项目总体的金额还是很令芭比满意的。

那家南非的顾问公司是一家私人公司，所以面对这么大的客户，老想刷存在感。再加上顾问公司的创始人跟他的老板很熟，于是这家南非公司的顾问总是想占据主导地位，指挥我们工作，虽然实际上我们是项目交付的主体。而他一开始也听之任之，而且还会通过向我们转达南非那边的意见，来向我们施压，弄得我们项目组怨声载道。

作为这个项目的主要实施顾问，我觉得再好的脾气也不能忍了，于是在电话会议上一一列举了南非那边在专业上瞎指挥的具体问题，质问他南非那边在项目中的角色定位到底是什么。是部分内容的合作者，还是项目总体的监督者？他沉默了好一会儿，可能有些诧异，奇怪居然有顾问胆大包天，敢对他这个金主爸爸这么严厉地说话。然后，他很肯定地答复我，那边只是一个环节的合作者，为项目最终负责的还是我们。

接下来的合作算是一帆风顺，他变得非常配合。我后来发现，只要是他觉得专业水平没问题，他也会很专业地去配合，这样一来，跟他合作还是很舒服的。他那边的工作变得很有效率，合作起来也简单了很多。渐渐地，我们熟识起来。直到有一天，他决定私人掏钱，成为我的学员，希望我辅导他解决他个人的迷茫。

他在考虑辞职问题。他在公司的发展基本到头了，再高的职位是不会给中国人的。他的背景不错，家里父母是做生意的，生意做得挺大，家境很好。大学时就去了澳洲留学，拿了一个人力资源管理的本科学位，同时居然还拿了一个对比文学的本科学位。他的教育经历，跟他一贯表现出来的玩世不恭很有些反差。当时我了解了这些以后，也是吃惊不小。毕业后他就去了一家日企，被派到东京工作了几年。我有问他，一个人被派到东京，会不会加班加得很无聊，生活感到很寂寞。他的回答很有趣，他说在东京的时候，几乎每天晚上下班都要被下属或同事拉着出去"喝一杯"，他的薪水都花在这些"喝一杯"的社交上面了，就这么白天工作，晚上喝酒的生活，日子晕晕的过得飞快，让他几乎还没感到寂寞的时候，就又被派回了中国。之后就是被高薪挖到这家公司，负责整个亚太地区的组织发展工作。

作为这个级别的管理者，他其实很年轻，才三十多岁，正是职业上升最迅猛的阶段。于是我问他："你下一步有什么打算？其实如果你在这家公司职业发展上遇到天花板的话，以你的工作资历，去别的有空间的公司还是有望跳上一级台

171

阶的。"

他看了我一眼，没有了之前的漫不经心，而是显得有些心不在焉："我知道你说的意思，其实这期间有很多猎头都找过我，想挖我去其他公司，有的机会也挺好。只是……"他沉吟着，似乎不知道该怎么说下去。

"只是什么？"我鼓励他说下去。

"只是我有自己的情况，现在我是上海、北京两头跑。我妈在上海，她生病了，得了胰腺癌，医生说她需要治疗和休养，不能再累着了。生意她管不了了，我是她唯一的儿子，她很不容易，很早就跟我爸离婚了，什么都是她一个人扛着。我得管她，也得帮助她管着生意。"说完这些，他吁了一口气，似乎轻松了一些，估计他之前也没什么人可以说这些。

"那你以前整天无精打采，是因为你在两地奔波？"我似乎明白了一些事情，对他很有些歉疚。因为以前跟他合作不顺利时，我心里颇有些腹诽，以为他是无知的纨绔子弟。

"是的，一般周五下班我就要赶去上海照顾我妈，处理生意上的事情，有时候一周上班的中途也要赶回去。"他承认了我的猜测。

"那你为什么不索性辞了职，专心回上海去照顾你妈，管理家里的生意？"我就这个问题与他继续讨论。

"我不喜欢家里的生意，都是以前那种传统的靠人脉建立的业务往来。我希望能自己做些事情，在创立自己的事业之前，我觉得我还需要在职场上好好磨炼。"他回答道。

"那目前来看，什么对你更重要？"我试图帮他整理一下思路，聚焦他的近期目标。

他几乎没有思考，脱口而出："当然是我妈了。她一辈子不容易，我小时候很叛逆，不理解她不陪我，只顾做生意。为了气她，我在留学时乱花钱，不停地换车，还故意失联过，想让她着急。想想那时候，我真是个混账！"

"其实你心中早已有了答案了，对吗？"我看着他的眼睛，微笑着说。

他不禁也笑了一下，说："是的。但是跟你说说，我心里好像就没有那么焦虑了。先关注眼前吧，做最需要我做的事情，以后的事情以后再说。"

"是的，曾经有一位心理学家说过：'一个人过去的每个选择，都是当时情境下最好的选择。'所以，做你当下最想做的吧，不用纠结，不要担心以后会后悔。"

他又吁了一口气，笑着点了一下头。

不久之后，他辞职离开了这家公司，和妻子搬去上海，照顾母亲。对他们来说，非常幸运的是，他母亲的病情终于稳定了，只要好好修养，还是可以有很长的寿命的。他很努力地管理着家里的生意，并逐渐地转移业务方向，向着更具有竞争力的领域发展。

再次听到他的消息，是三年之后了。他的母亲身体健康保持得很不错，于是他又重返了职场，在上海找到了一份外企人力资源总监的工作。他又开始了全球飞的日子，不过他又开始坚持每天跑步，不论是在哪个城市，不论是什么样的天气，他都很坚持。

他的朋友圈的签名，是村上春树的那句话："今天不想跑，所以才去跑。"

他告诉我："跑步，是希望自己在每一天都变得更好。"

第 2.17 篇
我把青春献给企业，同时也得到机会做自己

她成为我的学员，并不是因为裁员项目，而是由于她所在集团的一个中高层高潜领导者发展项目，我作为顾问被邀请在这个项目里面帮助学员发展领导力。由于她在集团里面入选了高潜计划，我就成了她的领导力发展导师。

第一次见到她，是在她们集团北京总部的会议室里。她所在的集团是一家成立有二十多年的综合集团，业务范围涉及很广。这家集团是她大学毕业后的第一份工作，也是目前为止她工作过的唯一一家企业。在集团初创的第二年，她就被征召入集团，几乎是与集团共同成长起来的，算是集团自己养大的娃。

当时她担任集团房地产事业部的财务总监，留着干练的短发，穿着既专业又低调。当她进入会议室的时候，气势很足，不过待人接物很是周到，经常招呼服务的小姑娘给我换热茶和上水果。

我跟她寒暄几句，就问她对今天领导力测评中自己的表现有什么看法。

"Elaine 老师，跟您说句实话，我对自己今天一整天的表现都不满意。我觉得没能体现出我应该有的能力水平。"她说话很坦率和直接。"哦？那是什么影响了你今天的发挥？"我问她。

"可能是一开始我有抗拒吧。我这个人就是这样，只有在内心深处接受时，有了承诺，才会有最好的表现。一开始的领导力情景模拟，说实在的，我没有进

入状态。后来听了您的反馈，我觉得很受益，对这个发展项目有了新的认识和看法，现在觉得还是有成长的。"她一脸诚恳地看着我的眼睛说着。

她的眼神很犀利，让我觉得我的任何表情变化都无法避开她的注视。不过对于经常跟各种领导者打交道的我们来说，这也不算什么。于是我淡定地接着提问："如果让你描述自己的特点，你会如何描述？"

她歪头想了一下，说："我是个爱解决问题的人，越困难的问题，我越享受解题的过程。当然，我也很享受能得到预期的结果。但最让我兴奋的是，我能办到别人办不了的事情，解决别人都解决不了的问题。"

"嗯，明白了。那你如何应对面对难题时的压力呢？越是难以解决的问题，所带来的压力就越大吧？"我决定就这个方面继续深挖。

"我觉得我的抗压能力是天生的，我不太在乎别人的看法。老板说的对，我就吸纳意见努力去完成；如果他说的我认为不对，我也不会把话憋在心里，我都会说出来一起讨论。您看我现在沟通方式柔和了很多，在以前，也就是十年前吧，我的同事和老板都说我是个'眼里不揉沙子的人'。我的个性是很张扬的，做事情也是积极主动的，年轻的时候发展也是一帆风顺的，我23岁就做到了高级经理，25岁更是做了集团总经理助理。那时候您要是见到我，估计肯定会说我嚣张得很。"说到这里，她咧开嘴笑了一下，这时候我发现她的笑容确实很张扬，但也很有感染力。

"其实这几年我一直都在慢慢转变，主要是我与别人的沟通方式有了很大的变化，我以前很强势，也很硬核，弄得总像是在压制别人一样。后来我试着调整自己的沟通方式，加强人与人的沟通，试着站在对方的角度去看事情，发现通过这种沟通模式，受益更大。所以我这几年一直都在慢慢调整和强化这个方面。"她看起来性格外露，但从她的谈吐中，我发现其实她的心思很缜密。看来她在集团一直担任财务管理工作，也不是没有道理的。

"你提到你之前很张扬，很嚣张，现在变得柔和了很多，也更具有同理心。

175

有什么因素促使你改变吗？如果有，那些因素是什么？"我继续追根究底。

"其实是在工作中，我有两个很重要的节点。Elaine 老师，干脆我跟您说我的整个工作经历吧，这样讲得更清楚。"她似乎很喜欢跟我讨论这个问题，直接打开了话匣子。"我是 1996 年大学毕业的，学的是经济管理专业。我们集团是 1995 年建立的，我大学毕业去应聘的时候，集团还没几个人。也算是机缘巧合吧，我被负责招聘的领导一眼看上了，把没有任何工作经验的我放在了最重要的岗位上。我们部门的同事年龄都比我大，都是有经验的。她们一开始对我是很不屑的，认为我什么都不懂，再加上我个性比较要尖儿，要强，相处下来，她们都不很喜欢我。我就憋着一股劲儿，在业务上刻苦学习，入职半年后，每次业务考核，我都名列前茅。但真正让她们对我刮目相看的，是一次全部门的人都参加的一个国家专业资格考试。这个资格考试的含金量很高，所以考试的通过率就很低，她们那些有经验的，复习起来都非常吃力，结果我一个毫无经验的，竟然也想跟她们一起考，她们觉得我是异想天开，就嘲笑我，说'你要是能考上，全世界都能考上了'。结果，当时整个部门只有我一个人考上了，她们全部没通过，这让她们都大跌眼镜。现在回想起来，我非常感谢她们，如果没有她们的激发，我可能还不会如此努力地去做准备，去钻研，这一点对我后来的发展很重要。在我们同期进入集团的人中，我应该是发展得最好的一个。"

"那你的转型是发生在这个时期吗？"我问她。"不是的，那时候我在陕西，一干就是七年，集团的业务基本上都有涉及，包括百货、超市、零售，我都干得很出色。就在入职七年后，我被调入东北大区带团队，那时候我能力强，非常自信，在东北大区可以说是呼风唤雨，非常嚣张。当时在东北大区，光是大区经理就换了好几个，而我在那里一直很稳定地待了八年。我与历任大区经理都处得很好，他们很信任我，我能力强，而且跟我工作一段时间后，他们都知道我这个人很正直，没私心，所以他们都听我的，遇事都愿意跟我商量。我很享受这种被认可、被信任的快感。大区老总们对我很信任，他们在做很多决策审批的时候，虽然有的不是我的业务范围，他们也都要我先过一遍，有我的签字后，他们才会放心签字。"说着她又露出了那特有的带有骄傲的笑容。

"在东北大区的这个八年，看来你也过得很顺利啊？！"我也笑着问她。

"是的，之后我被我们老总亲自点将，直接调到了北京，参与集团第一个房地产开发项目的管理工作。那时候集团没有做房地产业务的经验和团队，所以是跟另外一家公司合资来做这个开发项目的。我们作为投资方，虽然占据更大头的股份，但是团队、设备和资源都是人家的。在合资公司里，就我一个人来自我们集团，其他人都是合作方的。而且我的角色是财务总监，之前这个职位是对方公司的老板娘担任的。我一去，人家只好让位，而且我去就是要看住我们的投资，进行成本控制的。对方的老总很有背景，是官二代出身，那时候比我还要嚣张，我跟他们硬碰硬，屡屡被他们打压。我在东北的八年，是一直被惯着、宠着的，当时在这里，别说没人惯着我了，能不找碴儿就不错了。所以我到这里的时候，第一个感觉就是自己'从天上掉到了地底下'，反差太大，让我觉得很焦虑也很沮丧。在头三个月里，我把自己完全封闭起来，除了工作，根本不和公司里的任何人来往，任何活动都不参加，即使对方邀请我，我也推说没时间。久而久之，我更是被完全孤立起来了。"这时候她停顿了一下，喝了一口水，才继续往下说。

"不过我在工作上还是继续我的高效、准确、有原则的风格，在此期间，我还发现了公司经营存在的重大问题，这些都让我们集团和我的老板在合作中逐渐占据了有利的地位。所以，对方老总更是看不惯我，有两年多的时间，他几乎每个月都去我的老板面前，把我说得一无是处，要求换人，把我撤走。不过，您可能猜不到，我在这家合资公司待了三年，在最后的半年里，我们的关系已经变得非常融洽了，我要被集团调回的那段日子，对方老总天天找我老板喝大酒，死活不让我走，说我能力强，各方面能力都强，对我的评价恨不能从一个极端到另一个极端。"说到这里，她住口不说了，眼中带着一点调皮，在这里卖了一个关子。

　　"到底发生了什么，让你们的关系有了这么大的变化？"我不负她的期待，带有一丝急切地催她继续说。

　　"其实那时候是有事情发生。您知道，那几年房地产不景气，融资困难，大家都在度寒冬。我们的项目也因为资金链快断了，几乎要黄了。这时候大部分管理层都提出要中断项目，及时止损。但我坚持要进行融资。他们都嘲笑我，说我是井底之蛙，异想天开，都等着看我的笑话。结果我把这个事儿办成了，成功地融资了三个亿，而且还到账了。对方老总对我的态度来了一个180度大转弯，跟我老板说，如果没有我，这个项目就完了。"她说起这件事，依然有止不住的得意，嘴角向上翘起。

　　"那这件事是你们关系的转折点，对吗？"我问她。

　　"也是也不是。这三年的工作经历，其实是我重要的转型经历。这件事让我们有了很好的合作基础，但不足以彻底改变我们的沟通和关系。真正起到作用的，是我的改变。在工作中，尤其是在最后这半年，我越来越认识到良好的沟通和融洽的合作关系是多么的重要。我们是并肩作战的战友，不是相互仇恨的敌人，我意识到我们是一个团队，企业利益比我自己的面子更重要，我选择了主动沟通，先递出橄榄枝。我也改变了沟通模式，尽量站在对方的位置上去考虑问题，我们的目标是一致的，不是对立的。强压只能让对方暂时屈服或更强力地对抗，我学会了用让对方心服口服的方式一起合作，就是让对方舒服，最后对方才能让你舒服。这是我在这段经历中最大的收获，现在我调回了集团，我觉得我成长了，比起在东北的张扬，我觉得现在的我更有力量。我很感恩集团和领导们给予我的各种机会和空间，我在成长，同时我也没有变成自己都不喜欢的人，我还是我。"她说着，眼中闪出明亮的光。

　　我一边倾听，一边点头："很高兴听到你成长的故事，成长在于反思后再践行，放弃一部分故我的模式，大胆做出新的选择和行动。我相信带着这样的认知，你会走得更远。"

项目结束之后很长时间，我们都没有机会再见面。不过她们集团的HR告诉我，集团把她作为重点管理者进行培养，在集团内部主管了一个新的事业群。在整个行业不景气的大环境下，她所主管的事业群是集团业务中难得的亮点。

第 2.18 篇
只是让你画个房、树、人，怎么还哭了呢？

你的驱力和激情是你心灵远航的舵和帆，如果其中之一坏掉了，你会颠簸或漂泊，或者只能停止在海中央。——纪伯伦

我发现，很多时候，我们顾问的工作就是帮助我们的学员找到自己的舵和帆，从而帮助他们能航行得更远。有时候，这个寻找的过程有些艰难，但只要能让学员坚信自己的力量，他们最终都会找到办法去拿回自己航行所需要的舵和帆。有时候，他们甚至能为自己心灵的远航，再造出新的船舵和风帆。

遇到她，是因为我的一个做 HR 的客户的介绍，她跟我的客户是无话不谈的闺蜜，那段时间她遇到了很多问题，工作上遇到了瓶颈，非常迷茫，想寻求专业顾问的帮助，于是我的客户就把她带到了我的面前。

她长得很漂亮，五官精致，但是对身材管理并不经心，有些微微发福，穿着也是非常随意。我注意到她的衬衫很不合身，有些过紧，再加上衬衫有些发皱，让她显得比实际年龄大了很多，而且生生把自己的容貌减色了五六分。

我先邀请她做一个简单的介绍，她是在江浙一个很美的小城市长大的，那里的人文气息很浓，学风也很盛。她高考考到了北京一所不错的学校，大学时学的是人力资源专业，毕业后就留在北京发展，在一家规模不大的外企工作。在她第

一份工作期间，她认识了自己的先生，是个很老实本分的北京人。她当时一个人在北京漂泊，没有什么安全感，很想安定下来，于是他们很快就结婚了。到现在，他们已经结婚快六年了，一直没有孩子。

在那家外企工作了三年后，她和先生先后离开了那家公司。她先生是做技术工作的，去了一家民企，她则跳槽去了一家规模大一些的外企。她工作能力不错，也颇得老板的信任，在工作中很是如鱼得水，职位薪水都有很大的跃迁。而她的先生因为个性内向，不善沟通，在工作中一直普普通通，容易满足，职位薪水都没有很大的起色。慢慢地，她就有些瞧不上她的先生。一直想让她先生有所长进，她说了无数次，让她的先生多沟通，多学习，这样才能多上进，但她先生对她的话总是'左耳朵听，右耳朵冒'，不跟她吵，但也没有实际行动。于是，在总是一拳打在棉花包上的状态下，她的脾气越来越暴躁，也越来越容易焦虑。她团队的小朋友都有些怕她。

更让她的焦虑雪上加霜的是，由于她所在的公司被兼并了，信任赏识她的老板也离开了。在一个突然的通知后，她被裁员了。当时她非常意外，又毫无准备，再找工作也有些不尽如人意，一时半会儿找不到特别合适的。因此，她有三个月的时间是失业状态，这让她很是抓狂，而她先生首当其冲，被她用来做出气筒。她老觉得她的先生在轻视她，内心在嘲笑她，这让她总是找茬同她先生吵架。有一段时间，她都觉得自己已经疯了。

幸好，在几个月之前，她原来的老板找到她，给了她一个工作机会。她原来的老板自己创业，开了一个公司，运营的势头很好，已经拿到了首轮融资。她老板把她招过去，是管理一个重要团队，她以前没怎么带过人，所以跟我说，其实她的压力很大。

她在失业那段时间，体验很不美好，她的自信也深受打击。她对这个工作机会还是很珍惜的，但是又怕干不好，要真是这样，老板不说她也没脸待下去。而她现在对自己的能力很没有把握，很担心再次经历没有工作那种失败感。她来找我，也是因为自己的迷茫，对自己下一步的职业发展很困惑。她希望我给予她一些评估和建议，以帮助她能更好地认识自己的实际职业水平和发展状态。

在跟她谈话了解她的过程中，我感到她非常地缺乏安全感，个人的状态也是在极度自信和自卑的两个极端状态上徘徊。在进行下一步咨询之前，我决定先给她做一个简单的心理投射测试。我拿出了一张白纸，请她在上面画上房、树、人。对画什么，怎么画都没有要求，只要求包含房、树、人这三个元素。

她很快就画完了，把画递给我，我接过来仔细观察画面。画面很简单，一个很简陋的房子，旁边有两棵很矮的小树，房子的另一边都是栅栏，一个很小的人站在栅栏里面向外看。这幅画很奇怪的一点是，房子有一个简陋的门，门外画了一条小路，这条小路很短，而且小路的终点竟然是到走不通的栅栏外面，也就是说，她画了一条既走不出去、也走不通的路。

我想了一想，开始给她解读。首先她的房子和画面都很简单，不带有任何装饰感，说明她心中的自我形象非常低，对自己缺乏自信。而她画的树很低矮，暗含她没有安全感，内心觉得没有任何人和事情可以作为自己的依靠。最重要的是她对沟通的理解，她觉得自己在沟通上是无力的，很难产生真正的影响力，而且她有过度防御的倾向，对与他人建立亲密关系有很大的不安全感和抗拒感。

我在解读她画的房、树、人的过程中，她的眼圈渐渐红了，虽然看得出她在极力控制，但她的泪水还是止不住地涌了出来，是那种默默的汹涌的流泪。她没有遮掩，就那样坐在那里静静地哭泣着，不是肆无忌惮，也不是极力隐忍，可以看出来的是，她痛彻心扉。

等她慢慢平静下来，她开始讲她的故事。她父母当年都在她出生城市附近的煤矿工作，担任小领导，工作非常繁忙。她一出生就交给奶奶带，跟奶奶相依为命，一直到她五岁。在此期间她几乎没有怎么见过自己的父母，在她幼小的心灵中，只有奶奶是她的亲人。在她五岁那年，她的父母突然决定接她到身边生活，于是直接把她从奶奶身边带走了。她又哭又闹，甚至绝食，但都无济于事。她父母为了"扳正"她，怎么都不肯带她回去看奶奶。后来她记得她自己离家出走，想回去找奶奶，但她只有不到六岁，很快就被父母找了回去。从此她再也没见过奶奶，因为没过几个月，奶奶就因为突发心梗去世了。

父母都以为她年纪小，不会记得太多，但他们不知道的是，这些对她来说一直是创痛，甚至都没有完全愈合过。后来她跟父母关系都不是很好，父亲脾气急，母亲又什么都听父亲的，她又很倔，小时候受过不少打骂，所以她跟父母一直亲不起来。她外表看似坚强，也看着并不在意父母对她如何，但她一直都没有什么安全感，觉得自己谁都无法依靠，哪怕是自己努力拥有的一些东西，也很容易被别人拿走。

遇到她的先生，最吸引她的是，他让她很安心，他的普通让她有优越感和控制感。她觉得自己比先生优秀很多，他很难背叛她。所以如果他在某些地方超过她时，她就很焦虑，就忍不住要跟他吵。而她先生的性格非常被动，也不喜欢主动沟通。如果她不主动的话，他们一天可能都只说几句话而已。他们一直没有孩子，也是因为他们对夫妻生活都不是很积极，频率低得都不正常，再加上她们对生孩子一直有些顾虑，不知道自己是否有能力能承担这样的责任。

183

她说我对画的解读说到了她的心里，她就是那样的，而且非常无奈和难过。她抑制不住自己的眼泪，因为她心里觉得莫名的心酸。不过，在哭过之后，她觉得好了很多。

在这次会谈结束的时候，我对她说："情绪只有流动起来，才能被宣泄。有时候哭一下也能帮助我们疗愈。"她若有所思，点了点头。

之后我给她留了一个作业，以帮助她厘清自己的工作状态，我让她记录下自己在工作中开心的事情，不开心的事情，开心的瞬间状态，以及她的感悟。征求过她同意后，我把她写下来的文字列在下面，我觉得很有启发性。

开心并享受其中的事：

1. 帮助我的上级制定管理方面的系统性工作实践，如：猎头管理政策的颁布、招聘工作标准、周期性工作汇报模板和汇报机制……

2. 我的领导为了帮我们争取权益敢于挑战不合理的行为模式，默默地为她捏一把汗；

3. 电话面试候选人，用自己的专业知识评价他们，并且影响到猎头供应商，让他们更有动力为我的职位服务。

不开心并深恶痛绝的事：

1. 我的组员们毫不避讳地钻政策漏洞，外出早退有时候并未告知我，我感到没有被尊重。

2. 由于工作界限不清晰，部门间遇事推诿；我接到了别人推过来的事，明明知道推诿不是个好行为，但是气急之下我居然也做了同样的事！

3. 我不但要帮助业务单位找人，还要协调（请求）人力老领导去参加面试，我不喜欢这位老领导倚老卖老，仗着自己在公司 20 年，其实能力水平并不能让人信服，而且她还有不知道从哪儿来的优越感，我觉得她就是井底之蛙！

4. 在公司找不到志同道合的朋友能一起发发牢骚，共同进步，共同成长，我很孤独。

5. 别人忙了一天，休息的时候得到了最大的满足感，但是我没有，我感觉激情已离我远去。

6. 我的 team 在做管理变革，从薪酬激励到工作模式，在这样的企业里变革很难做，大家都各怀心思，有点复杂，我驾驭不了。我觉得我的组员心高气傲，不脚踏实地，过高地估计了自己，我不喜欢他们，我觉得跟他们不是一路人，我现在承担管理角色很吃力。

7. 一想到要引领别人甚至改变别人，就不踏实，更愿意被别人指导和引领，也许我不具备管理者的特质。

8. 我发现我在职业上的自信心在下降，我既没有在工作中创造让自己很满意

184

的成果，又没有在团队管理中形成有效的影响力，我怀疑自己的能力。

开心的瞬间：

1. 我的领导夸我专业 ^^

2. 我的同事们主动与我搭讪：）

3. 在写到上面文字的时候 ^^

4. 我找到的候选人被业务单位认可，很可能被成功录用 ^^ ^^

5. 看完一本书告诉大家我又有个收获，在朋友圈让大家了解真实的我：）

6. 去年年底绩效 review，我和一个经常抱怨的同事说：你的心里能装下多大的事你才能干多大的事，能装下多少人才能带领多少人。今天遇到一件她很生气的事，她想到了我的话并且帮助她释然！

不开心的瞬间：

1. 在狭小的办公室里或者在中午的休息遛弯时间，我的组员们抱团窃窃私语，我想他们一定不是在批判公司就是在批判我，但也许是我想多了：（

2. 早晨睁开眼发现天又亮了，天气很好而我不是在享受春光，而是开始了一天的煎熬：（

3. 我认为不以小事而不为，适当地吃点亏都是有助于自我提升的关键点，但是在这里会被当作傻。我无法在这些方面给予我的团队成员以帮助，我显得很无力，因为除此之外，我不知道自己还能做些什么来帮助他们提升。

我的感悟：

1. 公司的食堂每天都准备很多食物，下属的农业公司卖的鸡特别好吃，虽然他们的营销和物流并不令人满意，但是产品质量很令人信服；我觉得这个企业还是有资源和实力做出事情来的，只是这个企业生病了。

2. 我的组员说 × × 下属企业的 HR 很阴险，给我们很难搞的职位，自己明明知道是不可能完成的任务，让我们背黑锅。我却不这么认为，虽然我有时候也会被困难所困扰，但是我认为人性就是这样的，站在他的角度他当然会先为自己的利益考虑，但是如果我真的帮到他，他也不会一直坑我。这样的想法和做法在这种企业里会被认为"傻"，这是我认为我和这个企业最有冲突的地方。因为如果人人像我一样"傻"，大家就都会充满干劲，就不会有人浮于事、各怀心思等状态，但是对此我无能为力，我享受我的"傻"。因为我坚信傻人有傻福，并且我认为这是一个人境界和格局的表现，但我很担心我这样的"傻劲"和"傻思想"会被消磨殆尽。

3. 我感觉我经常不自信，对自己没有信心，给予自己过低的评价。我感觉我总在猜想别人不喜欢我、对我充满敌意。

她的逻辑很清晰，认知能力也不错，阻碍她的更多是对安全感和控制感的强烈需求和无力感。之后我们的会谈转为心理咨询为主，帮助她进行情绪管理和认知重构，当然，这花费了不短的一段时间。不过从她反馈的效果来看还是不错的，她现在已经是一个四岁男孩的母亲了。

第 2.19 篇
为了生孩子，值不值得坚持做不喜欢的工作？

她是一个很可爱的人，由于工作关系，我们曾经有很多合作，所以慢慢地也熟识起来。总体感觉她是一个特别阳光的人，爱说爱笑，为人也特别单纯，虽然已经是三十五六的人了，但笑起来特别没心没肺，让人不自禁也要一起乐一下。

她找到我时我有些惊异，她可是一毕业就在这家国际大型能源企业工作啊！到现在已经快十年了，可算是这家土豪公司的亲生闺女，难道她也被裁员啦？这简直是不可能的啊！

最终还是见面时她给我解了惑，"我最近太迷茫了，我一毕业就到这家公司工作，在这里工作了这么多年，现在感觉每天上班特别没意思，鼓不起劲儿来。我觉得我现在的平台太小，我在工作上已经没有什么成长，也找不到什么驱动力，就像结婚多年的夫妻，激情都没有了，就剩左手摸右手的感觉了。"

"那你的意思是什么？你要跟公司离婚？"我一边喝着她帮我点的超级难喝的西柚柠檬水，一边单刀直入地问她。

"你也太直白啦！我好像也不是这个意思。过着没劲儿也不是只有离婚这一招吧？能不能拿出你的专业素质，认真点？"她白了我一眼，腰板儿笔直地看着我摊在对面的沙发上毫无仪态，一脸痛心疾首。

我心里说，冲着这杯难喝到爆的饮料，我还能和颜悦色地跟你说话，也就算我心地善良。但她脾气比较火爆，我轻易不太想招惹她，只好微微坐直身子，继

187

续听她说。

"我确实有想离开公司的想法，以前也试着面试过几家。但是，我今年都快35岁了，我和老公结婚都快8年了，我们一直想要娃，可还是没生出来。我想着我把青春都贡献给这家公司了，怎么也得把孩子生在这里吧？要不也太亏了！可是我们都试了好多年了，还是怀不上。而现在我年龄大了，要是去新地方吧，怎么也得给人家好好干两年，要是一去就生娃，我的招聘经理还不得拿着菜刀追杀我？！但是我要是去新公司好好干两年，那年龄岂不是更大了？岂不是更没机会生娃了？就是生的话，岂不是要成为高龄产妇，各种不确定因素岂不是都加大了？我矛盾啊！我郁闷啊！我一直都非常尊重你，你在我心目中简直就是拥有独立思想和思维，有学识、有能力、有经历又有趣，心地善良的女神！你给我出出主意呗。"说到最后，她终于亮出了此行的目的，并且开始给我戴高帽，发好人牌。

我岿然不动，继续喝着我的饮料，还别说，这真是一杯越喝越难喝的饮料，我坚持喝着，其实是故意要惩罚一下我自己。自从我们相熟以来，她这老调都弹了好几年了，我以前也从顾问的角度给她提过很多的建议，也试图启发她思考，结果每次她都信誓旦旦地要去改变，然后就回去了，然后就没有然后了，直到下一次再情绪爆发，再找我倾诉一番。我这里一大堆项目缠身呢，金刚芭比天天在我的办公室蹲守，要我接新的项目，我都想办法各种遁走，可我还是没禁住她的三言两语，被她哄了出来，我必须用这杯巨难喝的饮料让自己长长记性。

"你倒是说话啊！"她看我不吱声，有点着急了。

"说什么啊？该说的不该说的，以前不都跟你说过了吗？你还让我说什么啊？"我懒懒地回答。

"你变了！你以前对我一直是特别支持的，我多么感激你出现在我的生活中，我觉得每次跟你对话，都让我有醍醐灌顶的感觉，你就是我生命的明灯，你就是我人生的灯塔，我跟自己说，我就是不信任自己，我也要信任你的判断。可是，你看！你现在对我是什么态度，一副漫不经心，爱理不理的样子。你变了！太让我伤心了！"她一脸的控诉，眼睛里似乎包着一滴眼泪半落不落，一副痛心疾首、委屈至极的样子，让人觉得百爪挠心啊，觉得自己真不是人啊，辜负了这么殷切的信任啊。

"停停停，我怕了，我怕了，我投降，我说还不行吗？请把你那副小白花的模样收回去，换回原来的你，否则我心脏病都得吓出来。"我赶紧缴械投降，成功地看到她收起小白花的表情，得意地一笑。

"那你先说说你现在最想要的是什么？"我深吸一口气，默默为自己做心理建设，同时开始提问。

"当然是成为更好的自己。"她回答得很快。

"那什么样的你才是最好的自己呢？"我问她。

"享受美好的东西，独立，能趋利避害，生活简单专注。"她回答得依然很快。

"那如果你成为你心目中最好的自己，享受美好，独立、趋利避害、简单专注，你会有什么不同？"我继续提问。

"我会有更好的自我形象，不论是内在的，还是外在的，我的生活会变得轻松，我的工作环境是明朗的，我会庆祝我的生命。总之，我会成为一个愉悦的人，一个脱离低级趣味的人，一个有情怀有趣的人，一个理想主义者。"她越说越嗨，情绪明显很高涨。

"嗯，更好的自我形象，庆祝生命，愉悦，有趣有情怀，所有这些，能给你带来的价值是什么？"我让她在高能量的状态中尽情体验。

"让我自由、愉悦、享乐。人生苦短，这些会让我的人生更有意思，让我可以活在当下，让我更有创造性。"她越说越陶醉。

"那为了获得这些价值，成为更好的你，你还需要什么样的资源和支持？"

"可能会需要更多的技能和知识，我会去多读书，会去先报个雅思培训班，先把雅思考好。在工作上，我觉得最近都不会有什么新的机会，也不会有什么太

189

大的变化，我会在本职工作上去专注学习。在身体方面，我打算开始积极锻炼，调整睡眠和饮食，把身体尽量调整好。"这时，她脸上的表情非常丰富，充满活力，精神饱满，双眼炯炯有神。

"你现在的状态是什么样的，你有什么感觉？"我知道她又开始鼓足了勇气，但不确定这次她是否能付诸实践。

"我现在感觉很好，状态非常流动，没有太多的担心了，心中有希望。内在平静，外在波动。感觉有激情，能量饱满。"她的状态又开始变得生气勃勃。

"你看起来很不错，你的愿景也很吸引人，我期待你的行动！"我继续鼓励她。

"谢谢你，你真是好朋友，我就知道你最靠谱了，我感觉好多了！你还有什么建议吗？"她笑眯眯地问我。

"有，可以给我换杯饮料吗？"我咬着后槽牙幽幽地说着。

接下来的一段时间，我都没有再被她召唤，直到一年后接到她的电话，"Elaine，我有几个消息要告诉你，你是先听我生活方面的，还是先听我工作方面的？"

"你工作方面的吧？"我开始有些好奇，她终于行动了？

"我一个月前已经从我原来的公司离职了。"她直接一个大雷劈过来。

"啊？你终于下决心了？那你是裸辞，还是骑驴找马？"我更好奇了。

"我其实是裸辞，但很快又接到了两家公司的 offer。"比起上一个消息，这其实只是一个小雷。

"那你生活上的消息是什么？"我觉得有必要赶紧把这些消息都问出来，否则心脏受不了。

"我拿到 offer 的几乎同一天，我发现我怀孕了！"好吧，这绝对是一个大雷。

"呃……"我一时不知道该如何反应，是恭喜她，还是安慰她。"那你下一步打算怎么做？"

"你有什么建议吗？是先不说，先入职，还是先把怀孕的消息告诉人家？"

她把难题抛给了我。

"当然要如实告诉用人单位了，这是一个人的诚信问题，你做了这么多年 HR，应该很清楚的。"我回答。

"嗯，我也是这么想的。我打算告诉他们，看他们什么反应，如果他们不要我，我就回家养胎呗，反正工作这么多年，也有一些积蓄。只是觉得这个娃儿太调皮，专挑这时候来，估计是个淘气的。"她的语气中掩饰不住的喜悦，让我也深受感染。

过了几天，她又打电话给我，说跟给她 offer 的那两家公司都说了她已经怀孕这件事儿，其中有一家公司确实把她婉拒了，不过，另一家公司愿意给她八个月的合同，直到她的预产期。她生完孩子后过了哺乳期如果还想回去工作，也会考虑重新雇用她。她对这样的结果已经非常满意了。

191

很多时候，我们都在拼命追逐自己想要的东西，经常弄得我们自己疲惫不堪，而离目标反而越来越远。如果我们尝试停下来，安静地听听自己的内心，勇敢地做出一些改变，也许我们会发现，我们努力去追逐的东西，其实已经握在我们的手心了。

第 2.20 篇
错失了"抖音"的那个人

这天，我正在忙着做项目方案，金刚芭比满面笑容地拐进了我的办公室，顺手递给我一个洗干净的漂亮桃子。虽然对她警惕感提升，但是鉴于以前跟她斗争的经验，我还是决定不管这是不是糖衣炮弹，先把糖吃了，再看如何应对不迟。于是我毫不犹豫地接过桃子，"咔咔"地啃了起来。

"嘿，你还记得你之前辅导过一个后来去美国工作移民的学员吗？就是那家 A 记软件跨国集团的？"她一脸神秘地对我说。

"哪一个？A 记我辅导了不少学员，你说的那么模糊，我怎么想得起？"我白了她一眼。对我的嗔怪，芭比见怪不怪，丝毫不在意："就是你跟我感叹过的，职业发展每一步都能赶在点儿上，很有战略眼光的那个学员。"

"哦，是他啊。"她这一提醒，我终于想起来了，这个学员给我的印象很深，是一个一直都知道自己想要什么，怎么要的学员。说实在的，我觉得他比起工程师来，更像一个经营者。由于还没有摸清芭比的目的，我淡定地咬了一口桃，没有再多说。

"就是他！最近他的一个同事兼好友也被 A 记裁员，去征求他的意见时，他特意推荐了你给他的同事，说你的辅导让他非常受益。你看，他的同事就跟他们 HR 说了，希望指定你为他的导师，他们 HR 为这个事情，还特地发了 E-mail 给我们，对我们表示感谢。你这口碑可是越来越好，也是有粉丝的人了。"芭比说完，哈哈一笑，冲我挤了挤眼。

我按住笑意，脸上神色不显，淡然地说："知道了，就是指派一个新学员给我呗。你尽快安排他和我会面吧。"说完，我做出一个送客的表情，看着芭比依然笑容满面地离开了我的办公室。我继续把桃子啃完，还别说，这个桃子确实是非常甜。

就这样，第二天，他走进了我的办公室。从事先拿到的资料中，我了解到他一直是在计算机领域做技术工作的，但当他走进来的时候，我竟然有点错愕。他不像大多数软件工程师那样，自带"工程师"气质，他更像是个搞艺术的，身材不是很高大，但很清瘦，是经常跑马拉松的那种清瘦，目光很明亮，手上的皮肤不算白，但手指纤长，动作优雅灵活，比起敲击键盘，更让我觉得这是敲琴键或拿画笔的手。

193

我礼貌地请他坐下，请他先介绍一下本人的情况。他的沟通很开放，介绍得非常详细，同时讲话也很有条理和逻辑性。他出生在四川，父母都在一家1949年后建立的研究院做技术工作。由于他们那里几乎就这么一个大单位，办公和员工宿舍楼都在一个大院里，所以他也算是大院里长大的孩子。而且他们那个大院的员工基本上是来自五湖四海的知识分子，他们的后代由于基因的先天优势和后天融合，都很擅长读书，一般都能考个不错的学校，所以升学压力也不大。这让他从小有很多时间发展自己的爱好，他非常喜欢画画，从小就学中国画和素描，后来更是迷上了画漫画。除此之外，他也喜欢运动，铁人三项、马拉松、山地越野跑，他都练过，最近更是迷上了一种传自日本，有些类似和气道的运动，叫"卫体道"。

他高考考得不错，考到北京上了北航，学的是计算机专业，毕业后去民企工作了三年，做网络安全方面的软件工程师。上了一段时间班，有些烦了，就又考回母校读研，依然是计算机专业。毕业后就进了一家外企，做计算机存储方面的高级软件工程师。两年后，这家外企被 A 记收购，他又跟着进了 A 记，带领一个小团队，做软件方面的项目。

他已经结婚了，和妻子两个人都是丁克，不要孩子，加上两个人的工作都不错，父母也各自有不错的退休金和医保，所以在经济上基本没有什么负担，即使是不工作，至少在一年左右还是不会对生活质量有什么影响的。

当我问他未来的打算时，他回答得蛮干脆的："本来刚听说要裁员时，我还想着干脆自己创业算了，做个有趣的事业。比如我现在是'卫体道'的中国推广者，我在周末和假期都会在北京组织青少年的'卫体道'观摩和体验活动。我还喜欢登山和越野跑，现在我是我所在俱乐部的领队，认识了很多朋友，他们都鼓动我干脆开个自己的旅游公司，专做户外运动旅游项目得了。"

"此外，我练过铁人三项和马拉松，也帮助组织过很多爱好者的活动和比赛。"说着，他打开手机，向我展示他在马拉松比赛中的照片，照片不少，是他在各地参加马拉松爱好者比赛的各种现场照片，看得出他很享受这项运动。"我还为一些赛事开发过马拉松运动照片分享系统，我做产品设计和构架。这些系统上线后，得到很多马拉松爱好者的赞赏，觉得非常有意思。我就在想啊，我能不能推出一个平台，普通人都可以随手拍视频发到这个平台上。比如马拉松比赛，沿途都有观众，他们都可以从他们的视角拍一段视频，然后上传到这个平台上，那么整个马拉松比赛的过程，都可以从这些不同的视角看到，这样可以解决传统赛事直播的资源和机位不足的问题，让线上观众可以看到接近 360 度的场内场外的赛事，也可以让线下拍视频的观众，因为上传视频和点击率而赢利，还可以让赛事变得更精彩和更加吸引人。我觉得这是多赢的局面。"他一说起来，就滔滔不绝，眼中的神采更盛了。

我也听得津津有味，顺着他的思路，我也开始跟他讨论这个商业模式的相关问题："你说的这个很有趣，我觉得是一个很有发展前景的商业模式。但有一点我觉得有疑问，就是个人隐私问题。比如观众拍摄一些场外记事，难免要拍到别的陌生人的影像和动态，如果是很尴尬的视频，会影响到被拍摄者的权益。如果这股风泛滥成灾，那么一个普通人就有可能随时被偷拍，并在不知情的情况下，个人的影像被上传到网上，会影响到个人生活的基本安全感和可控感。这样的话，不论从法律层面，还是从道德层面，都是存在很大的漏洞的。"

他听了以后，沉吟半晌，说道："我之前没想过那么复杂，不过您这个角度很好，确实应该考虑到。是我想得不周到。"

我确实认为他这个想法挺好的，看他有些低落，生怕打击到他的锐气，赶紧补充道："真的，我觉得你这个想法很好，我直觉上感到商业方向很有前景，就是需要在可执行性上考虑得更细致一些，规避不必要的风险。"

看我有些急切，他倒是显得不太在乎，笑着安慰我："老师，我就是说说而已，从小到大，我一直觉得不管是啥，先尝试一下，但最终还是要选最适合自己的东西和道路。我觉得我吧，虽然爱好很多，兴趣也算广泛，但是我骨子里还是觉得一个稳定的、靠专业技术吃饭的工作最靠谱，这可能是受我父母的影响比较深，他们都是搞技术出身，就觉得做专业人士最好，要不是我不太喜欢，他们当年是非常希望我读医科的。所以说，虽然我一开始想到创业，但经过仔细考虑，其实我还是希望再找一份技术工作。"

"那你对工作的环境和企业文化有偏好吗？比如外企和私企的文化其实就很不一样，你觉得你更适合哪种企业？"我问他。

"其实吧，我觉得哪种企业我都能适应，我读研之前待过两个私企，硕士毕业之后，我又在外企工作了多年，我觉得对我们这些做技术的人来讲，只要技术够牛，经验够丰富，工作踏实，到哪里都相对简单些，区别不大。我不挑的，哪儿都行。"说完，他哈哈一笑，对自己挺得意的感觉。

我不禁也随他笑了起来，请他做一个职业个性的测评。很快，他的测评结果出来了，果然很有意思，他是个非常喜欢追求新的知识和事物的人，对专业和技术有需求，对人具有同理心，更关注创新和未来。但同时，他更多的是思考，而并不能很快地执行自己的想法，他更喜欢告诉别人，让别人去实现这些想法。这是因为他非常需要安全感，喜欢事情有序地发展，不喜欢压力，更喜欢去遵循他人的领导，而不是领导他人。这正好可以解释他为什么有很多想法，也有兴趣参与很多活动，但依然不愿意实际上去开创自己的事业，而更倾向于做自己最有资源和经验的技术工作。

之后的日子，我按照他的要求，对他进行了求职辅导。他学得很快，也得到了一些面试机会。两周后，他过来告诉我，A 记又决定让他回去，这回他决定要一个"老干部"的职位，一切驾轻就熟，这样自己就会有更多的业余时间，可以发展他的那些兴趣。他还告诉我，他现在在一个平台上发表他的漫画连载。他还兴致勃勃地给我展示了他的漫画，说实在话，作为一个软件工程师，他画得相当不错，有日本漫画家藤子不二雄的风格。但是，他的漫画配的语言文本，就真像他说的那样，是一种"老干部"风格，很落伍。不过，这也只是他的兴趣，他自己喜欢就好了。

在他回 A 记一年之后，"抖音"和"西瓜视频"等小视频平台横空出世，并且迅速占领了年轻人的市场，而且有向各个年龄段消费者市场扩张的趋势。

看到所有这些情形，我有时候就不禁在想，要是他看到当年他的那些想法，被别人一一实现出来，还如此地成功，不知心中会有什么样的感受。也许，他并不会太在意，毕竟，我很喜欢的、王家卫导演的影片《一代宗师》中，有一句台词说：所谓的大时代，不过是一个选择，或去，或留。

第三部分

炼神篇——自省与实现期

攀上高位，能有几人？这些是精英中的精英，也是最寂寞的人。他们往往更需要肯定和鼓励，虽然他们外表一个赛一个地坚强。当他们一路收割脑袋，爬上现在的位子，也同时发现能商量的人越来越少。这一篇讲述的就是高手的寂寞和孤独，以及他们去探索自我的故事。

第 3.1 篇
面对职场各种机会的诱惑，要专注创业

第一次见到他的时候，我以为只是一个常规的、两个月的职业辅导项目，没想到的是，这个辅导项目最终发展成了一个跨越多年的创业辅导项目，也算是我见证的最完整的创业历程了。

他当时服务的公司总部在美国，属于电信行业，是一家非常知名的全球公司，也是后来美国总统特朗普拿出来跟华为死磕的底牌公司之一。他在那家公司的中国分公司工作多年，做到了中国北方区业务总监的高位，也算是个成功人士了。不过，他后来跟我说，一回忆起那段工作经历，就觉得眼泪哗哗的。他本是东北人，所以每次他说这些事儿的时候，就跟说段子似的，饶是我定力不错，也经常被逗得哈哈大笑，并深刻地领悟到那句话："一出山海关，都是赵本山。"

他大学是在哈尔滨工业大学读的，学的是电子工程，工作一年后，来北京发展，又到北京大学读了一个金融硕士学位。他讲，自己一直是个很上进的好孩子，来北京后，看着大家都说要买房才算是努力的标志，他就毅然决然从技术岗位转到业务岗，奋斗拼搏加赶上风口，也在帝都的望京置下了不小的两套房产，现在更是升值得厉害。

他的工作经历很有意思，1995 年他大学毕业后，直接通过校园招聘进了华为，担任产品经理和工程师。但工作一年后，他觉得太累了，而且他的个性有些自由

散漫，不是很喜欢那种到处都是艰苦奋斗、紧绷绷的氛围，而且，最主要的是，他在华为工作期间，试图追求后来进去的小师妹未果，抹不开面子，所以就直接撤了。

离开华为后，他来了北京，进入了一家当年辉煌得火树银花，现在已经在中国结束业务好长时间的国际电信巨头。那时候，他已经彻底转型为销售角色，担任高级客户经理。他在那里工作的几年，也是这家公司在华最辉煌的几年，由于技术的垄断性，他们对中国市场的客户几乎是一口价，中国的客户也只能接受，根本没有议价的余地和还手的空间。作为这家行业巨头的客户经理，他的日子也是相当滋润的，基本上就是旱涝保收型，他的两套北京房产也就是在那时候置办下的。

在这家公司工作了六年后，随着本土其他公司的研发能力和技术成熟度的提升，他们公司的生意越来越难做，营业额也大面积滑坡，业务基本处于停滞状态。艰难度日了两年后，盛宴终于在 2009 年落幕，公司关闭了在华业务，他和他的同事们也在那年离开了公司。

之后，他就进入了当时服务的这家美国电信公司，成为这家公司在华北方区业务拓展总监，他形容自己是"一下子从蜜罐子里，跳到了黄连水中"。生意难做，办公室政治斗争严峻，他作为北方区业务部门的老大，是个紧要岗位，想独善其身，那基本上是不可能的，也是一定要站队的。他也很无奈，只好选了一个看起来比较粗的大腿抱上了。可是他毕竟是空降，不是人家嫡系，想抱大腿，就先要给人家递上投名状。于是他只能化身为"大粗腿"的尖刀，帮助"大粗腿"收拾了几个对手，这才算是勉强坐稳了位子。在业务上，虽然他也很想有所建树，但怎奈商业大环境起了很大的变化，他们的生意变得不是那么好做了。不过，还是因为以前的底子厚，日子还算是过得去。有意思的是，给他们造成最大威胁的竞争对手，就是他进入职场后的第一个东家——华为。

在这家公司又做了六年，过了六年物质安逸、精神糟心的日子，由于公司的战略调整，再加上"大粗腿"一年前离开了，他和其他几个同事就被裁员了。他后来跟我说，他当时的感觉竟然是"如释重负"，有一种"终于一切都结束了"的感觉。那年，他正好四十岁。

由于他也算是公司重量级的人物了，于是他被公司送到我这里接受一对一的辅导。他是个非常注重时间效率的人，实际上，第一次见面后，他就直言："如果今天我在前十分钟觉得没有什么可以获得的，我就打算结束整个会谈，甚至整个顾问项目。"结果，在第一次会谈之后，我们的一对一辅导不但进行了下去，而且在公司提供的辅导次数用光之后，他还自费继续了这个辅导，一直坚持了很长时间。

我记得当时我问他的第一个问题是："你打算在 50 岁的时候实现什么样的目标？"当时他的回答是："50 岁时我要经济完全自由。"我问的第二个问题是："如果你要在 50 岁时实现经济完全自由，那么你需要在 45 岁时成为什么样的人？"他回答："那时候我如果不是一个新进入中国市场的小公司的首席代表，就应该自己创业。"

听了他的答案，我觉得角度很新奇，于是想更多地了解一下："为什么是新进中国市场的小公司的首代？"

"因为我觉得这样才能充分利用我的优势，以我的资历、背景和沟通能力，太大公司的首代我做不了，那些新进中国的小公司，需要的人更多是对中国市场开拓有实战经验的，这才是我的首选。况且，那些小公司规模不大，婆婆不多，上下比较好协调，我自己的话语权会大些，日子也会好过些。"他分析得头头是道，振振有词，我觉得他很有做顾问的潜质。

在经过几次辅导后，他告诉我，他想好了，想先开始创业。他的计划是开始打造一个电力网络数字化平台。在这方面，他还是颇有信心的。他之前就很注重人才资源的积累，而且客户资源也都一直保持着，可以整合进来。所以，如果他开始这个生意，团队是现成的，客户是现成的，至少可以在短期内养活自己。我

201

发现他创业的准备度很高，时机和各项条件也比较成熟，于是也鼓励他开始自己的创业计划。

过了一段时间，他在辅导中突然问我："Elaine 老师，你觉得我是适合创业，还是适合找个报酬职位不低的工作混退休？"我看到他有些纠结的表情，还以为他在创业过程中遇到了一些挑战或者挫折，于是问他："哦？是你的业务有什么不顺利的地方吗？"

"那倒不是，业务都是在按计划进行，还算是在正轨上。只是最近我有一个朋友，他开了一家高科技公司，想请我过去帮他，做 CEO。这个朋友很有实力，名下有好几个公司，他给我开出的薪酬条件不错，我有些动心。"他把遇到的事情和盘托出。之后我又详细询问了一下具体的情况，发现他之所以动摇，不只是因为有了这样一个工作机会，还有其他很多隐性的动机。

原来，随着生意的扩大，他的团队规模也变得更大了一些，不同职能部门的人员也复杂了一些。他原来只是主管一个业务部门，对商业单元式的管理不够熟练，有时候很有些应对无力。而且他当初创业时，坚持"不用自己的钱做生意"的原则，所以必须吸纳"金主爸爸"来共同创业，而这个"金主爸爸"，用他自己的话来说，就是个"卫生纸"式的合作伙伴，离开他自己很难受，但行事作风真的上不了台面，在公司里搅风搅雨，让他头疼不已。所以，当他的那位朋友向他伸出橄榄枝时，出于逃避心理，他心动了。

当我们细致地分析了他的动机后，我问了他一个问题："你自己创业和朋友提供的工作机会，这两个一定得是个单选题吗？有没有一种可能？把这两个事情整合在一起？"

他低头思考了很久，然后恍然大悟："老师，我朦朦胧胧有一个想法，不过现在我还没有想太清楚，只是一个方向。我要回去好好想想，再沟通一下。"说完，他"腾"的一下站了起来，打了个招呼，满脸兴奋地离开了。

不久之后，他来告诉我，他和那个朋友商量了一下，把两个公司合体了，进行资源共享和整合，业务范围得到了很大的拓展，而且由于两个公司合体，他那个"卫生纸"式的合作伙伴的权力同时被稀释了，他那些搅风搅雨的人马，也在合体过程中被整合掉，他也就无法像之前那样目中无人，肆意兴风作浪了。

我听了之后很为他高兴，同时也把我根据他的情况，精心为他设计的阅读书单交给了他，叮嘱他在三到六个月内阅读完毕。我笑眯眯地看着他带着"痛并快乐着"的表情，离开了我的办公室。

时间过得飞快，又是大半年过去了。他公司的运营比较平顺，虽然其间回款出了一些问题，造成了现金流的危险，但很快也被他和他的合作伙伴解决了。他也在跟一家国字头的信息集团谈一个很大的项目，一旦谈判成功，对他公司的发展将会产生里程碑式的意义。在此期间，我一直辅导他研究"如何爬上客户销售食物链的顶端？"这一议题。

这一天，我还是在辅导他研讨同样的议题，但是看到他脸上似乎有些心不在焉的表情。于是我停止了会谈，直接问他发生了什么。他尴笑了一下，说："Elaine 老师，您还记得我们第一次会谈时，您问我的那两个问题吗？"

我在自己的记忆中翻了一翻，说："记得呀。我问你'你打算在 50 岁的时候实现什么样的目标？'还问了你'如果你要在 50 岁时实现经济完全自由，那么你需要在 45 岁时成为什么样的人？'"

"那您还记得我的回答吗？我说：'那时候我如果不是一个新进入中国市场的小公司的首席代表，就应该自己创业'。"这时候他有些苦恼地一笑，"现在另一个机会来了。有一家刚进入中国的小型外企，给我提供了一个首席代表的职位，薪酬很吸引人，办公地点在东方银座，离我家不太远。各项条件似乎都很合适。您说，为什么这个机会不早点来呢？"

"你已经面试了？拿到 offer 了？"我试图把事情弄得更清楚些。"是的，合同已经准备好，正在等我签署。"他回答。"是什么让你感到苦恼呢？"我问他。"这

203

个机会如果是在我创业之前就来，我会毫不犹豫地选择这个很理想的机会。但是，经过这段时间，我发现我喜欢上了创业的那种感觉，那种天天忙忙忙，但很有激情的感觉。这个首代的工作很清闲，很舒服。我不知道这是不是我真正想要的。"说着说着，他的脸上又露出了既苦恼又患得患失的样子。

我没有直接给他建议，而是让他回去问问他的太太和孩子，是喜欢从前经常精神疲惫的他，还是喜欢现在的他。然后再做出决定。他若有所思地回去了。很快，他给我打来电话，告诉我，他的家人都喜欢现在的他，他也想好了，要坚持自己创业。

之后，他的生意有起有伏，但一切都在向好的方向发展。又过了一年，他们顺利地融资了六千万，开始向智慧城市的业务拓展，并且做得有声有色。他跟我说，他的下一个目标是公司上市，虽然可能在短期内无法实现，但他有耐心，会一直坚持向着目标不懈努力。

第3.2篇
专利在手还被裁？

在我的记忆里，他应该是我辅导过的年龄最大的一个学员了。当他第一次走进我的办公室的时候，他已经50多岁，接近退休年龄了。

他是一个律师，尤其是在专利法方面，非常精通。他职业生涯的最近十多年，一直在一家美资的芯片巨头那里做法律顾问。当时由于这家美资的芯片公司计划调整在华战略，回缩一部分业务，他被通知离开。由于他在那里年资很长，薪水也一直很高，所以他获得了一笔不小的赔偿金，数额还是很让人羡慕的。所以，当时他公司的HR向我介绍情况，说他急需辅导的时候，我还略有些意外。像他这种情况，一点儿不差钱，又拿了这样一笔赔偿金，接下来好好享受生活就好。就是说喜欢工作，以他的背景，再找个顾问或者自己开业做个律所都没什么问题，怎么从他家HR的态度来看，感觉他特别急切地需要我们的支持呢？

当我第一次见到他时，我终于有些明白他家HR的担忧了。我记得那天北京的天气不是很好，一直阴着天。他走进我的办公室，穿着一身黑，尤其是上身那件Burberry的中老年棉服有些皱皱的，配合着他一身的寒气，让人感到暮气沉沉，有点颠覆我心目中的精英律师形象。我还是先请他介绍一下他的背景，在听他详细陈述的过程中，我还是再次被他现在的形象，以及他亮眼的教育背景和职业经历之间的反差给惊着了。

他是一个80年代的大学生，毕业于上海一所非常著名的大学。毕业后，由

205

于是工科生，他被分配到北京的一家国有工厂担任工程师。工作三年后，他又考上了清华的研究生，修读电子工程专业。从这里看，这位律师绝对是个学霸级的人物。

从清华毕业后，他就进了中科院，在中科院的一家研究中心工作，一干就是五年，做到数据处理部门的副总工程师。之后，由于待遇问题，他离开中科院，加入当时非常热门的，在中国市场发展得正如日中天的外企——摩托罗拉，一干就是七年。工作期间他考下了律师资格，转行做了专利律师。他离开摩托罗拉十年后，摩托罗拉被中国本土企业联想收购，从此，一代手机巨人的辉煌不在。

之后他的职业生涯颇动荡了一段时间，因为他是转行做的专利律师，所以之前职业方向的积累很多都已经不能使用，需要在新的职业方向上重新积累经验和资源。他花了四年的时间做这样的重新积累，先是给别人的律师事务所打工，之后更是开了一家自己的律师事务所开展业务。他的律所开业两年后，目前这家芯片公司看中了他工程师的工作背景和专利律师的专业能力，力邀他加入公司，给他开出了难以拒绝的条件，当时他思虑再三，还是决定关闭了自己的律所，加入了这家公司，这一干又是一个十年。

在此期间，他运用自己之前积累的电子信息行业的经验和知识，以及新 get 到的律师技能，帮助这家美国的芯片公司维护在华的专利权益，对国内后起的公司提起专利要求和诉讼。无一例外，随着中国加入 WTO 后对专利保护的深入，他们最终都赢得了官司，维护了自己公司的专利和商业利益。公司对他一直都非常满意，待遇和尊重一样都不少，这让他也觉得工作起来还是很顺心的。

其间，随着他资历的增长，他更是由于在专利方面的权威性，参与制定了国家的几项专利法案，事业被推到了辉煌的顶峰。他从没有想过他自己会被裁员，他一直以为以他的情况，他会在公司里退休，他其实连退休酒会的致辞都想到过。所以，当特朗普上台，对中国的贸易政策采取强硬态度时，他虽然有些轻微的担心，但觉得他的公司在华利益巨大，应该在总体政策上不会有什么变化。结果，当公司宣布回缩一部分在华业务，在中国区进行结构性裁员的时候，他大吃一惊。而当他本人接到裁员通知的时候，他更是被震惊得不知如何反应了。

在跟我交流的过程中，他一直在重复着两个字——后悔。他表示自己当年选择关闭自己的律所加入这家公司，从一开始就错了。他应该一直坚持开自己的律所，那么到现在，他自己律所的经营规模应该很大了，他自己职业生涯的选择也会掌握在自己手里，不会像现在这样，被动地被裁员。看到他一脸沮丧的样子，我试图把他的聚焦点拉到更现实的方向上，于是我问他："离开这家公司，您在短期或长期内会有财务困难吗？"

"没有，我太太也是律师，我们的收入一直不错，其实早已经实现财务自由了，孩子也在国外工作了，没有什么需要我们负担的。"他回答。

"那您打算怎么花一下您的这笔赔偿金，金额真的不少呢，是否有打算先放松放松，享受一下生活？"我特意让自己的语气中带着一丝轻松地问他。

他迟疑了一下："我……没想过这事儿，我没心情，我太太倒是说，我这回终于有时间能陪她出去走走了，她也不想继续干律师了，说是太累，想放松一下。我自己提不起精神来，我想着继续找个工作，可是对找工作我也提不起精神来，我连联系一下以前的老朋友看看机会，都一点儿也提不起精神来。"

"您刚才提到了之前开过律所，有没有想法再把这个律所开起来？"我问他。

"我也想过这个问题，想过要不要再开律所，可是已经这么久了，客户资源还需要重新积累，我本来就不善于市场拓展方向的工作，当初选择加入这家公司，也是因为自己开律所还得自己找客户，心太累。而且我一直以来都是做专业的，基本上是独立工作，要管理现在的年轻人，我觉得很有压力。一想到这个，我的心就更累了。"说到这里，他的眉心几乎皱成了一个"川"字，显得心事重重。

我观察到，裁员这件事似乎已经对他造成了创伤，于是决定换一个角度帮助他缓解压力。我建议他马上进行一个至少十天的旅行，离开北京，去外面走走，放松一下心情。他回家跟太太商量以后，很快就决定一起去新疆旅行，从北疆到南疆走上一圈，他的太太更是申请了停薪留职一年，决定离开工作一段时间，跟他好好享受一下二人世界。他太太还雄心勃勃地表示，从新疆回来，还要去早就向往的塔西提岛、澳大利亚和南美溜达一圈。看起来，他太太对他的离职还是颇为开心的。

再见到他，是他和太太从新疆旅行回来。他黑了一些，精神和气色反而好了很多，至少身上原先的萧瑟淡去了很多。他还给我带了一件小礼物，是一把小巧的冬不拉琴，做得很精致，上面还有制琴师傅的签名。这件礼物很让我喜欢，看来他也有些精神可以做一些人际交往了。

他告诉我，他太太计划马上去澳大利亚看女儿，他不想去，他之前跟几个朋友打了招呼，想看看有没有工作机会。不过，到目前为止，他都没有收到什么反馈，更别提什么工作机会了。一周后，他又给我打来电话，告诉我他决定还是跟太太一起去澳大利亚，反正也没什么工作机会，他在这里自己待着也难受。

时间过得飞快，他去澳大利亚待了半年，再走进我的办公室时，又是穿着秋装的时候了。他告诉我不久前得到了一个面试机会，但是最终对方把工作机会给了一个比他年轻很多，比他资历浅了很多的律师。之后他就再也没有收到其他的工作邀请。我问他关于个人的律所考虑得如何了，他表示现在已经不考虑了，拿他的原话就是"实在不想操那个心"。

再往后，我收到了他从巴西寄来的明信片，上面写着"这里真的很美丽！"字体飘逸潇洒，看来在那里玩得很开心。

最后一次跟他会谈，他表示已经不想工作了，没有动力了。他还是时不时地会感到失落，但是他发现旅行能帮助自己慢慢地调整。他决定未来的一到两年，要和太太一起去各地旅行，去看看秘鲁马丘比丘的遗址，去法国普罗旺斯看看薰衣草花田，还要去土耳其卡帕多奇亚乘坐热气球，甚至也考虑去南极看看企鹅。他的太太特别高兴，甚至开玩笑说，要给他原来的公司写封感谢信，感谢公司把他裁掉，才让他们过上了真正的生活。说到这里，他不禁也笑了一下，我从他的笑容中读出了一丝无奈，但也带着一丝真正的愉悦。

我们的辅导结束之后，他特意发了一个辅导心得给我，郑重地阐述了他的心路历程。最后，他告诉我，他准备动笔写书了，他要把自己多年的职场沉淀和专业心得写出来，希望能够给他人带来一些借鉴和启发。

第 3.3 篇
我面试过至少 500 人，但我真的不会面试

多年的顾问生涯，我曾经辅导了很多的学员，我那天粗粗算了一下，按最少算都有上千人，我自诩记忆力一向很好，但有些多年前的学员我确实记得不是很清晰了。不过，对他我一直记得很清楚，让我对他印象最深刻的地方是，他执着的、近似执拗的学习态度。

他第一次走进我的办公室我觉得似乎是带着一阵风进来的。我当时一抬头，就看到一个外形清瘦但黝黑干练的人坐在了我的对面。他语速很快，口才很好，说起话来口若悬河，但并不叫人太反感，反而觉得挺有意思。一看他就是个典型的北京人，在知道了我也是北京人，而且是在旗的满族人后，他更是打开了话匣子，问了很多关于我个人情况的问题，差点儿把我问个底儿掉。我当时甚至有个错觉，我是在被他调查的，而不是他来接受我辅导的。后来了解了他的职业经历以后，我才恍然大悟，他的风格是如何形成的。

他毕业于对外经济贸易大学国际贸易专业。他毕业很早，还属于国家对大学毕业生包分配的那个年代。也就是说，他参加工作的时候，我还在读中学；他开始带团队时，我刚大学毕业不久，还在初级的职位上挣扎。这让我在之后辅导他时颇有一些压力，我之后还向金刚芭比抱怨了一下，问她为什么给我安排一个这样的学员，还侧面问了一下，能不能给他换个年龄比较大的顾问进行辅导。芭比嘬了嘬涂着香奈尔哑光红色口红的小嘴，很是委屈，跟我说："由于他在公司里

的职位是中国区销售总监，算是金主爸爸，我们是拿了几个顾问的资料给他，让他先选择与自己匹配的教练，结果人家一眼就看中了你，说你一看就特别有学问，能跟你学到东西。"我听了以后没再多说，委婉地向芭比表示，不换顾问也是可以的，而且这个学员还是很有品位的。

不过，说起他的工作经历，那还是相当丰富的，他做过很多行业，也做过很多公司，唯一不变的是，他的工作角色都是业务拓展销售类岗位。从 2000 年开始，他就带各种销售团队，带过各种类型的团队成员，也跟各类客户都打过交道。当第一次看到他长达十页才把他的工作经历表述清楚的简历时，我不禁暗暗吸了一口气，想着帮他做一个精简明晰的简历，是一个多么大的挑战啊！

他近十年的工作经历都集中在石化行业，主要是带领销售团队，做石化进口设备的销售工作。目前他所在的公司是一家没有上市的德国家族企业，规模不算小，公司的领导者战略眼光也很不错，在中国改革开放初期就进入了中国，乘着那时候中国的外资优惠政策，以及市场开放的春风，跟很多国资企业签订了长期的项目和技术合作合同。也正是靠着这些项目合同，这家公司在中国一直过得很舒服，基本上属于躺赢的状态。不过，随着这几年这些长期项目合同一一到期，由于政策的转移，那些国资企业也没有再续约的意愿。他们的日子变得越来越难过，尤其是近几年，几乎是逐年裁员。就在不久前，最后一个大项目合同到期了，而且短期内也看不到什么市场机会。他们公司于是决定进行严格的成本控制，只留下几个协调联络人员，其他的全部砍掉。他的销售团队首当其冲，全部需要离开。

谈到这里，他一脸懊恼地跟我说，他的情况比较冤，虽然这次裁员公司给的赔偿是相当的人性，几乎是同类公司中最高的，可惜他入职才不到两年，连他很多下属拿到的赔偿款都比他多。这家公司之前在行业的名气是待遇好，工作稳定，他的很多下属在这里工作的年限都是十年起步的。而他是两年前才离开了上一个工作了十多年的老东家——一家法国公司，加入这家企业的，本来是看到这里待遇好，工作氛围人性化，工作也稳定，不承想遇到这样的事儿。

他说完，又懊恼了片刻，然后晃晃脑袋，马上就又恢复了一脸阳光。接着自我开解地说："我觉得虽然遇到这事儿有些闹心，不过我这个人吧，一直以来都挺顺利的，我在那家法资公司工作了15年，本来是能在那里退休的，可是我想着事业上再上一步，再多拼搏几年，看看自己的能力极限，多做点事情。不过，我也知道人不可能一生都是顺的，出来混，早晚都是要还的。不是这个坑儿，就是另外的坑儿，你跑不了的。所以我也没啥可抱怨的，往前奔呗。"

看到他这积极的态度，我把准备好的开导他的话全部咽了下去，问他现在在做什么，未来有什么打算。

"老师，我现在准备考一个项目管理PMP的认证。工作这么多年，我一直忙东忙西，天天全国各地的出差，想学什么都没时间和精力，现在终于有时间，也有精力了，我想趁此机会，多学点儿东西。不瞒您说，我这人特别喜欢看书，每次出差，我就从出发地的机场买本书，利用候机和飞行的时间看，现在很多机场都有中信书店，我看了他家不少书。有的我看着很带劲儿，有的我看着不太懂，觉得书里说的不是人话。"他一脸憨厚的笑容，但我脑中警铃大作，总觉得他咧出的大白牙上，闪出一丝狡黠的亮光。这时候，给我的一个最大的感受就是，他绝对不会像外表表现的那样人畜无害。如果低估了他在职场上叱咤风云的实力，那才是图样图森破（too young，too simple）呢。

"您刚才提到在准备项目管理PMP的认证考试？您未来想从事这方面的工作吗？"看他把话头扯远了，我赶紧再给扯回来。

"哦，我其实就是想多学些东西，因为我们是做石化行业的设备销售的，总是接触一些大的项目，其实也需要配合项目管理和进度做客户的销售支持工作。一直以来，我就想系统地拿个项目管理的认证，谁知道什么时候就能用上了呢？老话儿怎么讲？艺多不压身呐！"看着他滔滔不绝，我又一次深切感受到，他这种问一答十的风格，真是顾问之福啊！

212

"您对未来有计划吗？如果有，能说说吗？"我继续问他，同时摆出一副倾听的姿态。

"嗯……还是再找一个新的工作，找一个管理角色吧。我觉得我这方面很有经验，而且我原来的那些老板都挺喜欢我。我这个人很结果导向，而且一旦老板拍板儿，我就往前冲，遇到问题就专注解决，干活实在，没有其他歪心眼儿，而且能拿出成绩，所以我和之前的老板都处得不错。我的下属也都认为我讲道理，对事不对人，拿结果说话，不搞小动作，所以有几个还一直跟着我来了这家新公司。哎，这次算我把他们给坑了。"他叹了一口气，脸上露出懊恼的神色。

"在您的计划里，您希望从我这里得到什么样的支持？"我问他。

他眼睛闪了一下，说道："是这样，要说面试别人，我很有经验，我九几年就开始面试别人了，主要是面试销售。您也知道，销售团队向来流动比较快，所以招聘量也大。我现在过眼的人，没有七八百，也有五百多了。从面试观察开始，加上后面入职后的绩效验证，我觉得我看人还是很准的。可是，说到自己去面试，我就没啥信心了。您知道，我上份工作做了十多年，就没想过出来找工作，就是这个工作，也是猎头挖我过来的，所以我几乎二十年没有求职面试过了。我知道您是这方面的专家，希望能从您那里多学习提升一下。也请您尽量把求职方面的知识和信息分享给我，这里先谢谢啦！"说完，他又咧嘴一笑，露出那口大白牙，让我想起了又萌又狡黠的破耳兔。我不禁也笑了起来，开始了对他的求职辅导。

之后的日子，就在他一边准备项目管理 PMP 认证考试，一边在我这里进行职业辅导中飞快地过去了。我发现他非常好学，而且颇有自己独特的学习方法。每次辅导，他都会把我们的对话过程用录音笔全部录下来，回去后再用软件把音频转为文字，在这个基础上，他会再整理要点，列出自己的一些疑问和不理解的地方，在下次辅导的时候，会跟我就此进行讨论。他的个性有些强势，一旦认定某些观点，就很坚持。但是，如果你说服他的时候很有逻辑，并有很多支持性的信息和数据进行辅助，他会很快理性地接受你的观点，不会出现盲目坚持的情况。但这个前

213

提是，你一定要比他有更高的视角和更丰富的信息资源。所以，在辅导他的过程中，我觉得既是一种挑战，对我个人来讲，也未必不是一个提升。有他的激发，我其实可以在这个过程中再一次系统地整合自己的观点和思路，这对我来说也是很愉悦的。

其间，我还给他进行了领导力水平的测评，就他的测评结果，对他进行了反馈。他马上就请求我给他开了一个书单，就他需要发展的空间，先挑一批书来阅读。那个好学劲儿，把后来听我讲述的芭比都惊到了，我留意到芭比那段时间都去报了一个人才测评工具认证班去学习了。

不久，他告诉我，他的项目管理 PMP 认证拿到了。题目很多，有些不太容易，不过很多都是跟实战相关的，他在既往的工作中很注意，积累了一些实际经验，这时候都发挥了作用，他的认证考试是很轻松就通过了的。

再之后，他拿到了三个工作机会，一个是一家日资的化工企业，一个是德国一家著名的远洋石油勘探设备和技术公司，另一家是国内的炼油技术公司。经过再三的考虑，他选择了那家日资公司，因为给他的职位是中国区的一把手，直接向 CEO 报告的，空间很大。他在大学时辅修的是日语，多年来一直都没怎么搁下，现在捡起来，至少口头沟通是没什么问题的。我想，这就是他说过的"艺多不压身"的意义吧。

后来我们一起喝茶时，我好奇地问他："为什么要不停地学习？"他笑眯眯地告诉我："Elaine 老师，你知道我当初为什么老打听你家族里在哪个旗的事情吗？其实我也是少数民族，我是回族人。我祖上离开自己的家乡，一直在异乡漂泊，居无定所，有时候安全无着，就是积累了财产，也护不住。所以我的家里一直有这样的家训：'金钱是外物，随时可能遗失，只有本事才能傍身，安家立命'。我们从小就是听着父辈讲这些长大的，所以我们都是有机会就多学些东西，有本事才能创造自己想要的生活不是？"说完，他的大白牙又露了出来，这次并不刺眼，反而让我觉得其实这才是最适合他的。

在这个不断变化发展的时代，在这个需要终生学习的时代，他应该是那种活得最如鱼得水的人吧！

215

第 3.4 篇
情怀能当饭吃吗？有时候还真能

我记得她来到我的办公室，是在北京一个非常寒冷的冬日。我的办公室虽然有暖风，但因为有一整面墙都是落地窗，还是感到有丝丝寒气透进来。我裹着大大的 Loewe 羊绒披肩，时不时还要喝杯热茶，驱除一下体内的凉意。她就是这时候走了进来，穿着薄薄的羊绒大衣，大衣下摆下露出一截穿了厚丝袜的小腿，一看里面就是穿的裙装。看到她的穿着，以及她从外面进来冻得红红的脸蛋儿，再瞥了一眼我搭在椅背上的超长款厚羽绒服，我心里不禁替她说了个"冷"字。

后来，我们变得很熟悉，成为朋友以后，一次一起吃饭时，我还特意向她问起过这回事，问她当时冷不冷。她白了我一眼，说："当然冷啦！你以为我是特殊材料做的？姐也是有血有肉的人啊！"

"那你干吗自虐啊？那天明明冷得会冻死人，你还穿得那么少！而且我明明是女顾问，你也不必因为第一次见我就想色诱我吧？"我翻了翻眼睛，把她的白眼又瞪还回去。

她举手投降，告诉我原因："我这是习惯了。我是军人家庭出身，我父母都是军人，这你知道吧？他们对自己和对我们要求都非常严格。他们当年都是留苏的。我爸现在还保留着早餐吃面包牛奶的习惯，多少年了，雷打不动。而我老妈，是什么季节都要穿裙子的，也这么要求我和我妹。我记得我小时候冬天冷得不行，让我妈给我换条裤子，还被她狠狠教训了一顿，说是女孩子，出门会客，见人社交，是一定要穿得正式得体的，而她得体的定义，就是一定要穿裙子。"

"那你还记得吧，那天你来见我，穿了羊毛连衣裙，诚然确实是非常得体的。但是，你忘了拉裙子拉链了，还是我看见帮你拉上的呢！幸亏你之前在外面一直穿着大衣，否则……"我咔咔地坏笑了几声，一边掩面做出不堪回首的表情，一边麻利儿地闪身躲过了她丢过来的餐巾。

"当时我太忙了，一边要办理离职，一边要找新工作，家里还在换房搬家，这么忙还要去接受你的辅导，我容易吗我！早上匆忙起来赶车，没注意到也是情有可原啊！"她一边拽回餐巾，一边急赤白脸地解释着，说着说着，也撑不住跟我一起哈哈大笑起来。

还是说回我们第一次见面吧。她是一个很爽快直接的人，有问必答，在我们的对话中，我很快就了解了她整个的职业背景。正像她所说的，她出身于军人家庭，父母、妹妹、先生都是军人，她自己倒是没有从军，否则军队里肯定又多了一个花木兰。她毕业于北京一所著名的理工院校，从本科读到硕士，修读的专业是软件工程。她平时很喜欢读书，工作期间还拿了一个清华的EMBA。

硕士毕业后她就进了一家主要做语言认证的私企，一干就是十年，从产品工程师一直做到了信息管理部的总监。在她服务的这十年里，这家公司也从一个私人的创业公司发展到成功上市，继而被一家非常有实力的外资教育集团收购。在很短的时间内，就完成了从国内小打小闹的作坊式小公司，到跨国集团在华重要投资业务的商业单元的华丽转身。而在公司的上市过程中，公司创始人和她们这些一直跟着公司发展的元老级管理者，也都基本上实现了财务自由。当初她提到的正在忙着搬家，就是因为她当时新买了一个大房子，刚刚装修好，她和先生正忙着从原来部队分配的房子里搬过去。

不过，当这家全球教育集团完成了对她们上市公司的并购后，就开始清理管理层，首先是把财务部门全部替换成了他们集团的人，之后就是一步步开始清洗。她当时任职集团技术总监，所以算是属于最晚被要求离开的一批人了。他们集团

217

跟我们公司也有长期的业务往来，按照集团的人力资源政策，也为她们提供职业转换的辅导。于是，在那个冬日，我和她相遇了。

　　她这个人很有意思，说话做事往往大而化之，行事风格有时候很男性化，不爱斤斤计较。她是个个性很温和的人，很善于聆听，当她扑闪着大眼睛认真听你说话时，显得非常单纯，也让人非常有安全感。也许，这是让她容易获得别人信任的原因。

　　从我的角度来看，她的职业经历不能不算是奇特的。她从毕业后，其实只从事过一份工作，而在这份工作上，她几乎体验了企业发展的全过程：从创业初期企业的快速发展，到企业上市阶段的系统化需求和压力倍增，从企业并购初期的双方系统和团队的接入和整合，到并购第二阶段的全球整合计划以及新的运营管理系统规划，进而到初步走上轨道的整合推进过程……她不但全程都有参与，还在其中担任着非常重要的技术领导角色。跟这些经历比较起来，她的年龄就显得相当年轻了。

　　在整个全球化的风潮中，中国是非常受益的，并借此成为全球第二大经济体。而对于她这个个体，其职业经历其实也是对全球化风潮的一个侧面的反应。而她需要离开现在这个集团的原因，依然还是全球化的潮流。集团决定整合资源，把整个技术团队分别转移到人工更便宜、语言障碍更小的印度和斯里兰卡去。这也直接导致了她和她的技术团队被解散了。

　　在我们的会谈中，我可以觉察到信任的建立是非常快的，这也是她的天赋。所以当我问到她下一步打算的时候，她告诉我，她原来的老板（也是在公司被收购后离开了公司）以及同事，在离开后又都各自开了自己新的教育公司，都有找她谈过，希望她能过去他们那里帮忙。

　　"那你在犹豫什么？什么使你没法马上做决定？"我直截了当地问她。她似乎很高兴终于有人问出了这个问题："我觉得我不想再重复之前干过的事情了，之前的经历我很感激，虽然有压力，有沮丧，有被当炮灰的痛苦，但是，更多的是激情，是向着成功进发的兴奋，是不断迎接挑战并战胜挑战的成就感。所以，我很感激，但这并不意味着我想再来一遍。他们都觉得虽然自己被赶出了公司，但是只要他们想，他们就可以再次获得成功。我要说的是，时代变了，外部的环境也变了，我不想跟他们一样重复过去用过的办法，并指望能够再次成功。我想去试试有没有新的办法，哪怕结果没有那么成功，我觉得一个新的过程，也是能够让人激动的。"她说这些话的时候，眼睛熠熠放光。

"我能感觉到你很有安全感。"我对她微笑着说。"是的，也许是因为我还年轻，也许是因为我在经济上已经不用过于担心。我很感激这些，让我能有机会去选择。"她对我点头一笑，似乎知道我是懂得她话里的意思的，并为此感到很开心。

219

之后的辅导除了关于求职技巧的辅导外，又增加了领导力的教练辅导，以帮助她在领导力方面得到更大的提升。因为她之前只管理过技术团队，相对来说团队成员的同质化很高，对她来说，领导情境比较简单，需要提升复杂商业环境和多元团队氛围的领导力水平。

在辅导期间，她也获得了很多面试机会，但她都没有刻意提起过，我想这可能是因为她还没有遇到让自己特别心动的机会。直到在一次辅导中，她突然提起了一个工作机会。

这个机会是一个技术总监CTO的职位，来自一家国内的公益教育组织，不过CEO是个美国小伙儿。这个美国小伙儿的经历比较传奇。他是美国和意大利的混血儿，父亲是一位美国的成功商人，母亲更厉害，是意大利的贵族后裔，也是家族的继承人，在意大利的富豪榜上也是排得上名号的。他大学在普林斯顿读书，在大学毕业的前一年，他决定来中国游学一年，于是就来到北京的一所著名学府学习。其间，他去了中国各地旅行，在走到云南和广西山区的时候，看到了那里的教育状况，由于那里地处边区，大部分是留守儿童，基础的教育设施和教育水平都很薄。他决定为这些孩子做些事情。回北京后，他开始利用自己的资源募集公益款，组织老师来支教。随着他的组织规模的扩大，他干脆暂时放弃了回美国毕业，留在中国继续进行这个公益事业，让更多的中国农村边区孩子受益。

她在讲述这个 CEO 的故事时，眼中又开始熠熠放光，那时候，我心里就知道她已经做出了决定。这家公益组织给予她的薪酬，可能只是别的企业给她开出的 2/3，而且工作量还是巨大的，团队目前也只有她一个光杆儿司令。说句实在话，这是一个很有挑战性的职位，也是一个非常需要情怀的职位。我自己都不太确定，如果我收到这样的邀请，我能不能放弃现有的一切，去接受这个邀请。所以，对她最终的决定，我内心是非常尊重和佩服的。这也是我们会发展成为好朋友的重要原因。

之后，在她的感召下，我也为这个组织做了一些力所能及的事情，但是，我觉得我做得远远比不上那些加入这个组织，默默为自己的理想努力的支教老师，以及为了维持组织运作，让更多的孩子因此而受益的运营团队。正是他们的努力，使得到现在为止，有近 2000 名支教老师被输送到中国农村边远地区，有 300 所小学和中学被支持，有 434000 多个孩子因此受益。我对他们充满了敬意，也以这章向他们致敬。

而她的职业故事，还在继续，可能在这个组织，也可能在新的岗位上，就让这个后续的结果成为一个神秘所在吧！虽然不会揭开谜底，但我可以肯定说的是，她的职业发展道路越来越宽阔，而正是她，使自己的职业经历，不负为一段"激情燃烧的岁月"。我因此为她感到无比的骄傲。

第 3.5 篇
以前我选择别人，现在是别人选择我

这一天，金刚芭比又踩着她的恨天高，噔噔噔地走进我的办公室，神秘地对我说："猜猜我马上给你安排一个什么样的学员？"我敲着电脑键盘，头也不抬地说："不猜！"芭比气得用手挡住我的电脑屏幕："你这个人怎么这么没趣味呢？还顾问呢，就这沟通水平？"我没好气地扫了她一眼，直接怼回去："要是非得迎合你的低级趣味，才能算得上是沟通水平高，那我还是在低水平地区待着吧。"

芭比没再跟我斗嘴，自认潇洒地耸了耸肩膀，手从背后伸出来，递给我一个纸杯："我就猜你一直在工作，能量严重不足，肯定会口不择言，饿（恶）语伤人，我指的是饥饿的'饿'哦。出于人道主义关怀，以及对你能为公司持久扛活的期待，我特意给你买了一杯奶茶。怎么样？很感动吧？"

我接过奶茶，小口抿着，警惕地观察着她，试图寻找蛛丝马迹，以证明她不是"黄鼠狼拜年"。芭比显然读懂了我的眼神，一脸很受伤害地看着我说："真不是给你下套，你不要像个刺猬似的，每根刺儿都竖起来。我来，一是慰问你一下，二来是告诉你，我给你安排了一个学员，一个帅大叔哦，长得神似年轻时候的刘松仁。"

很快，在一个阳光把银杏叶映照得如黄金般的上午，我见到了这位"帅大叔"。他不是那种惊艳的"一眼帅哥"，而是自带忧郁气质的文艺男中年那款，挺拔的身姿，配上 Burberry 的风衣和 Hedi Slimane 的黑色裤子，显得文雅中带一丝神秘。看来芭比确实没说错，他和刘松仁的气质确实有些相像。

照例，我还是要先了解一下他的具体情况，于是请他先做了自我介绍。他是山东人，教育背景很符合他自身的气质，大学本科读的是英国语言与文学，工作几年后，又在北京大学拿了一个新闻与传媒专业的本科学位。之后在职读了一个中欧商学院的 EMBA。看来他是一个很好学的人，一直不断致力于为自己升值。而且从中欧商学院那高得离谱的学费来看，大叔应该在事业上也是很成功的。

了解了他的职业经历，果不其然，他是 1990 年参加工作，一开始在北京的一所很有实力的大学里做讲师，五年后离开去了一家外企，开始做公共关系 PR 和政府关系 GR。他的那个北京大学的学位也是在那段工作期间在职学习获得的。之后大叔换了几个工作，大部分都是世界 500 强的企业，岗位方向都是 PR 和 GR，职位更是一步步地提升，从公关经理一直做到了大中国区执行总监的位子。在这段时间里，他还忙中偷闲，去中欧商学院镀了一层工商管理硕士学位的金。对于大叔这种工作学习两不误的职业发展模式，我还是很欣赏的。

他目前服务的公司，是美国的一家非常著名的老牌电信公司，他负责领导自己的服务团队支持公司在华的四个业务单元的运营和行政管理，并负责在中国和亚太地区的公司品牌形象，以及管理可能发生的公关和沟通危机，同时负责公司的媒体和广告宣传。由于全球经济的不景气，公司的盈利情况非常不理想，总部决定对其在华业务进行严格的成本控制，首先要动的就是非业务部门。像他这样不主管业务，不能直接产生效益但又非常昂贵的大脑袋，首先受到了冲击。于是，他就被公司送到我这里来，接受辅导和顾问支持。

跟一般的人在被裁员的初期都有些焦虑不同，他跟我表示他很随缘，不太介意自己的职业生涯在这个时候有个中断。相反，因为他在这家公司已经工作了很长时间，他获得了一笔很高的赔偿，在一段时间内不工作，对他来说也不会有太大的影响。虽然他希望未来至少再工作个八到十年，但有段时间让自己反思一下，

222

也是挺好的一件事情。

他并不急于马上开始他的辅导，在知道我是学心理学的，也对艺术感兴趣后，反而是跟我聊了很长时间的艺术和哲学。他很喜欢叔本华，看得出，他读了不少叔本华的书，也非常同意"生命意志是主宰世界运作的力量"这一观点。我发现他其实骨子里很冷傲，当时他貌似在东拉西扯，其实是在试图考较我的学问，看我是否能够胜任辅导他的角色，也有可能他是下意识地试图在第一次会谈中占据上风，这可能跟他的职业习惯有关系。无论如何，作为纯理工女，我觉得我读的叔本华的专著肯定没他多，不过我觉得我看过的杂书一定比他多，所以不介意跟他抬个杠。

"你知道希特勒吗？"我笑眯眯地问道。

"当然知道，德国的前元首，发起二战和犹太种族灭绝计划的战争狂人。"他很简练地回答。

"嗯，很对。希特勒年轻的时候，也参加过一战，据说他当时身上一直携带的唯一一本书，名字是《作为意志和表象的世界》，他认为这位作者是自己的精神导师，你一定知道作者是谁吧？"我继续笑眯眯地说。

"是……叔本华……"他的眼睛蓦然睁大，有兴趣的光芒闪现。

"希特勒还有一个特别崇拜的哲学家，实际上，他跟墨索里尼能走在一起，一定程度上是因为他们都崇拜这个哲学家，他就是尼采。尼采曾经在公开场合多次表明自己受到一位很重要的前辈哲学家的影响，猜猜那位影响了尼采的前辈哲学家是谁？"我笑得更加谦和。

"你说的是叔本华，对吧？"他似乎识破了我谦和外表下掩藏的犀利，嘴角微微上翘，眼中也带上了笑意。

"对的。还有，希特勒有一位一生最挚爱的音乐家，其作品被奉为'雅利安精神源泉'，他就是瓦格纳，你一定能猜得到，谁是瓦格纳最崇拜的哲学家。我替你回答吧，还是叔本华。"我眨了眨眼睛，继续说，"希特勒当年还邀请著名的德国女摄影师兼导演莱尼·瑞芬斯塔尔，为纳粹拍摄纪录片，片名叫《意志的凯旋》，据说也是向叔本华致敬的。"说完，我狡黠地眨了眨眼，目光定下来看向他。

他听我说完，不禁笑了起来，脸上的笑意也真诚了很多，"这不正代表叔本华的思想对后人的重大影响吗？"

"我不否认叔本华思想对后人的影响，只是想说明，一个观点可能会成为一种武器，被人们出于自己的利益，握在手中，去做伤害他人的事情。所以，对哲学观点的理解和解构，本身就应该是辩证的非孤立性的。不论如何，我希望对我的考试结束了，让我们正式开始职业辅导的内容吧。"我淡然一笑，满脸真诚地对他说。

接下来的辅导变得非常顺利，其间，他也会时不时地接到猎头的电话，得到面试邀请，可是，不知为什么，他的面试都不是很顺利。他跟我说，以前他换工作毫不费劲儿，都是别人找的他，他都是被动地跳槽。现在情况有些不一样，每次去面试，他都会遇到其他的候选人，这让他心里有些别扭。这种心态也可能影响了他的发挥，当他感觉到自己正在被别人挑选的时候，他会觉得自我的独特性受到了挑战和压抑，让他感到拘谨和放不开。

针对他的这种情况，我特意设计了相应的辅导内容，也就是面试的模拟演练，以帮助他熟悉和适应面试的过程，从而使他能够相对放松地应对面试情境。

不过，我们的辅导经常会因为他的率性出行而临时中断一段时间。他会在下次辅导的前几天告诉我，他已经离开北京，现在在圣彼得堡的涅瓦河畔，接着我就会收到涅瓦河畔的视频，他在河畔漫步，背景是美丽的冬宫博物馆，也就是著名的埃米尔塔日博物馆，这个名字还是当年俄国女皇叶卡捷琳娜二世赐予的，中文意思是"幽静之地"。

作为理工女，我是很注重时间性和计划性的，对于他的这种随心所欲，我一开始确实有些不习惯。不过，看在圣彼得堡也是我很喜欢的城市的份儿上，我也就原谅了这个任性的学员。

他对自己想要什么，不想要什么，一直都很清楚。他说自己不太适合创业，这一点他很坚持。他表示，在职场这么多年，他虽然不是纯洁无辜的小白兔，但相对而言，自己还是不够狠，所以，他现在的职位基本上已经到头了。好在他本身不是个爱抓权力的人，生活只要过得去就可以了，他甚至不介意到全国任何有合适职位的城市工作。

了解到这些，我心里嘀咕了一下，"你是不介意，你家人咋办？难道你没有家人，像叔本华一样厌恶女人？终身不婚？"于是，怀着好奇，也是想弄清楚他未来职业目标的实际性，我小心地问了他家庭状况。

225

他很大方地告诉我，他在半年前离婚了，现在孩子跟他的太太已经移居国外读书，他只能定期汇钱过去，连见孩子一面也很困难。说到这里，他显得有些难过。他甩甩头，又很快谈起了他上次去俄罗斯的经历。看来，对他来讲，经常出去走走，本身也是在帮助自己疗伤吧。我当时就决定，以后不再腹诽他的说走就走了，对一个文艺男中年来说，面对婚姻的失败，可能也只能从文艺中汲取力量，慢慢地走出来了。

其实，在这半年里，他失去婚姻，继而又失去了工作，能调整成现在这个样子，也算不错了。这也可以解释了，他之前与人互动时，会有一些攻击性和随意性。

辅导结束不久，他发微信来告诉我，他已经接受了一家外企的执行副总裁的职位，要去上海工作了。再后来，他寄来一幅他画的小画给我，以表示感谢。画面上是遥看上海东方明珠的风景，雨中的繁华灯火显得有些朦胧，在画面上非常不起眼的地方，画着一个小小的模糊身影，打着一把雨伞，带着一身落寞，正在试图向繁华走去。

第 3.6 篇
为什么人不能停留在属于自己的时代呢？

在一个下午，我刚刚结束了辅导，正在对着窗子发呆，放空一下紧张工作的头脑。这时候，他推门走了进来，来接受第一次辅导。

他是带着满脸的困惑而来的。来接受辅导之前，他在一家北美的移动设备公司就业，他之前的职业生涯，正好见证了外企从进入中国到发展到辉煌巅峰的 20 年。但是现在，他看到自己所在的外企在中国业务的衰落，不光是他的企业，他所在行业的其他外国公司也是如此。他模模糊糊地感到有什么正在发生，但他无法说清楚这个发生是什么。他特地赶过来，跟我讨论这个困惑。在跟他的讨论中，我也在思索这个问题，毫无疑问，我们正在经历时代的变化，那么这些变化会给我们带来什么样的影响呢？

他出生在北京，大学是在北京的一所 211 大学学的无线通信。他毕业的那个时候，国内的大学还没有扩招，所以大学生是很宝贵的，尤其是当时电信领域的大发展，他这个专业的大学生，当时是非常抢手的。他毕业后直接就进了部委，一共待了 8 年，其间还在宁夏下放了不到两年的时间。20 世纪 90 年代，是外企在中国蓬勃发展的时代，由于待遇和机会各方面都很有吸引力，他离开了部委，进入到一家外企工作，从高级销售经理开始干起，辗转多家外企，一直到现在这个公司，时任中国区企事业副总裁，主管大客户和渠道销售。直到这家公司在全球的经营都出现了问题，停止了旗下的产品生产，转为以专利为赢利点的软件合作，他和他的团队被要求解散，涉及员工全部被裁员。

他告诉我，他非常善于建立和打造团队，而且他在建立新的团队，并推动产品进入新兴市场方面积累了很多的经验。他既往的职业经历无疑是很辉煌的，他曾经带领他的中国销售团队，创下了当年占全球全部盈收 2/3 的辉煌业绩，他在行业内也因此一战成名，当时被封为销售"战神"。但是，现在的情况是，他发觉生意越来越难做，尤其是在中国市场，虽然机会也还是有很多，但竞争也越来越激烈，他们的技术实力优势还在，但已经不再是占有绝对优势的地位。他有些不解的是，他的经验和能力都在提升，他的客户积累和人脉也是越来越雄厚，但是现在他却有施展不开的感觉，近几年尤其如此。以前能帮助他成功的那些动作和方法，现在似乎都不再奏效，这使他很有些无力感。

227

他来到这里，其实知道也许并不能得到一个答案，但他很希望能与人分享一下自己的想法和感受，也期待能得到更多的反馈和建议。所以，虽然他职位不低，资历丰富，但是他很认真，也很诚挚地把自己的情况和盘托出。

对此，我其实也是有着一些感慨的，因为他加入外企的时间和我初入职场，进入外企的时间差不多，他提到的那些辉煌和成功，我也曾经亲眼目睹过，甚至有些还亲身经历过。我很能理解他的心情和感受，也能了解他为什么会有失落和困惑。

正如历史学家阿诺德·汤因比说过的一句非常著名的话："**没有什么事像成功那样失败了。**"换句话说，当你面临一个挑战，而你的应对方式能让你战胜挑战，那就叫成功。但一旦你面临新的挑战，过去曾经成功的应对方式将不再有效，而你还是习惯性地重复使用你曾经因此获得成功的方式，这就是你会失败的原因。也就是说，既往的成功再辉煌，但是一直试图去套用所谓的成功经验，而不去考虑情境和外部环境的变化，其结果肯定是会"时过境迁，风光不再"。

我们有幸处在一个变革的时代，生在天下初定之际，长在日渐安稳之时，我们的成长，与此国此家一天天地强盛同步，其实本身就是一件很幸运的事情。像他的职业经历一样，他既在中国的政府机构工作过，也分别在以色列、美国、德国和加拿大的公司工作过，他的工作经历也恰好是中国在全球化过程中发展历程的一个缩影。他自己也从一个普通的工薪家庭出身，到现在在北京和上海有好几套房产，也有能力送自己的孩子出国读书，而且他即使从现在开始不再工作，也能够在今后的生活中维持一个还算体面的生活水准。所以，他其实是中国改革开放和全球化发展的一个受益者。

我想，他最大的困惑可能是他一直在外企的环境中，尤其是在一个中国先天不足、后天发力追赶的行业里。之前，外企在这个行业里具有绝对的优势，而中国在当时的环境里，只能以市场换技术。随着国内整个行业研发水平和国内公司的快速发展，差距在逐步缩小，甚至在有的方面已经弯道超车。这时候，整个行业的商业环境和技术状态已经跟以前有了很大的不同，很多外企在中国"躺赢"的梦开始醒了，而他没想到的是，梦醒得如此突然和迅速。

当我和他交流了我的想法后，他看起来其实是有些释怀的。他很认可，其实他是中国经济和全球化发展的受益者，也同意时代已经变化了，很多东西都随之相应地发生了改变。不过，他也表示了，自己还不想退休，还想再做些什么，哪怕不能再现过去的辉煌，他也很想继续去发挥自己的能力，有机会证明自己的价值。因为，我们都同意，在人类社会，如果一个个体不能去证明自己的价值，那很快就会被社会边缘化。至少目前，我们都还需要留在社会主流的系统里面，不希望自己成为社会边缘的角色。所以，他表示，未来他可能会换一个行业，在一个更朝阳的行业发展，而他很看好的，就是物联网领域。

之后，我们的辅导继续围绕求职技巧的提升开展。不过，很多时间，他都是跟我讨论"时代变化对商业环境的影响"这个话题。看得出，他很享受这样的讨论，而且我也从跟他的讨论中得到很多启发和想法的激发，对我来说，这也是令人愉悦的讨论。

其间，他得到了几个面试机会，有包括三星在内的几个职位，更有一家美国公司，邀请他飞去美国好几趟进行面试。最后从 EVP 到 CEO，他基本都见了个遍，虽然他表示和 EVP 的会谈很有感觉，但是他最后还是把这些工作机会都给拒了。他告诉我，他已经有了 25 年的职业经历，年纪也快到了知天命之年，也许人生给他的机会不多，甚至只剩下一个机会了，但他不太想重复之前的道路，然后被他人选择，他想试试用所剩不多的机会，去搏一搏其他的道路，他希望最终的选择权，能握在自己的手里。

他所说的，让我想起了娃哈哈的创始人宗庆后的人生和创业经历。宗庆后是杭州人，那个年代由于家庭成分不好，是"旧官僚的后代"，父亲长时间找不到工作，家里的生计和五个孩子的抚养重担全落在做小学教师的母亲身上。所以，宗庆后在 16 岁那年就开始出来工作，被"安排"到浙江舟山去填"海滩"，一待就是 15 年，在 1979 年才有了顶替母亲工作的机会，回到杭州的小学校做校工。

后来，宗庆后和两位退休教师开办了一个校办企业，每天拉着"黄鱼车"奔走在杭州的大街小巷，推销文具、冰棒。慢慢地，他发现"儿童营养液"有很大的市场，想开始创业，那时候他已经 47 岁了，早已错过了创业的最佳年龄。很多朋友都劝他，说创业没有那么容易，尤其是对他这个年龄和背景来说，但他依然非常固执地坚持着。创业是需要启动资金的，他没有这笔钱，只能四处去求助亲友借贷。他的朋友们趁机劝他，甚至以此为由不借钱给他，那时候，据说非常倔强的他流泪了，他跟一个朋友说："你能理解一位 47 岁的中年人面对他人生最后一次机遇的心情吗？"故事的结局我们早已知晓，他坚持了，他成功了。十多年后，他一手缔造了娃哈哈集团。娃哈哈这个品牌，也成为很多人的童年回忆。

我其实是很佩服像宗庆后先生，以及日本京瓷创始人稻盛和夫先生这样的人，他们会一直沉醉和坚持自己所做的事情。于是，我决定力所能及地帮助一下我的这个学员。我把他介绍给了我的另外一个学员，这个学员在我这里做领导力发展的辅导，这个学员是做物联网方向的，总部在深圳，做得已经颇有起色。我的初

229

衷是帮助他们建立交流。

他们认识后很快就约着见面了，我当时并没有过去，只是后来我的那个做物联网的学员请我吃饭，跟我讲了他们见面的情形。他告诉我，我现在的这个学员非常聪明，虽然行业的经验不足，对行业了解不是很深刻，但是颇能举一反三，很是难得。不过，他个人并不看好这个学员在物联网新领域的发展，尤其是个人创业方面。我虽能料到会有这样的反应，但依然表示诧异，问他为什么。

他对我了然地一笑，说道："他之前太过顺利，他的聪明对他既往的经历来说，应该助益良多。但是，我们这个领域往往聪明人做不了，其实物联网已经不算太新的领域，为什么很多人都没有做起来？"说到这里，他停住了话头，看着我含笑不语，开始卖起了关子。

我从善入流地露出急切的表情，催促他继续说下去。

我的学员哈哈一笑："终于能从老师脸上看到这个表情，很是值得。好吧，我的意思是，我们这个领域涉及的层面太广，需要很多基础工作和底层研发，利益回报没有那么快体现，一开始要能耐得住寂寞，还要边等市场变热，边教育市场，而你做了所有这些，还不见得能拿到收益。也许一旦有市场，大笔资金进来，收益反而都让别人拿走了。他太聪明了，之前又太顺利，是否能耐得住寂寞，实在不好说。他的想法是好的，但他能不能坚持去做出来，这个更难说了。"

我对他微微一笑："无论如何，这都是个人的选择，不是吗？只希望，如果他做出了自己的选择，你能力所能及帮他一把。"我的那个学员深深看了我一眼，欣然允诺。

接下来的日子，辅导还在继续，我没有再多问什么。最后一次辅导，我现在的这个学员突然跟我说，他不太想创业了，他现在很享受和家人在一起的时光，老大在国外读书，他打算之后再趁着假期，陪着小女儿参加夏令营，好好享受一下家庭生活，以后的事情以后再说。

我先祝他们假期愉快，同时也告诉他，如果在求职或职业发展上有什么问题，也可以跟我联系，一起讨论一下。他对我表示了真切的感谢，也承诺工作上有什么进展，就会第一时间告诉我。

之后很久都没有他的消息，直到有一天，他打来电话告诉我，现在他在跟一个朋友合作做个小公司，不是物联网方向的，还是利用他以前的积累和人脉，做得还可以。他现在的重心已经慢慢放在了小女儿的教育和陪伴上，之前老大小时候，他因为工作太忙没怎么管，现在想在小女儿身上尽量补偿回来。

放下他的电话，我慢慢喝了一口茶，望着窗外，脑子中浮现宗庆后说过的一句话："完成一件事很容易，做成一件事却很难。"

第 3.7 篇
帮他人成功，同时自己成功

作为顾问，我除了对组织裁员的员工进行职业辅导以外，还有其他一些顾问专业领域，比如人才测评和人才管理，比如领导力发展。有时候在跟同行交流的时候，经常被他们表示羡慕，笑称我这样是"阴天卖雨伞，晴天卖草帽"式的安全式商业模式。虽然是玩笑，但有一点他们说得很对，我在 2015 年之前，参与的项目大部分都是领导力发展和人才测评的项目，直到 2015 年，我发现接手的很多项目开始变成职业辅导了。现在看起来，那时候很多的企业，尤其是一些外资企业，业务已经开始趋于下滑的状态。

不过，这位学员所在的这家老牌的欧洲公司，却在进入中国 20 年来的今天，依然保持活力的增长，而且为了在中国这片市场上进行深耕，一直在致力于培养自己本土的领导者，所以每年都会跟我们有领导力发展的项目合作。作为人才测评师和领导力发展教练，我也一直在参与这个项目，这个学员是我印象非常深刻的一位。

我记得在项目的准备会上，金刚芭比特意跟我说，她给我发了一个特别有意思的学员。看着她眉飞色舞稍显浮夸的表情，我故意淡淡地问她："哦？如何有意思法儿？"

"其他的倒也罢了，这位学员在填写兴趣爱好时，你猜填了什么？特别有意思，他填的是东方哲学，道教丹道养生！"芭比说起来还有点小兴奋，看来还是见识少。知道自己不能表现出太有兴趣，以免激起芭比没完没了的话题，否则这会是开不完的。于是我眼皮都没抬，毫无波澜地问她："哦，那这个学员是不是姓李？"芭比眼睛顿时睁得老大，诧异地看着我："你怎么知道的？别人已经告诉你了？不对啊，学员的资料和名单我刚刚拿到，还没给别人看过，你到底是怎么知道的？"

看芭比一脸的不可思议，我知道蒙对了，一脸高深莫测、老神在在地对她解释："这不难猜，你知道唐朝的国姓是李，他们老李家当年虽然得了大位，但从祖上算起都没啥名人，提起来觉得挺没面子，于是乎，他们左找右找，终于找到了李耳，也就是被尊称为'老子'的道家创始人，奉为自己的先祖。唐王朝请老子出来撑场面，当然也要奉道教为国教，不能下老祖面子不是？不过后来佛教在唐朝渐盛，那就是另外一个故事了。"说完，看到芭比一脸迷妹崇拜地看着我，心里顿时感觉很是清爽，于是我冲芭比淡然一笑，颇显出一派仙风道骨的模样。

这个项目开在新加坡，在一个天蓝蓝、风清清的上午，我和这位学员终于在我们公司的新加坡办公室会面了。他当时是这家公司的业务发展总监，不过他长的是那种技术专家脸，给人的感觉并不像一个销售角色。他是90年代初的大学生，学的是食品工程专业。近几年又在清华读了一个MBA。他待人的方式很温和，在沟通中从不挑战对方，就算在对话中我故意地几次打断他，想看看他的反应，他也只是略显吃惊，然后就安静地倾听，没有显示出任何的不快。

他在食品行业已经做了二十多年，一直从事食品发酵和烘焙领域的产品销售管理的工作。他的职业经历很有意思，这家公司是他进入的第一家外企，之前他都是在本土企业工作，而且成绩斐然。他的第一份工作就在那家本土企业，工作了20年，从一个普通的技术人员，一直做到全球烘焙业务总监，更在他在那里工作的最后一年，实现了18亿的营业收入。之后由于那家企业的总经理出来单干，力邀他一起合作（那位总经理是他的老领导，也是他的伯乐，一手把他提拔起来的），盛情难却之下，他离开之前的企业，给老领导当业务副总，三年内把企业营收从 2000 万干到了 3 个亿，实现了 15 倍的增长。

这时候，他的才能被现在这家老牌的欧洲企业看中，邀请他加入。他反复思考了许久，加上当时他所在公司政治斗争比较厉害，他不是很喜欢，而且这家公司除了承诺给他的职位待遇外，还承诺给予他各种机会，可以在世界各地的分公司短期工作或轮岗，让他有机会接触国际先进的行业趋势和产品理念。他非常看重后者，于是下定决心跳槽到了这家外企。在这里的第二年，他带领团队，已经实现了与去年同比业绩翻番的增长。公司对他非常看重，决定把他送到这个全球领导者发展项目上来接受辅导，我被指定为他的辅导教练和顾问。

因为他有二十多年的国企和民企的工作经历，这是他第一次进外企，自然而然地我问起他在不同企业的适应度问题："你觉得在外企工作的感觉跟之前的企业有不同吗？如果有，是什么样的不同？"

他思考了一下，才开始回答，他的语速并不快，说什么都是娓娓道来："我觉得这里的文化更加人文，对员工的关怀更多一些。实际上，我更喜欢这样的文化氛围。而且，在这里我不光主管业务，研发这边也是我负责，这一点我很高兴。一直以来，我都认为现在的市场在快速发展，跟以前有了很大的变化，从追求速度到追求质量。以前在国内的市场上，大家都只关注制造和销售，其实，我一直都觉得在应用研究方面应该有更多的投入。现在的客户已经过了那种'从零到有'的阶段，也就是只要你有，他们不考虑别的，拿来就用的阶段。现在由于市场的同品竞争比较激烈，客户的需求已经是'有中求精'的阶段，他们更看重解决方案的提供，数据的支持，以及国际潮流趋势的介绍和分享，这些都呼唤着在应用研究方面更多的投入。所以，在这里，我有机会能在这方面有更多的话语权，我觉得还是挺开心的。所以，从适应度来说，我觉得就我个人来讲，适应起来都是没有什么问题的，而且从个人目标的实现来看，我更喜欢这里。"他说话的时候，一直都是笑眯眯的，让人忍不住跟着他一起微笑起来。

"现在是你在负责中国市场的战略决策吗？"我继续问他。他很快回答："不是的，主要是我的老板，也就是全球执行副总裁 EVP 来做这个战略决定，但是我可以向他提出我的建议和我们在这个市场的最佳实践来影响他的决定。你知道，这是一家老牌的欧洲公司，决策并不是很快，尤其是关于他们不是特别有经验的中国市场的决策。所以很大程度上，他们倾向于不太快地进行战略变化，而且资源在他们手里，我们要做出一些改变，就必须先影响他们。"

"你成功地影响他了吗？如果是的话，你是怎么做到的？"我追问。"我会尽量找机会跟他面对面沟通，不厌其烦地向他展示我的观点，争取说服和植入我们经过验证的有效的市场理念。比如我会花时间分享以前成功的做法，我会提出一些不用使用很多资源的有效的调整，并把从中获益的成果展示给他，让他看到这样做的甜头。我会先期做市场调研，尽量拿数据和信息跟他对话，有的放矢。总之，这些方法目前看还都是蛮有效的。"他还是不紧不慢，一点点道来。

"我看到你有很多成功的经历，可以说你的职业生涯一直都是非常成功的，可以说说你的秘诀吗？"我问出了自己最好奇的问题。

"秘诀？"他笑了起来，笑声中带着愉悦，"其实也不能叫秘诀，说起来很简单，就是帮助自己的客户，帮助他们获得成功，再从他们的成功中获得自己的收益和成功。"

"听起来你更像一个投资者，找到自己的投资对象，投资他们，然后从他们的发展中获益。"我笑着说。

他歪头想了想，说："你说得很形象，确实如此，我们不是简单地给客户提供产品，我们还向他们分享解决方案，为他们提供业务发展的数据支持。在某种意义上，我们已经致力于成为客户的合作伙伴，帮助他们成功。在他们不断地提高自己产品的市场占有率的同时，我们的业务也随之成长，他们会优先购买我们的产品，战略上互动的效率也越来越高。最终，我们成为战略伙伴，一起获得了成功。随着这样的客户增加，我们的业绩也自然而然得到了增长。"

235

　　"能给我讲一个你最成功的案例吗？"我继续问道。

　　他想了一下，点点头，给我讲了起来："是上海的一家食品连锁公司，老板是 1977 年生的，我刚认识他的时候是 2005 年，他那时候只有五个门店。现在他已经发展到 2000 家门店，每年营业额是 15 亿左右。他当年自己都没想到，一个小小的包子，能做到这么大。当初他家的包子很好吃，口碑非常好，每家门店经常都是顾客排大队购买，有时候为了后面排队的人也能买到，还要规定每个顾客购买的数量。当时，他做的包子全靠个人经验和个人判断，量化指标缺乏，产能不能满足顾客的需求。我们当时不仅跟他们在酵母等材料上进行合作，还帮助他们进行冷冻设备的设计和开发，在总厂发酵冷冻后，到门店可以直接上笼屉蒸熟出售，门店不用再进行其他的加工工序，这些都使得他能够解决产能和质量稳定问题。市场证明，这条路走得通，也能支持他们在市场上进行快速扩张。我们也因为他们的快速成长，得到了一个忠诚的有实力的稳定客户，更是一个互相赋值的合作伙伴。这个是我目前觉得最成功的商业案例，我希望以后会有更成功的案例可以跟你分享。"他说这些话的时候，有一刻，脸上焕发出一种动人的光彩，让我几乎有一种感觉，觉得他在丹道上面可能已经小有所成。我当时心里暗暗决定，要把这件事情分享给芭比，让她提升一下敬畏的理念。

　　之后，我对他的评估都集中在，他要成为国际型领导者所面对的挑战和需要发展的空间上。同时，我也给他们公司在欧洲总部的人力资源负责人和他的直线经理撰写了评估报告，建议他们提供相应的资源帮助他发展，给予他更多的空间去发挥自己的价值。

　　就像老子说过的那句话："知人者智，自知者明。"我想，遵循着他祖先指明的方向，他应该已经走在这条道路上了。

236

第 3.8 篇
我从日本来到北京，希望有机会打造伟大的产品

我辅导过很多外国领导者，他是让我印象很深刻的学员之一。不是因为他的领导力非常出众，相反，他在领导力方面有很多需要提升的地方。他给我留下深刻印象的原因，是他把自己的人生目标和职业目标已经融为了一体，并且对这个目标有着巨大的坚持和热忱。

他来自日本一家手机生产企业，他的企业需要我对他的领导能力进行评估，以便于他的直线经理进行决策，是否让他开始领导一个国际化的研发团队。我们邀请他去我们位于香港铜锣湾的办公室进行面对面的评估。

他带有日本人特有的温谨和礼貌，我们用英文交流，我发现他说话很有分寸，而且英语水平比一般的日本领导者要好上很多。他身材不高，但很适中，虽然香港的天气比较炎热，他还是穿了很正式的西装前来。不过，他脚上穿着一双看起来很舒适的翻毛皮鞋，鞋子有比较大的磨损，看来他很喜欢走路，这一点跟很多技术方向的领导者有些不同。

我还是先从他的背景和职业经历开始了解，他出生于北海道，大学是在日本石川县一所工业大学读的电气和电子工程专业。大学毕业后，也就是在 2000 年，他就去了东京，在建伍（Kenwood）开始了他的职业生涯，任职手机测试工程师。4 年后，他跳槽去了摩托罗拉位于东京的分公司，带领手机测试团队。在摩托

237

拉工作了 3 年后，他加入现在这家公司，主要做手机的测试研发工作，到现在已经将近十年的时间了。他之前一直在东京工作，一年前主动要求调职到北京，主管手机研发工作。

在讲述自己的经历时，他时不时地冒出一些很有趣的词，比如说他把自己去石川县读书，说成其实是被一个学姐 hunting 到了，结果学姐被大学的前辈近水楼台了；他也因为当年读了电气电子专业，被老爸骂了个贼死，因为老爸当年希望他读金融专业，觉得更有前途。而他其实更喜欢做技术，因为他觉得自己不是很善于跟人打交道，否则当年的学姐没准儿就能追到手。

对他的评估进行得很顺利，他的态度非常友好，也非常配合，虽然他在测评中的整个表现显示他在领导力方面还是有很大发展空间的，不过他对发展的方法和反馈非常认真。能够看出来，他是真心想要自我提升和发展的。

在整个测评过程中，让我印象最深刻的是他的个人展示环节。他需要在 8～10 分钟内介绍他自己和他的公司，其演讲的目的是吸引更多的年轻人加入到他的公司里来，帮助公司招募更多的新鲜血液。他只有不到 30 分钟的准备时间，结果他展示了一个非常豪华的 PPT，甚至有很多动图，逻辑性和影响力都很好地展现了出来。一看就是平时很有积累，下了一些功夫的。

他先介绍了公司的背景：公司创建于 1946 年，由日本的两个年轻人联手创立。公司一开始就非常注重研发，研发出不少被业界称为"黑科技"的技术。这也让这家公司成了技术宅男心目中的大神和偶像，其中就包括后来苹果的创始人——乔布斯。他们公司创造市场的秘诀就是不断开发新产品，以新制胜。他们的创始人之一在公司《成立宣言》中写道："要充分发挥勤勉认真的技术人员的技能，建立一个自由豁达、轻松愉快的理想工厂。"而另一个对公司经营影响深远的联合创始人也说："我们的计划是用产品领导潮流，而不是问需要哪一种产品。"这种理念对后来乔布斯的经营理念影响深远。

基于这种理念，这家公司每年保持 6% 的开支用于研发新产品，有些年甚至高达 10%。公司的发展过程可以说是不惜一切投入创新的过程。在介绍公司的时候，他像是变了一个人似的，眼中和脸上已不是一直以来的内敛和温谨，而是迸发出热情的光芒，似乎更带有热度，尤其是说到梦想时，他的表现具有极强的感染力。

在接下来的个人介绍中，他说道："我加入这家公司的时候，我有自己的梦想，但这个梦想很模糊，我知道自己想做些改变，但我不知道具体是要做什么样的改变。就像我知道自己的使命，但是头脑中还不具有清晰的画面，也就是那个清晰的愿景。当加入这家公司以后，我头脑中那个模糊的画面慢慢地变得清晰了。我想要成为这里无数个前辈那样的技术人员，秉承着不断创新的精神，去打造伟大的产品。为此，我愿意学习，不断地提升。我相信，只要我够努力，我就有机会去实现自己的梦想，达成自己的使命。"

239

对这个环节，我给他打了很高的分数，在撰写他的评估报告以及后续跟他的直线经理反馈时，我也提出了相应的观察和观点。拥有一个对组织文化非常认同并愿意为之努力付诸实践的领导者，对组织来说也是一种财富。他的直线经理深以为然，特意跟我就此讨论了很久。最后，虽然他在领导力方面有很多欠缺的地方，他还是得到了那个管理国际化团队的职位，只是我们制定了一个详细的方案，一步步给予他支持，帮助他提升。

后来我回到北京，在工作中与他偶遇，他邀请我一起喝杯茶。我问了一个一直很想问他的问题："既然打造伟大的产品是你的梦想，你为什么要主动调来中国？以你的资历，在日本本土工作似乎更有资源。"他笑了一下说："我感觉下一个能出伟大产品的地方在中国，我必须到这里来看看，我想要知道这里的技术人员在想什么，我想要知道这里的消费者在想什么。我并不是说他们需要什么就给什么，而是想知道改变可能发生在哪里。"

"你找到你想要的了吗？改变可能会发生在哪里？"我充满好奇地问他。他狡猾地一笑："你是心理学家，你最知道改变其实是发生在心里。"我也随之一笑："其实再伟大的产品都改变不了人心，但可以改变人们认识自己的方式。就像张晓龙做出微信，是源于他内心的孤独和对沟通的渴望，是帮助他去面对自己对社交的无力感。他成功了，人们的生活也因为他的产品而改变了。"

说完，我们相对一笑。我举起杯子，对他说："Good luck！"

第3.9篇
被裁员不到2年，我在北京和上海开了5家店

他服务的公司是一家著名的老牌美资跨国公司，业务遍及全球，而他属于中国元老级的人物，在北京属于一号人物。因此，当总部宣布裁员时，别的员工都是HR直接通知，只有他，是他的老板特意从美国飞过来跟他进行的面谈。他们公司委托我们对波及员工进行职业转换辅导。在项目开始之前，他们公司的HR特意拜托我们好好地关照他，希望能帮助他平稳过渡。

所以，在见到他之前，我已经听到了他的很多传说。比如，一直被认为是北京公司"不可或缺"的人物，各种成功的项目交付，各种内外部的奖励。这使我对跟他的会面怀有些微的期待，想看看这样的一位领导者是什么样子的。

在初春一个寒冷的下午，我见到了他。第一个印象是，他真的好高啊，应该有接近一米九，他皮肤黝黑，身材偏瘦，不过倒不显纤弱，而是属于劲瘦的那种，一看就是比较喜欢户外运动的那种类型。虽然已经是春天，但天气还是很冷，而他外面只穿着一件McQueen黑色薄羊绒大衣，看来还是很禁冻的。让我有些意外的是，他脱掉大衣的时候，我本以为他里面穿的应该是西装革履的品牌套装，没想到他里面露出的是优衣库的休闲运动装。看来他应该是个很有意思、率性的人。

他是一个很健谈的领导者，待人和蔼，说起话来很有影响力。当我好奇地问，

他这个身高是不是以前打过篮球，他马上就很开心地告诉我，他一直都很喜欢运动，在青少年时期还练过田径和篮球，差一点就走上了专业运动员的道路。只不过，后来他的父母坚持要他好好读书，上个好大学，觉得这样未来才有出路，所以他就无奈地放弃了。他现在有空的时候依然会出去打打篮球，只是随着年龄的增长，他的运动方式逐渐转为了高尔夫，今天他就是刚从高尔夫球场赶过来的。

我面带笑容听着他对运动的喜爱，逐渐把话题转到他的职业发展上来，先请他介绍一下自己的职业经历。又一次出乎了我的意料，他的职业经历居然超级简单，加上现在这个公司，他只做过两份工作。

他是北京人，大学也是北京一所理工科院校，读的是计算机应用专业。他的院校在北京还算不错，但不算是顶级好的学校，是北京孩子扎堆儿的一所大学，他在里面度过了四年愉快的大学生活，成绩不好不坏，因为他的大部分时间都去旁边的大学陪在那里读书的前女友了。

说到他的第一份工作，他其实非常有运气。他毕业那年，一个非常重要的国家部委招大学毕业生，他去面试的时候，没想到自己能通过，比起其他学生来，心态非常放松，又赶巧儿其中一个重要的面试领导是他所在大学毕业的，是高他好多级的学兄，加上他各方面素质也都不错，还当过学生会干部，就拍板儿招他进去了。

进入部委后，他先是从最基层的工程师干起，做事很是踏实听话，能力也很不错，领导还是很看重他的。他在里面虽然也偶有憋屈和不满，但总体来说还是过得游刃有余的。他还跟我提起过，那时候，他有一个很特别的同事，跟他不一样，他是正式编制，而这个同事属于合同制的编外人员，当时在部里从事商务网络平台的信息收集和搭建工作。这个同事思维特别活，想法多，而且嘴皮子比手上利索，很能说，但干活不是很出彩，再加上形象上确实有硬伤，所以不是很得领导的喜欢，用他的话说："不是很得烟儿抽。"不久，这个同事就离职了，他离开了北京，自己回杭州单干去了。先是从黄页做起，逐渐创立了自己的商务网络平台，最终发展到中国最受欢迎的网络零售平台，并且在美国纳斯达克成功上市。这个前同事的名字，叫作马云。

说回他的职业经历。在部委工作了三年后，他在工作中认识了现在这家公司的亚太区总裁。由于他的行业资源和能力，再加上他非常年轻，他被现在这家公司的亚太区总裁看中，力邀他加入刚刚建立不久的北京分公司。当时正是外企兴盛的时候，薪金待遇、机会等各方面对当时的年轻人来说都是非常有吸引力的。于是他决定离开部委，加入外企。当时他的领导很不愿意放他走，跟他做了很长时间的工作，不过最后还是被他说服了，无奈放他离开。他提起这段经历的时候，依然很歉疚。

加入现在这家公司后，他也是从客户经理开始干起，一直做到现在的中国区销售经理，带领整个销售团队，支持公司在华的业务。由于他们公司的工作性质，他们合作的客户都是国内的大客户，所以在这个领域他也积累了很广的人脉。在公司裁员通知发出的时候，他和他的同事都没有想到他会在名单里面，提到这一点，他用的词是"Big surprise"（震惊）。

243

我发觉其实这次的裁员经历，多多少少还是有些伤到了他，毕竟在这家公司工作了近二十年，现在这个结局对他来说还是有些黯然的。于是我开始问他未来的打算，以及现在手里的一些机会，试图把他的关注点调整到更有资源感的方向上。

"我现在还没有完全想好，机会很多，因为我在长期的工作中，不论是因为工作，还是出于个人的社交需要，都积累了很多人脉。现在很多人听说我要离职，都发来工作邀请，我都还没有怎么回复。我目前没有太大的财务上的压力，所以我想稍微停一下，思考一下我未来要做些什么。"他很认真地回答。

"在职业发展的意义上，其实目前可以选择的道路主要有四个：再找一份类似的工作，自己创业，转换职业赛道，还有就是退休。"我试图帮助他聚焦思维。

他几乎想都没想，很快回答说，我肯定是不会考虑退休的，我才四十岁出头，这么早退休是我从来没有想过的，即使是在财务没有什么压力的情况下，也是这样。我可能会考虑重新就业，不过现在这个行业我做了二十多年，虽然做得非常成功，但也做得非常厌倦，就是一个项目接着一个项目，全国各地跑，人、产品、服务都差不多，没有什么新意，而且根本就没有什么个人的生活，我不想再这样了。虽然这个裁员的结果让我很意外，但我其实是吐了一口气的，我心里有个声音说："'终于一切都结束了。'在某种意义上，我未尝不是期盼着这个结果的。"说到这里他吐了一口气，似乎想要证明什么一样。

244

"那你会考虑换个行业或职业领域吗？"我继续提问。"嗯，也许。我干这行，客户资源是非常丰富的，跨行业的客户也非常多。现在想找我的人就包括高科技行业、娱乐行业、养老行业和运动行业，甚至北京马上要开的环球影城主题公园也在找我过去，希望帮他们做市场推广方面的工作。"他说着，微笑了一下，脸上透出一股自信。

"有你想去的方向吗？"我问道。"目前没有，只有运动行业我本来很感兴趣，但前两天跟他们谈了以后，发现他们要做的事情还是跟我以前做的一样，换汤不换药。而且，他们也觉得我太贵了，他们用不起。"他自嘲地一笑，"看来我现在有点高不成低不就了。"我继续问他："你没有想过自己创业吗？"

"创业？我不知道我是不是有这个能力。我以前很清楚怎么做事情才能做好，现在我不确定了，我不知道我该如何做才能成功。"他有些迷茫地眨了一下眼睛，"我以前没有想过太多。我自己投资了一家酒吧，业绩还不错，基本上投资都收回来了，现在是纯收红利。那家酒吧的老板也是我的合伙人，以前老是劝我辞职过去跟他大干一场。这次我被裁员，我想最高兴的可能就是他了。"他轻笑了一声，似乎想起了什么好玩的事情。

"为什么最高兴的会是你的酒吧合伙人？"我笑着问他。

"他呀，他认为我是匹千里马，有很高的商业敏感度，有很多能量和潜力还没有发挥，他觉得以前的工作是在浪费我的才能，尤其最后这几年的时间。他觉得我很善于沟通中的'沟'，就是说我的影响力和说服能力很强，但不是很喜欢'倾听'，而他不喜欢说，但很善于'倾听'，我们俩在这方面是绝配，应该携手去创事业。"他越说越高兴，有些眉飞色舞起来。我似乎看到了他的能量激发的方向："看来他对你的认可会让你非常开心？""是的，我很喜欢被人认可和肯定，而且我这个合伙人不是一个轻易夸人的人。"他还是笑着回答。

"有没有想过试试他说的方向？正好现在是个机会，你反正想停下来，试试做一做其实也不会损失什么，你说呢？"我试着帮助他看到更多的选择。他收起笑容，开始认真思考起来。然后，他表示回去想一想。他同意我说的，确实是试一试也不会有什么损失。

随着辅导的推进，他越来越多地向我提及他跟合伙人做的商业动作，事情似乎变得越来越顺利。不久，他们在 CBD 开了第二家分店，我曾经被邀请去坐了坐，店面虽然不大，但是环境还是很好的，风格也是我很喜欢的。

随着时间的推移，距离他的辅导结束也就短短一年多的时间，他们已经在北京又开了一家分店，而且在上海市中心也同时开了两家分店。虽然今年受疫情影响，他们放缓了脚步，但是由于市场定位精准，他们积聚了一批忠实的客户，所以，维持目前的规模还是没有什么问题的。

最近他联系我，告诉我随着疫情得到控制，他们的生意也在迅速变好，虽然预期的报复性消费没有到来，但这样的稳定才是他们更愿意看到的。这样就好，一切都刚刚好。

245

第 3.10 篇
拒绝升职，做快乐的自己

　　她成为我的学员，是因为一个领导力的测评项目。她服务于一家全球五百强企业，主营业务是手机生产和销售。当时她的公司在考虑支持她的职业发展，帮助她提升个人的领导力，以利于她之后能够带领更大的团队。

　　她来自中国台湾，是两个孩子的母亲，也是一个非常可爱的人，与台湾电视剧里常见的娇弱的女主角不同，她个性很爽朗，聪慧不做作，而且心性简单，有一颗赤子之心。跟她沟通是非常愉快的，她有一种超强的能力，能与人迅速地拉近关系，建立信任。她自己也说，她对人的感知非常敏锐，能快速地判断出对方的需求，她也是凭着这一点，在工作的沟通和策略制定上往往能出奇制胜，有很多令人亮眼之作。

　　通过了解，我发现她可以说是一个销售奇才，往往提前一步能挖掘到别人看不见的商业机会，从而获得巨大的商业成功。事实证明，她有很多成功的案例，在台湾业界至今被模仿，还未被超越。

　　在整个辅导的过程中，她给我讲了很多她直接运作的成功案例，其中有两个商业案例，让我印象非常深刻：

案例一：

挑战：当时她的公司在台湾推出了一款价格比较贵的新型智能手机，经过初步调研，门店销售的方式不太理想，比较难卖。而她需要在市场上大力去推销这款手机。当时在台湾推介她们公司的手机是很辛苦、很有挑战性的，因为竞争者越来越多，竞争非常激烈。尤其是国内品牌，像 vivo、小米和华为都进入了台湾市场。以华为为代表的手机产品在功能和质量上都蛮好的，而且这些竞争者进入台湾市场时手上握有的资源都很好，也就是说他们的市场预算和让利政策都很好，再加上中国政府对这些民族品牌的支持，使得这些品牌的价格都很有竞争性。

背景：当时台湾有一个非常有实力的手机销售渠道，那就是台湾中华电信，台湾中华电信的手机销售模式分为两种：一种是自采，只给 iPhone 这个特权，而且销售 iPhone 的收入会直接计入台湾中华电信的营收；一种是对其他安卓系统的手机品牌，包括三星、HTC、华为，也包括她公司的品牌，这些是由台湾中华电信的独家代理——神脑进行统一采购，再由台湾中华电信旗下门店销售，而销售这些手机品牌的收入，只能列为佣金，而不能计入营收。因此，台湾中华电信旗下门店更愿意销售 iPhone，而不是其他品牌的手机。

她寻找到的突破点：台湾中华电信在自采上的营收远远低于他们的业绩目标，她希望能说服台湾中华电信把自己公司这款手机列入自采的清单，为此她愿意把这款手机列为台湾中华电信独家销售，并给出更优惠的利润点。

她的行动：说服公司内部给予她权限去提出方案；说服台湾中华电信接受方案（当时台湾中华电信由台湾地区政府直接注资 35%，所以内部的人员都很有公务员心态，不是很能接受太多的变化）；给予他们其他的优惠政策，弥补他们作为渠道被直接跳过而产生的不快和忧虑。

结果：她和她的团队达成了这个目标，完成了以前业界没有人敢去尝试的创新性市场方案。

案例二：

挑战：当时她的公司在台湾市场的业绩不是很理想，面临其他品牌的激烈竞争，她需要在短期内把业绩提升上来，尤其是在她主要负责的台湾中华电信这个主要渠道上。

背景：当时台湾中华电信在主推一款手机线上影视会员，叫作 MOD，尤其是他们的董事长，非常关注 MOD 的推广和发展。在台湾中华电信内部，手机业务是行动分公司管理，而 MOD 会员是数据分公司管理。当时这两个分公司独立运营，交集和交流都很少。行动分公司手机用户，其中知道有 MOD 这个会员服务的客户量不到总客户量的一成。

她寻找到的突破点：她试图整合手机业务和 MOD 会员的资源，在台湾中华电信渠道推出，凡是购买她们公司的手机，就送台湾中华电信的 MOD 会员。这样，台湾中华电信旗下的通路在卖她们公司手机的同时，可以得到两个业绩点，一个是 MOD 会员的业绩点，一个是手机销售的业绩点，成为最大的赢家。而主管 MOD 会员的数据分公司，不但可以得到 MOD 促销的业绩，还可以通过促销活动，吃到行动分公司的巨量手机用户。而行动分公司由于与数据分公司的有力配合，能够得到非常注重 MOD 会员业务的董事长的赞赏和认可。

她的行动：说服公司内部给予她权限去提出方案，并由她们公司负担送出 MOD 会员资格的一半费用；说服台湾中华电信接受方案，并负担送出 MOD 会员资格的另一半费用，同时给予他们公司一定时限内的独家合作条件；整合行动分公司和数据分公司的资源，并使他们有效地配合。

结果：在这个促销活动中，她们公司的手机在台湾市场大卖；各方对这次合作都非常满意，获得了各自的利益；竞争对手之后纷纷效仿，但限于之前她们获得了一定时限的独家合作期协议，只能等待协议结束后再进行合作。她也在业界一战成名，这次市场活动被誉为台湾市场业界的经典案例。

从这些案例来看，她对市场运作很有感觉。她也直言不讳地告诉我，她其实并不是很想成为领导者，只是在不知不觉间，因为她自己的特质而成了一个领导者。相对于管理团队来说，她更喜欢做这些市场的案子，并喜欢亲力亲为，达成结果。她喜欢接受挑战，当公司给予她目标时，她会全力以赴，不管用什么方式，都一定要达成这个目标。

对于管理团队，她会更愿意成为自己团队成员的榜样，相对于老板，她更喜欢自己的团队成员称自己为"队长"，而她也喜欢称自己的团队成员为"队友"。她自己向前冲，让队友看到自己的热忱，给队友指明方向，让他们了解自己该怎么做，知道自己可以努力达成的样子。她觉得这样很好，事实证明，这样也很有效，她和她的团队成员一起做成了很多成功的市场推广项目和活动。所以，她自己认为，其实她在领导能力方面还是很不错的。

我没有就此做太多的评论，只是邀请她继续分享一个自己失败的案例。出乎意外，这似乎难倒了她。

"Elaine，我其实不太记得失败的案例。我通常对不好的事情不会太记得，我的意思是说我会吸取教训，但是我会把这些教训正面化，具体的经历我就会把它忘掉。"她这样跟我解释。

我还是请她再仔细想一想，生活中的案例也可以。于是，她跟我分享了她高中时参加大学联考的经历。她高中时学业非常好，台湾的重点大学基本上都是可以上的。台湾的联考有一个规则，就是一个题目，如果答案是A，那么如果你选择B、C、D的话，就要扣掉 1.5 分，而如果你不填，空着答案的话，就只扣掉 1 分，这句是说希望学生作答的时候三思而行，知之为知之，不知为不知，不要蒙题。而她在联考考英文时，有一道题实在不会，于是决定空着。可是她在往答题纸上抄答案时，忘了空出这道题，结果导致她后面的题全部都是错着题号的。这项误操作，使得她本来报考的台湾大学没有考上，只能去了差很多的台北大学。

她当时很是沮丧，每次去校园，头脑里都会有个声音在问："我为什么来这里？我为什么在这里？"因此，她很不喜欢在学校待着，课余时间都出去打工。

学校每天上午 9 点上课，而她每天早上六点半就会到校读书做功课，一下课她就马上离开，也不跟同学交往，而是去打工，她在苹果工作过，也在 3M 工作过，后来毕业后还因此直接进入 3M 成了一个正式员工。

她天资聪颖，靠着每天早上六点半到九点这段时间读书的效率，她比别人足足早了半年多就攒够了学分毕业了。她跟我说，她觉得这段大学的打工经历对她很有意义，如果她上了台大，肯定是像很多其他学生一样，只是读书考试。而这段打工经历，让她比同龄人在职场上更占有先机，也让她积累了更多的职业经验，走得更顺。所以，她也觉得这段经历没什么不好，反而让她因此而受益了。

我非常感谢她的分享，让人印象非常深刻。在告别之际，她很直接地问我："Elaine 老师，通过这一天的观察和评估，你觉得我的领导力水平如何？"她的表情中带有期待，还带有一丝窃喜，是小孩子已经知道了考试成绩，在等待家长夸奖的那种窃喜。

我思考了一下，没有用还要回去整理资料，撰写报告出来那些话应付过去。而是真诚地望着她，对她说："你很有潜力，举个例子，你是一个非常好的胚子，只要再经过精心的打磨和抛光，就会成为一件非常精良的作品。也就是说，你的领导力水平还有一定的空间需要提升。"

我看到她的脸色有些变化，脸上闪现出不服气的表情，继续不紧不慢地解释说："领导力有很多定义，我最喜欢的是这个定义：'领导力就是一个领导者能够带领他人去到他们没有去过的地方，那个地方也许他也不曾去过。'一个真正的领导者不只是把别人带到自己能到达的地方，而是引领和促进他人发展，让他们有机会突破自己的能力边界，去到他们以前不曾去过，甚至不敢想象的地方，而这个地方，也许是那个领导者也无法达到的境界。你很厉害，也很聪慧，有着很多别人不具备的特质和潜力。不过，你需要学习的是，你不仅要让你的队员学习你，成为你，更要让他们成为自己，成为最卓越的自己。这就是我觉得你最需要提升的地方。"

她脸上依然带着些困惑，但是眼中闪动着思索："Elaine 老师，我非常期待之后的反馈和发展环节。"

之后的辅导进行得很顺利，她的公司不但邀请我做她的领导力教练，还在公司内部给她安排了一个导师，帮助她进一步地提升。在辅导结束后，她被通知公司在计划她的升职，未来业务领域除了中国台湾之外，还包括了东南亚地区。

出乎意料的是，她考虑了一周后，决定拒绝升职，还是留在台湾现在的职位上。她跟我说，她想了很久，觉得最快乐的自己就是冲杀在第一线，去跟竞争对手比拼市场，那让她觉得非常快活。她想做一个真正的自己，也许未来她会成为一个领导者，但她不急，可以一直发展着，让一切慢慢发生，刚刚好就好。

她的决定被尊重了，有些人为她惋惜。我倒是对她的未来充满了信心。在人生的旅途上，能尽量做真正的自己是一件非常幸运的事情。就像乔布斯说过的那句话："旅途，本身就是一个奖赏。"

251

第 3.11 篇
我想领导新一代的日本青年，打造国际化的本土公司

记得那是一年春天，我和先生刚刚带着孩子从日本看了樱花回来，为了让孩子玩好，这次不光走了关西线，去了大阪环球影城，喂了奈良小鹿，去了京都嵯峨岭岚山看樱花，还走了关东线，除了去了箱根泡温泉，重点在东京待了一周的时间，跑景点，看博物馆，四处游了个遍。回来时正是人困马乏之际，准备在接下来的两周里好好在北京待着，缓缓精神。

不想这时候金刚芭比举着我的护照，推门进来，让我回去打包行李，晚上飞到新加坡去参加一个客户的跨国领导力培训项目。我微皱起眉头："不是说下个月这个项目才启动吗？"芭比无奈地摊了一下手："客户决定提前了，昨天刚刚确认的。我怕影响你度假的兴致，今天早上过来给你讲。你的签证已经安排好了，赶紧回去收拾行李吧，还能抓紧时间休息一下，晚上 8 点的航班哈。"

我抬起手来掩住一个哈欠，也没再跟她多说，收拾好包包，拿起护照，回去准备赶飞机了。说实在的，对这个项目我还是很有兴趣的，这家客户是个医药公司，在业界也是排名前十的。主要是这家公司非常全球化，他们的领导者来自世界各地，尤其是亚洲的领导者，更是非常多元化。我非常喜欢这样的发展项目，有机会让我了解更多不同文化背景的领导者的想法。

项目启动会上我见到了我的学员，一位来自日本的领导者。他刚刚加入这家公司一年多的时间，目前在新加坡分公司工作，负责公司在日本、韩国、澳大利

亚和新西兰的市场拓展团队的管理工作。他长得是很典型的日本人的模样，身材不高，但面容干净温和，双眼中充满自信，笑容很温暖。

通过之前的文字材料和他的自我介绍，我了解到他的背景和职业经历，还是非常强大的。他出生于京都，也在京都长大，他学生时代功课很好，大学就读于东京早稻田大学，修读的是日本历史专业。东京早稻田大学是日本极负盛名的世界顶尖综合型学府，向来以"学问要独立"和"捍卫真理"而著称。在日本，能进入早稻田大学的学生，也相当于我们进入清北的水平了。

毕业于名校，他一毕业就顺理成章地进入了一家全球最大的上市咨询公司——埃森哲公司。在埃森哲公司工作3年后，他加入强生公司的东京分公司，担任市场高级经理，负责公司日本和新加坡市场的开拓和市场工作。他在强生公司工作了7年，工作期间，他与一位早稻田毕业的学妹结婚了，妻子婚后没有再工作，并很快生了一个女儿和一个儿子。他在强生工作的最后一年是一家人在新加坡度过的，他的妻子和女儿非常喜欢新加坡，这也是后来他决定接受目前这家公司的新加坡公司的职位的很重要的原因之一。不过，离开强生以后，他并没有直接来这家公司，而是去了诺华日本公司，在那里他担任总监一职，负责免疫和皮肤科处方药物商业单元，一干就是两年。由于工作出色，一年多前被猎头挖来这家公司，担任现在的职务。

当说起这段经历的时候，他跟我说："Elaine，其实我之所以接受这个职位，是想我的孩子接受多元文化背景的教育，有国际的视野。我小的时候在京都长大，我的家乡是一个非常美丽的城市，也是日本传统文化保护最好的城市。我在传统的日本文化氛围中长大，我很为这段经历感到骄傲。但是，我的孩子们将会面对一个更加全球化的世界，各种文化的冲击和融合，需要跟来自不同背景的人进行配合，我希望他们能够有机会打破文化的壁垒，成长为一个在全球范围内都有竞争力、都有机会证明自己价值的人。"他说得很认真，也很诚挚，我很受触动，其实在教育方面，他的部分理念，我也是很认同的。不过我发觉他在说这个问题

253

的时候，似乎有些隐忍和忧虑，于是决定在这方面再探究一下。

"你刚才提到你在教育方面对自己孩子们的期望，我觉得这样很好。只是我看到你在提到你的成长时，似乎有些顾虑，如果我没看错的话，可以跟我分享一下原因吗？"我直接问他。

他下意识地点了一下头，有些微微地吃惊，似乎对我直接的提问有些意外，不过他还是微笑了一下，继续说："以前没有人直接这么问我，我确实有些惊讶。您的观察确实非常敏锐，我在日本本土的职业经历还是很顺利的，我在上一份工作中，要管理的团队规模多达 150 人以上，我觉得自己在管理这个团队上面，还是游刃有余的。在管理上，也许是整个团队都来自同根同源的文化，我没有感觉有任何文化和价值观方面的冲突和障碍。比如在团队沟通方面，我会习惯下班后跟我的直接下属去喝一杯，联络感情，更新信息，快速找到问题，就解决方案达成共识。在安排员工加班方面，在为客户提供更多的服务和沟通方面，我基本上是不用操心的，只要下达了任务和目标，员工是很自觉地完成的，而且会主动向我汇报后续的跟踪结果。我也承认，虽然在很多事情上，他们都不能自主地去决策，更多依赖于包括我在内的领导者来引领，但在执行层面上，确实是非常有效率的。"

在这里，他停顿了一下，脸上忽然有一种若有所思的表情："在这里，大家更加开放，有很多个人的观点，所以说服和达成共识就变成了一件让人很头痛的事情。一开始，我觉得格格不入，大家很客气，也很 nice，但就是有种无力感，不能融入和无法快速推进的无力感。我很在意结果，也想做很多事情，而且，我这个职位，其衡量能力和绩效的指标是非常量化的，就是说营收数字就可以说明一切。我很有压力，但是一时又千头万绪。虽然已经入职一年半，但我还在摸索之中，想要摸索出一个有效的方法，去管理这样一个文化多元的团队。"

他又停顿了一下，然后继续说道："我的英文很不错，因为大学学的是日本历史，所以为了在未来工作中更有竞争力，我花了很大的力气学习外语。但是，我觉得我的英文在工作日常中还可以，在进行深度沟通时，就显得很不够用，很多有历史文化背景或者现代流行语境的梗，我无法听懂，从而也无法理解。这些都让我有被一面无形的墙弹在外面的感觉。所以，我现在把孩子们送到了新加坡的国际学校，也是希望他们能够有更多的机会去提升自己的语言能力，以及有更多的机会去练习与不同国家的孩子们打交道。目前看效果还不错，只是这样一来我又增添了新的烦恼，我又开始为他们的日语水平和对日本文化的理解不够而担忧了。"说完，他大笑了起来，露出一口整齐洁白的牙齿。

"为什么会担心？你认为他们长大后，最大概率是在海外工作生活，还是回到日本本土工作生活？"我也笑着问他，希望能了解更多他的想法。

他沉吟了一下："虽然这些在未来是由他们来选择的，但就我个人而言，我还是希望他们能回日本工作生活。我希望他们能有所成就，而这些成就和价值，我希望他们能贡献给自己的祖国。大和民族是一个非常坚韧的民族，你知道，我们是岛国，从来资源就不丰富，但我们非常努力，也愿意去学习，去改变。跟你们中国人一样，我们对自己的故土也非常依恋。虽然我离开家乡很久了，即使回去也是很短暂的停留，但我依然时常会想起京都平安神宫的应天门，想起三条、四条的古书店，想起小时候在那里度过的安静时光。"说到这里，他的眼中似乎有点滴水光，他微低下头，有些不好意思地笑了一下，继续说："所以，我自己一定会回到日本去的，不论我在哪里工作，我退休后，是计划回到京都老家生活的。"

"作为一个领导者，你的愿景是什么？"我问他。

"愿景？我希望能成为一个可以管理跨国团队的领导者。你知道，作为日本的领导者，其实我们也会遇到很多的壁垒，尤其是文化上的差异，这使得我们日本的领导者很难走上一个跨国公司的高位，比如跨国公司的CEO，就很少是由日本人担任的，除非这个跨国公司是日本的公司。所以，我希望我能有机会打破这个壁垒，成为这样一个领导者，能去领导一个跨国的企业。这个，是我的愿景。"

255

他说得非常坚定，目光也相当笃定。

"刚才你提到了退休，那请你想象一下，当你在退休时，大家在给你举办退休酒会，那个地点会在哪里？会是什么样的人参加？你当时是什么样子的？"我微笑了一下，继续问他。

"说到退休酒会，我以前没想过，不过我很喜欢去想象一下，我觉得挺有意思。"他笑着说，"我想我那时候会在东京，一个市中心高档的写字楼里，参加的人员应该是我的员工，也可能还有以前被我领导过的人。他们是新一代的日本青年，我们一起把公司做成了全球性的公司，我们都很开心。他们会说，祝贺我实现了自己的梦想，不过他们并不嫉妒，因为他们也在实现自己的梦想。我想，这样的退休酒会就是我想要的。"说完，他又笑了起来，眼中的坚定之光更盛。

这时候，我想起了孔子的一句话："君子道者三……仁者不忧，知者不惑，勇者不惧。"

第 3.12 篇
听从内心的声音，最终我得到了巴黎的工作机会

她来自一家生物制药企业，公司送她和其他一些领导者来参加由我们交付的高层领导者的领导力评估和发展项目。相对于其他高层领导者，她无论从外表还是年龄上看，都是非常年轻的。我还记得在项目准备时，我一边读她的资料一边跟别的顾问和项目经理金刚芭比感叹她的年轻，以及她的组织为了培养她也真是下了血本。要知道这个高层领导力发展项目费用不菲，组织可不是对谁都舍得花这笔钱的。

芭比一边认真地看着资料，一边不以为然地对我说："没听说过这么一句老话儿吗？'三个劫道的，比不上一个卖药的。'咱们这个客户就是豪，知道不？不过话又说回来，以我对这个客户的了解，他们是很理智很专业的，虽然舍得花钱，但对投资回报率（ROI）也是很敏感的。能把这个学员放入发展名单，她一定有什么过人之处！到时候你好好观察一下，回来跟我们分享一下你的发现哈。"芭比把我们一屋子人都说笑了，我一边乐一边忙不迭地点头答应。

于是，我和这个学员在我们公司的上海办公室相遇了。她是从新加坡飞来，我是从北京飞去。当她走进办公室时，我的第一感觉就是，她显得比照片还要年轻很多。

在我们认识了以后，我发现她很爱笑，笑起来非常阳光，牙齿整齐而光洁，一看就是被很好地教养长大的孩子。她出生在武汉，不过现在的国籍已经是新加

257

坡。她父母都是大学学历，都是武汉的公务员，在她的整个成长历程中为她提供了强有力的经济支持以及宽松的教育环境。

她的读书经历基本上就是一个开挂的过程，她大学就读的是武汉那所以樱花的美丽和教学的质量而著称的学府，读的是这所大学的王牌专业——生物科学。大学还未毕业，她就申请到了新加坡国立大学和美国麻省理工 MIT 联合招募的计算机系统生物学博士项目，在毕业后直接去了新加坡读博。新加坡国立大学是新加坡著名的学府，是亚洲排名第一的综合性大学，美国麻省理工 MIT 的名气就更不用说了，我曾经去过那里参观，记忆犹新的就是学校中庭大厅那幅通天彻地的条幅，上面写着 Innovation/ for a better world（创新——为一个更好的世界）。那里的氛围我是真心非常喜欢的。她能申请到这两所学府联合招募的博士项目，基本上可以确定这是一个相当聪明的牛人。

她跟我说她的学业还算顺利。她当时在学校附近租住了一个小公寓，到学校只需要坐三站地铁，还算方便。在博士毕业前夕，她有一次回家就看到信箱里放了一份文件，是新加坡政府发来的，邀请她移民新加坡的邀请函以及详细的移民流程联络方式。于是，跟家人商量了一下，简简单单的，她就成了新加坡公民，而且这个流程办理得飞一样快。看来，新加坡作为一个小国，发展得如此迅猛，跟他们治国的方式和对人才关注的态度有很大的关系。

拿到博士学位后，经过导师的介绍和推荐，她很顺利地进入到这家全球生物制药企业，在很短的时间内，就升职为亚洲项目运营主管，负责管理公司研发的新药在亚洲市场的注册和市场推广项目。她的老板是法国人，以前在公司法国总部工作多年，近年才调任新加坡，在公司总部有很强的人脉，工作起来很有助力。而且，老板对她的能力和性格都非常赏识，跟她的关系很好，一直都想促进她再次升职，能够开始管理亚太的团队。这也是她现在的职位虽然没有带人，但她的老板还是把她送到了这个高层领导者发展项目的原因。

我跟她的沟通非常愉快，跟人们对女博士的刻板印象完全不同，她是一个个性开朗，思维开放，非常喜欢运动和旅行的女孩。说到高兴处，她还拿出手机，让我看她养的狗狗的照片。小狗长得非常可爱，很像《丁丁历险记》里丁丁的小狗白雪。在我问她的职业抱负和未来的打算时，她回答："如果是在公司内部的话，我希望未来能担负一个高层管理的角色，去管理某个国家或区域的商业运作。如果我离开公司了，那我希望能成为一个企业家，我希望自己能独当一面，成为一个正直的人，打造和带领一个高绩效的团队。这就是我的职业抱负。"

"目前，为了实现你的职业抱负，你遇到挑战了吗？如果有，那些挑战是什么？"我试图帮她定位路径。听到这个问题，她微皱了一下眉头："是的，我现在其实正在面临一个很大的挑战。我以前都是做项目管理的，项目团队成员都来自各个部门，我只是在中间进行沟通和协调，并不负责对团队成员进行绩效管理。所以，我的角色一直都是个人贡献者。而要担负一个管理者的角色，我还需要积累更多的带团队的经验，而且是通过带领多元化的团队来快速提升领导力，为未来打基础。所以，这次我的老板让我参加这个项目，他的目的就是让我有些准备，先来做领导力评估，看看有哪些维度需要优先发展。不过，我说的挑战不只是这个。"说到这里，她停顿了一下，似乎在考虑如何措辞得体。我没有开口，耐心地等待她继续说下去。

终于，她又开始讲了起来："两个月前，我的老板告诉我，在台湾有一个很好的工作机会，是带领那里的市场团队。他希望我过去接受这个职位，因为未来公司的重点会在大中华地区，因为这里的市场体量非常大，我的老板希望我能熟悉大中华市场的文化氛围和团队管理，为以后在公司内部的职业发展铺路。"在这里她又有些迟疑了。

我鼓励地对她一笑，说道："听起来是个很好的机会，不是吗？"

她的眉头又有些皱起来，开口道："确实是一个不错的机会，我一开始也是很高兴的。为此我还特意飞到了台北，一是认识一下未来的同事，二是安置一下

259

以后在台北工作的租房和其他事宜。可是我待了一周之后，心里是很失望的。那里的管理团队其实并不欢迎我，或者说，只要是外来的人来坐这个位置，他们都不会欢迎。这个职位的那位管理者退休离开了，原本是做他副手的人认为自己很大的概率可以得到这个位置，团队的其他人也是这么认为的，不过由于我的空降，那位副手心里很不高兴。这些其实我都是理解的，但让我最不开心的，是之后我的直线经理直接告诉我，希望我不要管太多，按照他们的要求做就行了。他说反正我也不会在这里干长久，一切都按照既有的系统和方式做就好了，不要出乱子就可以了，我其实听了是很无语的。"

"你有什么打算，你心里是怎么想的？"我继续问她。

"我也想过先过去，好好努力，通过自己的诚意去感化他们，但在这一周的工作中，我觉得这是在浪费我的时间。因为我很想去做些什么，做些改变，去努力提升工作的成果，而他们想得更多的是安全和轻松地工作。我可以尊重他们的想法，但这和我的价值理念有冲突，我在这里工作非常难受。"她闭了一下眼睛，有些痛苦地说道。"你有没有就这个问题跟你现在的老板沟通？他是怎么说的？"我问道。

"我跟他沟通过这个事情，他感到很为难，因为他以为我的调职已成定局，所以他已经招到了我的继任者，他无法让人家直接离开再把位置腾给我。他劝我先接受这个职位，然后过一段时间再想办法把我调回新加坡。"她回答。

"你是怎么想的？你认为他说的方案可以接受吗？"我继续追问。

"我……我不想接受台湾的那个职位，一想到过去混日子，我就觉得是在浪费自己的生命。我不想用无所事事的时间去换取所谓的资历，我想每一天都过得让自己开心和有意义。"她很快回答，"那你会怎么做？"我温和地望着她。

"嗯，Elaine，我可能会选择离开公司，我已经想不出别的办法了。"她似乎是下定了决心地说。

"因为这个项目是发展你们领导力的项目，我们作为顾问，也要评估你们的职业发展风险。你介意我把你的情况跟你们公司的 HR 和你的老板谈谈吗？看看有没有什么其他方案？"我看着她的眼睛，慢慢地说。

她想了一下，表示不介意我去沟通，但其实并不抱太大的期待。之后，我跟她们公司负责这个项目的 HR 进行了沟通，也通过 HR 与她的老板进行了反馈。他们表示了感谢，并告诉我他们一定会好好讨论一下，看看如何去处理这个情况。

一个半月后，她给我打来了越洋电话，告诉我她已经在巴黎开始工作了。本来她已经递出辞呈，收拾东西要离开了。突然她的老板把她叫过去，告诉她，他帮她在法国总部申请到一个职位，因为是一个特例，法国总部还出不了 headcount，所以她的调动变得复杂无比，她的 cost center 先放到了瑞典，她需要先从新加坡飞到瑞典入职，然后再飞到巴黎来工作。她非常开心，因为能去巴黎工作是她向往了很久的事情。

她还跟我说，她的老板告诉她，自从跟我沟通后，由于他非常看好她未来的潜力和发展，实在不忍心看到公司流失这样一个人才，所以才和 HR 抱着试一试的心态，跟总部相关部门做了深度的沟通，这才有了她的这个工作机会。

她的老板在跟她告别时，满怀期待地跟她说："现在，所有障碍已经扫清，你可以张开翅膀，自由地飞翔了！我期待看到你愉快地飞行着，按照自己的心意，去自由翱翔！"

最后，她跟我说："Elaine，你曾经问过我想成为一个什么样的领导者。现在我可以回答你了，我想成为一个像我老板那样的领导者，也像他那样，为别人安上翅膀，看别人自由地飞翔。"

放下电话，我久久无法平静，我以前只看的是个人的领导力发展，现在，我又领悟到了一点：领导力，其实也可以是一种传承。

第 3.13 篇
我要更强大，因为我想帮助我的下属改变命运

　　我和她是在她们公司的一个亚太区领导力发展项目上相遇的，我是她的领导力发展测评官和顾问。当时新加坡的天气非常炎热，而酒店室内的空调却调得非常凉，我在会议室里披着 LV 的大披肩还有些瑟瑟发抖，而她穿着很薄的短袖职业套装，居然还面不改色，大喝冰水，着实让我佩服。

　　其实她来自印度尼西亚，并不是来自寒冷的地区，之所以如此抗冻，据她告诉我，是因为印尼的天气更热，她身上还带着印尼的热气儿，所以不怕冷。她长得是很典型的东南亚女子的样子，个子小小的，皮肤黑黑的，不过她不像大多数印尼女孩那么羞涩，反而是非常爽朗大方的样子。

　　她的父亲是印尼本地人，而她的母亲则是印尼华侨。她从小家境很贫困，家里她是老大，下面还有五个弟弟妹妹。因为她母亲是全职在家，所有经济负担都在他父亲一人身上，家庭状态经常很是窘迫。她跟我讲过，她从小除了要帮妈妈照顾弟弟妹妹以外，从 8 岁开始就要干些农活补贴家用，其中一项就是上树摘椰子。她告诉我，这项活计是她最害怕的工作了，因为需要赤脚徒手去爬很高的椰子树。爬到顶上后，要拿一个皮圈把自己暂时固定在树上，然后开始摘椰子。整个过程都没有什么保护，阳光晒得人发晕，在爬的过程中椰子树也晃得厉害，那时候她很小，心里其实是很害怕的。有时候树上的尖刺会刺破脚掌和手心，加上汗水一泡，火辣辣地疼。说到这儿，她很认真地告诉我："Elaine，直到现在，我都不爱吃

椰子，也不喜欢喝椰子水。别人有时候都会奇怪，我来自印尼，怎么竟然不吃椰子，其实很简单，一看到椰子，我就想起小时候上树摘椰子的情景。我很不喜欢，永远都不会喜欢。"

她小时候就知道努力读书，因为她的母亲告诉她，只有好好读书，才有可能改变这一切。虽然她没有什么自己的时间，但是她会用各种零碎的时间念书、复习功课。也算是托了苏哈托的福，由于他非常重视经济，也很强调教育，同时为了经济的发展，他也鼓励印尼家庭让女孩受教育和出来工作，于是她就有了机会被送去读书。她高中毕业考上了雅加达特里沙克提大学的会计专业，工作几年后，家庭经济状况有所改善，她又在职去印尼建国大学读了管理信息系统方向的研究生。

她毕业后没有去干自己的专业，而是为了帮助家里，加入了强生公司，从一个普通的销售做起，做了7年，慢慢做到销售经理。之后她去了美国上市医药公司——先灵葆雅，在那里做商务主管，一干又是3年。因为她的业绩非常出色，有单月超一亿印尼盾的傲人业绩，她被猎头挖到葛兰素史克工作，担任市场总监，带领团队开拓心血管类处方药市场。5年前，现在这家全球医药企业邀请她加入，给她的职位是集团雅加达公司血栓类处方药业务单元负责人，带领一个27人的团队。由于印尼经济的发展，市场需求在不断地提升，而且在短期内不会饱和，所以集团计划在印尼扩大团队的规模，期望她能够进一步领导更大的团队，所以邀请我们过来进行评估和辅导。

作为她的测评官和顾问，评估一开始的时候是有些痛苦的，这主要是因为语言问题。她讲英文的时候，语速非常之快，像机关枪一样。而且，她讲的英文带着很浓的印尼口音，我的母语又不是英语，听起来就有些困难。所以，我记得我总是在不停地请她 slow down，slow down，一些关键的部分，我还需要

263

重复一下，以判断我理解的是否跟她讲的一致。不过，随着她放慢语速，而我越来越适应她的口音，整个沟通的过程就变得很愉快了。因为，她真的是一个很热情的人。

她非常乐观和开朗，童年的经历看起来并没有给她造成什么阴影。她说话直截了当，不会拐弯抹角，即使是有不同的观点，她也会马上讲出来并一起讨论。如果她觉得你有道理，她会马上接受你的观点；但如果她没有被你说服，她也会表示出来，会根据情况，或保留意见，或继续讨论。总之，她是一个很务实的人，但不会轻易妥协。

她很喜欢看电影，我们都喜欢看基努·里维斯的片子，所以还在午餐的时候特意讨论了一下。我当时问她："为什么会喜欢基努·里维斯？"她当时的回答让我印象很深刻："因为他身上有一种悲天悯人的气质，也许他过得并不开心，但他喜欢看到别人开心，因为这一点，我非常喜欢他。他当年出演《黑客帝国2》和《黑客帝国3》时，由于沃卓斯基兄弟花了大量的钱在特技上，影片的预算已经不够了，电影面临停机的风险，是他主动放弃了一部分片酬，救了这部电影。而在影片拍摄结束之时，为了表示对跟他一起工作的特技团队的感谢，他自掏腰包，送了每个团队成员一辆哈雷摩托车。他被剧组称为'微笑先生'。他给别人的生活带来欢乐，而他自己的生活则非常悲情：他从小父母就离婚了，父亲等于抛弃了他们；而刚入行时，他的挚友，天才的电影演员瑞凡·菲尼克斯就因为吸毒过量而去世；接着他唯一的妹妹罹患白血病，缠绵病榻多年后离世；他相交多年的女友怀了他的孩子，但孩子不幸早产夭折，女友也患上了抑郁症，更是在不久后遭遇车祸去世。即使是在这样接连不幸的打击下，里维斯依然保持着一颗善良的、为他人着想的心，我觉得这点非常难能可贵，也是我的榜样。"

我非常认同她的观点，因为里维斯也是我很喜欢的演员，从他演《生死时速》时就开始喜欢了。于是，我问了她一个我一直很好奇的问题："你有职业梦想吗？你的职业梦想是什么？"

　　她笑了，很爽朗很温暖的笑容，让我觉得那一刻空调都不是那么冷了："我想你很肯定我会有自己的职业梦想，对吗？是的，我有自己的职业梦想。我要成为一个强有力的领导者，带领我的团队去获得最好的结果，去改变他们的生活。你知道，我的团队中有很多年轻人，他们出身贫困，但充满热情和干劲儿，他们靠着自己的努力，从印尼各地来雅加达拼前程。他们需要改变自己的命运，我想要帮助他们，至少帮助他们改变自己的生活。因为，我经历过，我知道其中的不易，我更知道努力后达成目标的喜悦。我要变得更强，更有资源，能给予他们更多的更有力的支持。我希望帮助他们改变命运！"

　　我看着她，发现这时候的她光彩夺目，充满魅力。我突然想起了一位管理学大师说的话："伟大的组织和个体具有深度而高尚的使命感，就是说，有一个有意义的目标，这个目标可以最大化地激发热情和忠诚。"

　　我相信，她会变得更强，因为她的心中已经有了这个有意义的目标。

第 3.14 篇
芝麻，开门吧——我们的小时代

　　结识他们两夫妻，是一个很巧的机缘。我平时有收集瓷器的爱好，多年前我收了一件哥窑冰裂梅子青的小碗，是浙江省工美大师叶小春当年的手作。这种哥窑冰裂纹釉料的配方和工艺，从宋朝开始就失传了，到当时已经失传了近千年。叶小春先生出身于制瓷世家，经过多年苦心的研究，终于在 2001 年将哥窑冰裂纹重现于世，我在当年有幸收到一只冰裂纹的小碗，一直珍藏着。可惜在一次搬家的过程中，这只小碗的碗沿儿处被不小心磕破了一个小口子，我一直想修复一下，可惜多方寻找，一直找不到满意的修复方案。

　　我的一个学员了解了这个情况，于是推荐了这对夫妻开的一家珠宝店给我，说这对夫妻都是北京地质大学毕业的，毕业后创业开了这家珠宝店，也搞珠宝设计，已经做了十多年了，人非常好，信誉也特别好，推荐我去试试。

　　于是，在一个风清气爽的上午，我见到了这对夫妻。他们两个很有夫妻相，脸庞都很白净圆润，眉目正气间带着清爽，跟一般的生意人不同，他们很有学院气，待人接物温和而不失热情。他们的店面不大，我仔细打量他们的小店时，不由得有些震惊，立即被眼前的景象吸引了。他们的店面与其说是商铺，不如说更像一个小型博物馆——墙边立着的玻璃柜里，陈列着大大小小的各种琥珀。明显看出跟别人的店面不一样的是，这些琥珀更多的是未加工的或只经过简单抛光的原珀，而且里面似乎都有包裹物。这不由得让我想起了《侏罗纪公园》里的场景。

不及细看，我先拿出了我的小碗，问店主是否可以帮着修复。先生微微皱着眉，拿起碗来仔细看了一下，没有做声，把小碗递给了妻子。他的妻子也是把小碗翻来覆去地仔细看了个遍，歪着头想了一会儿，然后笑着对我说："我们以前从来没修过瓷碗，多是帮顾客修理一些坏了或碎了的首饰玉镯什么的。不过，您的这只碗，我们可以试试。我可以先出个设计图给您看看，如果觉得满意，再讨论用什么样的材料，比如是用黄金还是银子，出个预算，您觉得可以接受，我们就接着送到工厂去给您修，您看这么着成不成？"我觉得非常合理，欣然点头应允。

他们看我好奇地看着店内陈列的琥珀，于是便邀请我一起参观一下，一边参观，还一边给我讲解。原来他们店里的琥珀都是来自缅甸，属于矿珀，顾名思义，就是从陆地矿里开采出来的琥珀。一般情况下，琥珀的伴生矿就是煤。我去过圣彼得堡，当时参观叶卡捷琳娜宫里的琥珀宫时，感到非常震撼，于是我跟他们提起了这件事。他们两个相视一笑，开始给我科普："你在俄罗斯看到的海珀，一般产自波罗的海，还有近几年很流行的蓝珀，也是海珀的一种。我们这里基本都是缅甸的矿珀，跟海珀相比，缅甸的矿珀地质年代更为久远，一般至少都是上亿年，波罗的海琥珀成形时间较短，一般是6000万年，所以矿珀比海珀密度更高，结构更坚密。海珀由于长期受到海水的冲刷，纯净度要比矿珀高些，但矿珀里面的包容物会多些，有些包容物非常珍贵和稀有，所以从稀有程度上讲，缅甸矿珀要胜出很多。"

他们讲得眉飞色舞，一看就是真心喜欢自己的东西，而我也听得津津有味，觉得长了不少见识。聊得开心之余，出于职业习惯，我不禁好奇地问起了他们的创业经历。

他们默契地看了对方一眼，还是由妻子来做介绍："我们是大学同学，他比我高一级，我们基本上算是一毕业就开始创业了。我们当年都是在地质大学读的书，离这里不太远。"

听到这里，我不禁笑了一下："我发现凡是毕业就出来创业的，选择的店面也好，办公地点也好，基本上都离自己当年读书的学校不远。"

他们两个也一起笑了起来："谁说不是呢！估计是离母校近，心里觉得安全和踏实吧，而且离自己的老师们近一些，遇到事情也可以及时请教一下，也算是一种资源吧。"

这时，他们把我请到茶桌边落座，一边喝茶一边继续讲起来："我们两个一个是南方人，一个是北方人，一个是慢性子，一个是急脾气，说起来能走到一起，还真是缘分使然。因为我们两个家庭条件都不是很好，而我们毕业的那个时候，像我们这个专业的，一个是工作方向不是很好，一个是收入水平比较低。所以我们两个一商量，干脆一咬牙，决定自己练摊儿。开始我们没有资金，只能帮着别人看摊儿，就在大钟寺那边，原来有个收藏市场。后来慢慢地有了积蓄，我们就开始从自己的小摊子干起，先是做一些半宝石和设计的生意，起起伏伏，很多时候都很难坚持了，不过我们还是咬牙坚持下来了，不断地在生意上寻找转型和突破的机会。"

这时候，先生默默地递了一盏茶给妻子，示意妻子喝点水再说。妻子甜甜地对先生笑了一下，喝了口茶，继续说道："干我们这行的，不能跟着潮流走，潮流已经起来了，进货的价格可也就高上去了，很难有利润的空间，生意就难做了。而且我们需要压很多货的，成本高了，在本钱上真的压不起啊！所以，我们得不断地想办法找到自己稳定的市场定位，这样才能拢住特定的顾客群体，做珠宝这行，最好的模式都是做长线生意，有固定的顾客群体是最理想的。我们做过小首饰，半宝石，也就是碧玺之类的，后来有些实力后，我们买下了这个房子，开始做翡翠生意。"

说到这里，她停顿了一下，指着柜子中陈列的一些翡翠制品跟我说："您看，这些就是以前我们存的老底子，那时候的价格还可以，现在要是再进翡翠，我们是真的进不动了，压款太厉害了。而且好几年前翡翠的生意就不那么好做了，翡翠的价格太飘，没有一个国际的统一价格标准，不像传统的钻石、红蓝宝石，国际上的价格标准很清晰也很透明，变现也容易。所以头好几年我们就觉得不能再只做翡翠生意了，要另想出路，后来就机缘巧合地开始做缅甸琥珀了。在业界，我们基本也算是做缅甸琥珀的第一家了。"说到这里，他们两个又相视一笑，笑中都带着愉悦。

"那你们是怎么开始做缅甸琥珀这个生意的？你们需要去缅甸拿货吗？"我好奇地追问。

"嗯，真是机缘巧合，我们正琢磨着生意转型的时候，有一个认识很久的姐姐，她是在中缅边界长期做日用品生意的。她告诉我们，缅甸那边挖出了琥珀，但由于没有什么人认，卖得很便宜，让我们安排时间过去看看。我们当时并没有在意，您知道，我们都是地大毕业的，也算是这行业里的学术派，我们之前压根儿都没有听说过缅甸琥珀。连我们的老师也只是略有耳闻，都没有见到过样品。只是那个姐姐坚持一定要我们去看看，说东西真的好，连她这个外行都觉得不错，我们不去太可惜了。我们想话都到了这份儿上了，就走一趟呗，如果不合适，就当去旅行了一趟呗。于是就去了。"

这时候，先生插了一句："是我坚持要去的，你之前还一直不乐意呢。"妻子听了，白了他一眼，没理他，继续给我讲："缅甸产琥珀的地方叫密支那，如果加上缅甸政府军，那里有三方势力在拉锯式地控制着整个地区。而且矿坑是由克钦军把控的，根本不让外人靠近，有的地方还有地雷。都亏了那位大姐，帮助我们找了一个中间人兼向导，带着我们到当地人家里去收琥珀。当时我们一看东西，就蒙了，从来没有看到过那么多做镯子的好料子啊！而且很多里面还有包容物，价格也都很合理，我们当时就后悔自己的钱没带够。因为当地全部是现金交易，我们第一次去，人生地不熟，没敢带太多的钱在身上。当时真恨不得有个银行可以取钱出来。"讲到这里，妻子扑哧乐了一下，估计是想到了当年的窘态。

"后来呢？"我笑着催她。

269

"后来，我们就开始做缅甸琥珀的生意了。我们把这些东西，尤其是里面有包容物的拿去给老师看，他们也非常震惊，还带着我们去中科院，让那里的老师看，让我们讲当地的情形。之后他们就开始研究缅甸琥珀了，时不时地到我们这里借样本去研究，也让我们帮他们留心找合适的样本回来。前一段时间，中科院专家还联合其他国家的科学家在《科学》上发表了论文，在缅甸琥珀里发现了恐龙的爪子，轰动一时。他们说，缅甸是古生物研究者的宝地。仅 2018 年，科学家就在缅甸琥珀中发现了 321 种保存完好的古生物新物种，这一年的发现就已经占到目前总发现数（1195 种）的 1/4。作为缅甸琥珀的市场开拓者和先行者，我们也是与有荣焉的。"他们再一次发出了真心的笑声。

我也被他们的故事打动了，好奇地接着问道："看得出你现在生意不错，也很开心，现在你们还有觉得有压力和挑战的时候吗？"

他们又互相对视了一下，这回由先生开口解释："是的，生意上了正轨，顾客群体也稳定下来了，我们其实压力小了很多。只是有件事比较苦恼，就是我们作为夫妻，从毕业开始，一天 24 小时地在一起，工作也在一起，生活也在一起，有时候觉得有些喘不过来气，老想找茬吵架。"说完，他挠了挠头，不好意思地笑了一下。

我眨了眨眼睛，笑着说："还真是机缘巧合，我做心理学方面的工作。你们哪，看来是缺乏各自的'第三空间'。"

"第三空间？什么是第三空间？"他们两个异口同声地问道。

"人的日常生活主要分布于三个生活空间，第一空间是居住空间，第二空间是工作空间，第三空间是休闲空间，也是自己跟自己独处的空间。要提高人的生活质量必须从三个生活空间同时去考虑。而生活质量的提高又往往表现为第一、第二生活空间的逗留时间减少，第三生活空间的活动时间增加。因此，必须把提高第三生活空间的质量作为提高人们生活质量的关键点。看来你们需要各自有独处休闲的时间，或者你们可以找出双方都喜欢的活动，暂时离开目前这个既是居住空间，又是工作空间的场域，去换个环境。"我详细地给他们解释了一下。

他们听了，若有所思，连连点头。后来就经常在朋友圈看到他们的休息通告，告诉客户他们要去玩几天，请客户等他们回来再来店里。从他们发出的照片看，他们应该很快活。这都是后话了，我还记得当时我问了他们最后一个问题："我想知道你们对自己的创业后悔过吗？"

这次，是妻子回答了这个问题："其实，我们没什么可后悔的，在这个大时代中，我们想过得好些，就需要接受这个时代给我们的定位。但是我们也在尽力开创自己的小时代，也许它的影响范围很小，但是，我们做出了自己的努力，也获得了我们想要的成果，我们觉得这样很满足。其实我们觉得自己就像阿里巴巴一样，非常幸运，在我们的小时代里，我们虽然也历尽辛苦，但我们找到了开门的咒语，当我们念出'芝麻，开门吧'之后，我们就找到了自己的宝藏。我们感谢这个时代，我们感恩我们的机缘，我们感谢身边的人，我们是幸运的。"

是呀，我们生活在这个时代，我们去努力生活，并尽力与周围的人进行社会联结，因为只有这样，在滚滚的时代变迁中，我们才不会感到孤独。

271

心理测试：你喜欢的颜色决定你适合的工作？

对于一个个体来说，如何去评估自己所属于的颜色呢？伯乐门测评有发展出自己的专业线上测评工具来进行相应的精确评估。不过我们在这里也可以通过一个非常简单的粗略的测评来体验一下：

以下问卷是关于您自己的一些描述，请仔细阅读每一条，就算可能不太拿得准，也请您仍然作出相应的回答。如果某条描述为正确或基本正确，请圈 T；如果某条描述为错误或基本错误，请圈 F。

272

第一组

1. 遇到意见与他人相左时，总会展开争论。　　　　　　　T　　　　F

2. 公开阐明和某团体或某人的不同意见。　　　　　　　　T　　　　F

3. 只要自认为正确，便坚持己见。　　　　　　　　　　　T　　　　F

4. 被激怒时，如实告诉他人自己对他的看法。　　　　　　T　　　　F

5. 为得到想要的东西而虚张声势，企图蒙混过关。　　　　T　　　　F

6. 喜欢打压那些烦人的家伙的气焰。　　　　　　　　　　T　　　　F

7. 以直接指出错误和缺点的方式帮助朋友。　　　　　　　T　　　　F

8. 让人捉摸不透。　　　　　　　　　　　　　　　　　　T　　　　F

第二组

9. 喜欢严格和有力的监督管理。　　　　　　　　　　　　T　　　　F

10. 有计划，一切井井有序。　　　　　　　　　　　　　　T　　　　F

11. 凡事不到最后关头，不会采取行动。　　　　　　　　　T　　　　F

12. 总是急急忙忙早早赴约会。   T   F

13. 宁愿做得细，不愿做得快。   T   F

14. 一旦开始了一项工作，便一定要完成，尽管别人早已对我丧失了耐心。   T   F

15. 能一次列出一周或更长时间的计划，并坚持完成它。   T   F

16. 喜爱关心细节问题甚于事情整体。   T   F

完成这 16 个问题后，合计一下每一组中所选择的"正确"一项的个数。然后根据下表给出的标准看看你应属于哪种色彩。

正确项的个数：

第一组	第二组	色彩	职业种类
多于 5 个	多于 5 个	红色	以生产为中心
少于 4 个	多于 5 个	黄色	以程序为中心
多于 5 个	少于 4 个	绿色	以人为中心
少于 4 个	少于 4 个	蓝色	以思想为中心

红色偏爱的工作角色

动手操作以了解事物原理的角色。强调操作与执行胜过设计与概念。兴趣可能包括设计、维护和操作从电动机和机械装置到高科技电子产品的各种设备。能到处走动而不固定在一个地点的角色。通过体力活动强调紧迫感和行动。通常喜欢与自然环境有关的嗜好和工作。有些人是因为担忧环保问题而得分高。让你能进行调查和探询的角色。善于探索事物运行背后的原因，从而获得对过程或服务的完全理解。可能也喜欢在执行之前先试验想法的可行性。可能从事通过研究来协助他人的职业或业余爱好。适宜的工作：机械、户外和科学性的工作。

绿色偏爱的工作角色

该角色的活动包括帮助和支持他人。追求能与他人直接互动的角色。通过描绘想法和项目如何能让接受者受益的远景鼓舞他人。可能以直接或间接的方式在工作场所、家中和／或社区为他人的状况提出建议。能影响他人的角色。通过推理或论证说服他人接受想法、意见或行动。强调人际关系对实现目标的重要性。适宜的工作：社会服务，宣传说教方面的工作。

黄色偏爱的工作角色

在过程中提供一致性的角色。在工作职责范围内建立结构。喜欢从事有既定程序和一贯性并注重细节的工作任务。可能会追求能提供可预测结果和具体控制的职位，通常是与数据管理和数字有关。处理和分析数字的角色。注重具体的衡量标准，更感兴趣可量化的数据而不是主观意见。可能会喜欢与数字打交道的工作职能，例如财务和会计。适宜的工作：行政事务、数字工作。

蓝色偏爱的工作角色

强调品牌和视觉效果的角色。最擅于通过影像学习。偏向通过提供信息和数据的视觉诠释来为项目出力。可能会以艺术手法表达想法及使用想象力来创造有审美价值的作品。强调合作的角色。偏向通过语言和声音来学习。善于理解多方合作时的互动关系。经常以观察者和／或参与者的角色参与不同形式的音乐活动。能用书面文字发挥创意的角色。强调与他人之间传达讯息的方式，尤其是以书面的形式。以故事的形式进行沟通，而不仅仅是数据。适宜的工作：艺术、音乐和文学方面的工作。